KB245132

중동지역 분쟁과
중동테러리즘

내일을여는지식 정치 19

중동 분쟁의 역사적 기원·원인, 중동테러리즘 생성 배경으로부터 전망까지

중동지역 분쟁과 중동테러리즘

조상현 편저

한국학술정보[주]

• 머리말 •

일반적으로 분쟁은 긴장, 위기, 갈등이 존재하는 가운데 발생한 분규, 분쟁 또는 전쟁을 포함한 폭넓은 개념이다. 그리고 전쟁이 분쟁의 연장선상에 있고 갈등을 분쟁의 시작으로 보는 견해로 인해 분쟁은 갈등, 분쟁, 전쟁 전체를 포함한다고 할 수 있다. 이러한 관점을 기초로 해서 분쟁을 정의하면 정치집단들이 서로 상충되는 목표를 달성하기 위해 상대방의 제도나 체제를 변경할 목적으로 투쟁하는 행위라고 할 수 있으며, 이렇게 정의된 개념 속에 전쟁을 포함하는 혼합된 개념으로 사용될 수 있다.

지구적으로 볼 때 가장 치열하고 빈번하게 분쟁이 발생하고 있는 지역 중 하나가 중동지역이라고 할 수 있다. 정의된 분쟁의 관점에서 중동지역 분쟁을 분석해 보면 이스라엘과 팔레스타인 그리고 아랍이라는 정치적 실체들이 그들이 서로 추구하는 목표를 달성하기 위해 어느 일방이 사라진 상태에서 그들만의 국가 유지를 목적으로 끝없는 투쟁을 전개하고 있는 것이다. 이러한 중동지역 분쟁은 종교적 원인, 민족문제, 그리고 강대국의 국제정치체제에 의한 복합적인 요인이 작용하여 분쟁의 강도가 심화되고 갈등은 치열한 양상을 보이고 있다.

위와 같은 치열한 갈등 양상은 현재 세계 도처에서 일고 있는 각종 테러리즘과 연관되어 그 형태를 더욱 복잡하게 만들고 있다.

테러리즘은 개인, 국가 및 준국가 단체가 정치, 사회, 종교, 민족적인 목적을 가지고 의도된 폭력을 사용 혹은 사용에 대한 위협으로 일반 비전투원들(대중)에게 공포 분위기를 조성하는 불법적 폭력행위라고 정의할 수 있다.

그런데 중동테러리즘은 지금까지 우리가 인식하던 일반적 테러리즘에 지역적 의미를 부여한 테러리즘에서 보다 더 세부적인 정의와 특징을 규정해야 하는 입장에 처해 있음을 전문가들은 공감하고 있다. 이런 인식 속에서 중동테러리즘은 급진적인 성향을 가지고 중동지역에서 자생하거나 중동지역 이슬람원리주의 세력으로부터 영향을 받아 그들의 이념과 신조를 받아들인 개인, 국가, 준국가 단체 및 집단이 아랍과 이슬람세계를 위협하는 행위를 하는 것으로 간주된 미국과 미국의 정책을 지지하는 국가, 준국가 단체 및 개인에게 위해를 가하는 불법적 폭력행위라고 할 수 있다.

우리는 중동테러리즘의 발생 원인을 중동지역 분쟁의 과정 속에서 찾을 수 있다. 즉, 팔레스타인에 거주하던 아랍인들은 팔레스타인전쟁을 통해 그들의 삶의 터전을 잃어버리고 방황하면서 테러리즘에 노출되어 동조하게 되었다. 이후 네 차례의 중동전쟁에서 중동테러리즘은 그 형태와 모습을 갖추면서 조직적이고 체계적으로 발전했다.

한편, 중동테러리즘이 만들어지게 된 배경은 몇 가지로 나누어 살펴볼 수 있다. 우선 광신적 종교주의와 문화적 요소이다. 이슬람 원리주의와 꾸란의 극단적 해석을 주장하는 조직과 단체, 그리고 아랍어와 아랍문화를 공유한다는 일체감은 중동테러리즘 생성에 중요한 역할을 하게 되었다. 다음은 정치·사회 구조적 요인이다. 변질된 아랍민족주의를 추구하던 이집트를 위시한 아랍 국가들은 그들의 정치·사회 구조의 특성을 십분 활용하여 테러리즘을 그들 통치의 연계 수단으로 활용하고자 했으며, 특히 유대민족과의 대결 구도를 항상 존재하게 하고 그것을 이용한 정권 연장 내지는 내부 안정 방안으로 테러리즘과 테러조직을 이용하였다.

이란을 포함한 중동 세계의 문제가 이스라엘 미국, 서방에 의해 생겼으며 완전한 승리는 실용주의나 화해, 경제발전이 아닌 폭력적 수단에 의해서만 이루어질 수 있다는 1950년대와 1960년대의 전통적 사고가 다시 부상하고 있다는 측면에서 중동테러리즘의 향후 전망을 어둡게 하고 있다. 당시와 달라진 점이 있다면 범아랍민족주의가 아닌 이슬람원리주의가 주도하고 있다는 것이다. 이것은 앞으로도 중동지역은 세계의 화약고로서 끊이지 않는 테러의 중심으로 남게 될 가능성이 높다는 것을 암시하고 있다.

본 연구서는 총 8개 장으로 구성되어 있다. 제1장은 연구목적,

연구방법 및 범위를 제시하고 있다. 제2장에서는 분쟁과 테러를 연구하기 위한 이론적인 분석의 틀을 제시하고, 연구에 필요한 용어의 정의 일환으로 증동, 분쟁, 테러 및 테러리즘에 대한 용어의 정의를 통해 문제의 한계를 설정하였다. 제3장에서는 중동지역 분쟁의 역사적 기원을 그찰하였다. 제4장에서는 중동분쟁 원인을 심층적으로 분석하기 위해서 조셉 나이가 제시하였던 종교문제, 민족문제, 세력균형에 의한 국제체제 등 3가지 범주 속에서 중동분쟁의 원인을 고찰하고 그 시사점을 제시하였다. 제5장에서는 테러와 테러리즘의 이해를 위해서 그것이 가지고 있는 개념과 전통적 테러리즘의 패러다임을 분석하여 향후 예측 가능한 테러리즘의 전망을 확인하여 중동테러리즘과의 상관관계에 대해 규명하였다. 제6장에서는 중동테러리즘에 대한 연구를 위해 중동테러리즘의 특성, 중동테러리즘의 생성 배경, 중동지역 테러활동 현황과 중동분쟁의 중동테러리즘 형성 역할에 대해서 분석하였다. 제7장에서는 중동테러리즘이 급진주의 성격으로 발전한 과정을 분석하기 위해 이슬람원리주의의 등장과 중동테러리즘의 급진적 성향으로 변화, 향후 중동지역 테러활동의 전망 등을 내다보고 중동문제 해결을 위한 정책적 대안을 제시하였다. 결론 부분에서는 각 장별로 요점을 요약하여 연구성과와 미진한 부분 그리고 앞으로 연구해서 보강해야 할 부분 등에 대해서 제시하였다. 본 연구서는 중동지역 분쟁과 중동테러리즘을 연구하고 이해하려는 연구자들과 일반 독자들에게 도움이 될 것으로 기대한다.

마지막으로 이 책이 나오기까지 은혜를 입은 분들에게 감사의 말씀을 전하고 싶다. 전문연구자의 길로 인도해 주시고 세심한 가르침을 주신 영원한 스승 전경만 박사님께 존경의 마음을 드린다. 학문적 스승인 서울벤처정보대학원대학교 송은호 교수님, 강일모 교수님, 최유주 교수님께 감사드린다. 그리고 수업과 논문심사에서 세심하게 지도해 주신 최명상 박사님께도 이 자리를 빌려 감사드린다. 또한 국문 감수를 위해 수고해 주신 한남대학교 김혜실 교수님께 감사의 말씀을 드리며 제대로 된 책의 모습을 갖추도록 수고를 아끼지 않으신 한국학술정보(주) 출판사업부 관계자 여러분께도 고마움을 전한다.

2009년 9월
저자 씀

목 차

I. 서 론

1. 연구목적과 필요성

국제 평화와 번영을 구가하기 위해서 지구촌의 '화약고'인 중동 지역은 우리가 가장 이해해야 할 대상 중의 하나로 부각되고 있다. 그간 우리에게 중동 세계는 이 지역에 대한 사실 왜곡과 의도된 진실 가리기로 다소 부정적인 이미지가 각인돼 있었던 것도 사실이다. 그러나 우리는 이 지역에 살고 있는 중동 사람들을 인류의 역사발전과 경제적 번영을 위해서 우리와 동시대를 살아가고 있는 지구촌의 한 가족으로 인식해야 할 필요성이 있다.

이러한 관점에서 중동문제와 관련된 연구가 다양하게 여러 분야에서 이루어졌으며 현재도 활발하게 진행되고 있다. 2001년 9·11 테러를 기화로 중동지역에 대한 전 세계의 이목이 집중되었고, 특히 국내에서는 그 영향을 받아 학문적으로 각 분야 및 전공별로 중동지역과 관계된 연구성과물이 나오게 되었다. 그중에서 중동지역의 테러리즘에 대한 원인 및 발생 배경에 대한 연구가 최근 활발하게 이루어지고 있다.[1] 즉, 현재 세계 도처에서 활동하고 있는 다수의 테러단체나 조직이 이슬람과 관련되어 있는 것으로 알려져 있어 이슬람의 생성지역인 중동에 대한 관심과 연구가 부상하고 있다.

또한 중동지역의 전쟁과 분쟁에 관한 연구도 관심 분야로 떠오르고 있다. 이것은 제2차 세계대전 이후 벌어진 세계의 중요한 전쟁과 분쟁 대부분이 중동지역에서 발발했고 지금도 이 지역에서 진행되고 있기 때문인 것으로 보인다. 이에 따라 일반학계의 연구자들[2]과 국내의 군 관련 기관 및 군사전문가들에 의해서 관련 당

1) 최재훈, "중동테러리즘과 급진 이슬람원리주의의 역학관계 연구", 박사학위논문(한국외대, 2006); 김현진, "테러리즘의 법적 규제에 관한 연구", 박사학위논문(호남대, 2005); 최기남, "중동테러리즘에 대한 한국경호 안전도 극대화 방안", 박사학위논문(경기대, 2005); 박기범·강민완·전용태, "이슬람원리주의를 통해 본 중동지역테러리즘의 이해", 『경호경비연구』, 통권제12호(2006. 8); 김상길, "중동지역의 평화협상과 테러리즘에 관한 고찰", 『법학연구』, 제13집(2003. 12); 임상곤·박기범, "중동테러리즘의 동향 분석에 관한 연구", 『예술·체육문화연구』, 제11권(2005. 2); Jenkins Brian M, *International Terrorism: New Mode of Conflict*(London: Croom Helm, 1975); Schmid Alex P. & Albert J. Jongman, *Political Terrorism: A New Guide to Actors, Authors, Concepts, Data Bases, Theories, and Literature*(Amsterdam: SWIDOC, 1988); Laquer Walter, *Terrorism* (Boston: Little Browm, 1977); Laquer Walter, *The Age of Terrorism*(London: Weidenfeild and Nicolson, 1987); Laquer Walter, *The New Terrorism: Fanaticism and the Arms of Mass Destruction*(Oxford: Oxford University Press, 1999); Laquer Walter, *The New Terrorism*(London: Phoenix Press, 2001); Wilkinson Paul, *Terrorism and Liberal State*(London: Macmillan, 1987).
2) 유공조, "영국의 중동 통치와 팔레스타인 문제: 팔레스타인 분쟁의 사적분석", 박사학위논문(중앙대, 1988); 이병재, "중동전쟁과 항공력: 6일 전쟁과 10월 전쟁에서 본 항공력의 역할", 박사학위논문(고려대, 2001); 유재익, "미국의 걸프전 수행 정책과 전략에 관한 연구", 박사학위논문(고려대, 1996); 남문희, "레바논 전쟁과 북·미관계", 『시사저널』, 통권 878호(2006. 8); 이훈, "중동전이 국제정치역학에 미치는 영향", 『통일생활』(1974. 3); 최재훈, "레바논 분쟁", 『중동연구』, 제20권(2002); 장병옥, "이란-이라크 분쟁", 『중동연구』, 제20권(2002); 정상률, "팔레스타인 분쟁", 『중동연구』, 제20권(2002); 최영철, "이라크 전쟁과 이-팔 평화과정의 미래", 『중동연구』, 제22권 제1호(2003. 7); 서재만, "수에즈전쟁 연구", 『중동연구』, 제23권 제1호(2004. 7) 김종일, "중동의 수자원 분쟁연구: 터키와 시리아를 중심으로", 『중동연구』, 제24권 제2호(2005. 12); Arthur Goldschmidt, Jr., Davidson, Lawrence, *A Concise History of the Middle East*(Florida: Perseus Books, 2005); Carl Brockelmann, *History of the Islamic People*(London: Routledge & Kegan Paul, 1982); J. W.

사국의 자료를 분석한 분석서들이 주를 이루는 학문적 성과를 낳고 있다.[3]

한편, 이런 양 시각과 결부되어 강대국의 대중동정책과 관련한 연구성과도 들 수 있다. 즉, 중동지역은 1870년대 석유자원의 전략적 이용가치[4]가 발견된 이래 강대국의 영향력이 가장 많이 그리고 집중적으로 미쳤다고 할 수 있다. 이러한 연유에서 강대국들의 대중동정책에 관련한 연구와 그에 따른 중동문제 해결방법 고찰이 활성화되고 있는 것이다.[5]

본 연구의 목적은 현재 중동지역에서 일어나고 있는 중동테러리즘의 생성배경을 중동지역 분쟁의 원인에서 찾는 데 있다. 이를 위해 중동지역 분쟁의 원인을 역사적인 기원과 아랍과 이스라엘의 대립관계, 그리고 아랍의 내부적으로 나타나고 있는 분열 원인 등

Burton, *Conflict Resolution and Rrevention*, Vol. 1(London: Macmillan, 1990); Kalevi J. Holsti, *International Politics: A Framework For Analysis*(Englewood Cliffs, New Jersey: Prentice-Hall International, Inc., 1988); Ian J. Bickerton & Carla L. Klausner, *A Concise History of The Arab-Israeli Conflict*(New Jersey: Rrentice Hall, 1991).

3) 국방군사연구소 역, 『미국방부 의회종보고서 걸프전쟁』(서울: 군인공제회, 1992); 육사전사학과, 『세계전쟁사』(서울: 황금알, 2005); 함참, 『이라크전쟁 종합분석』(서울: 경희정보인쇄, 2003); 육군본부, 『걸프전쟁』(대전: 육군군사연구실, 1991); 육군본부, 『20세기 전쟁양상』(대전: 육군군사연구실, 2002); 육군대학, 『세계전쟁사』(대전: 육군대학, 2004); 김희상, 『중동전쟁』(서울: 전광, 1998); 기다 히데오, 『걸프전쟁』, 오정석 역(서울:연경문화사, 2002); 최용성, 『젊은이를 위한 세계전쟁사』(서울: 양서각, 2006).

4) Anton Mohr, *The Oil War*(New York: Harcourt Brace, 1926); 윌리엄 엥달, 『석유지정학이 파헤친 20세기 세계사의 진실—영국과 미국의 세계 지배체제와 그 메카니즘—』, 서미석(역)(서울: 도서출판 길, 2007). p.43.

5) 최성권, "중동 국제정치체제의 성격에 관한 연구", 박사학위논문(전북대, 1990); 이성수, "미국의 중동지역에 대한 인식과 중동정책", 박사학위논문(부경대, 2005); 강진석, "미국의 안보정책과 전략 변화에 미친 대테러전쟁의 영향," 박사학위논문(충남대, 2004); 김재두, "중동에서의 미국과 중국의 에너지 갈등", 『에너지경제연구』, 제3권 제3호(2006. 가을); 정상률, "미국의 대중동구상과 이집트의 대응외교정책", 『중동연구』, 제25권 제2호(2006. 12); 서정민, "아랍-시온주의 관계 1982-1948: 유대인 유입에 대한 아랍의 반응", 『중동연구』, 제25권 제1호(2006. 7); 유달승, "미국의 세계전략과 중동정책", 『중동연구』, 제22권 제2호(2003. 12); 정상률, "팔레스타인 국가 건설과정과 민족주의-정치 이슬람의 경쟁", 『중동연구』, 제22권 제1호(2003. 7)

에서 고찰할 것이다. 또한 시대적으로 작용했던 영국과 프랑스, 그리고 미국과 러시아(소련)의 대중동정책으로 인한 분쟁의 심화 요인 등을 분석하려 한다.

본 연구는 현재 및 향후 중동문제를 인식하는 데 단편적인 시각이 아닌 종합적인 시각을 정립할 수 있는 계기를 제공하고 중동문제 해결의 단초를 찾는 데 기여할 것으로 기대된다.

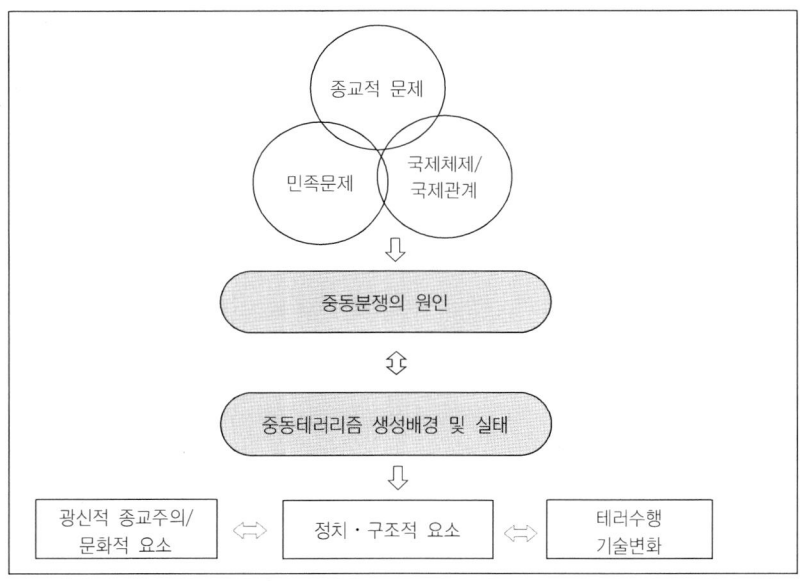

〈그림 1-1〉 이론적 분석 체계의 틀[6]

---

6) 위 그림은 중동분쟁은 조셉 나이가 주장한 3가지 요인이 상호 복합적인 작용을 통해서 그 원인이 되었고, 중동테러리즘 생성배경은 발터라쿠가 주장한 광신적 종교주의와 폴 윌킨슨이 주장한 문화적 요소, 정치·사회 구조적 요소, 기술적 측면에서 테러수행 기술의 변화 등의 요소가 서로 영향을 미쳐 발생했으며, 이와 같은 중동분쟁의 원인과 중동테러리즘 생성배경의 요인이 상호 영향을 주고받는 관계 속에서 고찰하려는 이론적 분석 체계를 도식화한 것임.

2. 연구방법 및 범위

본 연구는 현재까지 연구된 성과를 토대로 문헌 위주로 이루어지며 연구를 진행하기 위한 분석의 틀은, 우선 분쟁은 Joseph Nye가 중동지역 분쟁의 원인으로 꼽고 있는 민족문제, 종교문제, 세력균형에 의한 국제체제 및 국제관계 등을 이용하여 분석하고자 한다. 그리고 테러의 발생요인으로서는 Walter Laquer가 주장한 광신적 종교주의와 Paul Wilkinson의 문화적 요소, 정치·구조적 요소, 테러수행 기술 변화 등으로 나누어 제시하고자 한다.

먼저 제2장에서는 분쟁과 테러를 연구하기 위한 이론적인 분석의 틀을 제시하고, 연구에 필요한 용어의 정의 일환으로 중동, 분쟁, 테러 및 테러리즘에 대한 용어의 정의를 통해 연구의 범위를 설정하고자 한다.

제3장에서는 중동지역 분쟁의 역사적 기원을 고찰하기 위해 이스라엘 민족의 지역적 연고성 및 종교적 정체성 확립과 통일왕국 시대와 이스라엘 왕국, 유대왕국 시대의 주변국과 갈등을 통한 이스라엘·팔레스타인 분쟁의 시작에 대해서 분석한다. 무함마드의 등장과 이슬람제국의 성립과 발전에 대한 분석을 통해 이슬람의 발흥과 확장에 대해 알아본다. 그리고 칼리프시대와 아랍제국 시대에 대한 분석으로 당시 배경과 주변국과의 관계 속에서 이슬람에 대해 고찰한다. 아랍민족주의 운동의 시작으로 보는 오스만튀르크 통치시기의 팔레스타인에 대한 분석, 여러차례에 걸쳐 벌어진 중동지역 전쟁과 현대의 중동분쟁에 대한 원인과 배경을 알아봄으로써 중동분쟁의 역사적 기원에 대한 전반적인 연구를 진행하고자 한다.

제4장에서는 중동분쟁 원인을 심층적으로 분석하기 위해서 조셉 나이가 제시하였던 종교문제, 민족문제, 세력균형에 의한 국제체제 및 국제관계 등 3가지 범주 속에서 중동분쟁의 원인을 고찰하고자 한다. 우선 구약성경에 관한 해석상의 분쟁과 종교 본질에 대한 문제 속에서 종교적 원인과 배경에 대하여 알아본다. 그리고 제1, 2차 세계대전 당시 영국의 중동정책과 전후 유대 난민문제와 영국의 팔레스타인 정책의 분석을 통해 영국이 중동에 대해서 취했던 그들의 정책과 기조를 통해 분쟁의 원인을 분석하고, 국제체제의 성격으로서 강대국의 중동정책을 분석하여 강대국이 중동분쟁에 관여한 요인 및 영향을 연구하고 중동지역 분쟁의 시사점을 도출하고자 한다.

제5장에서는 테러와 테러리즘의 이해를 위해서 그것이 가지고 있는 개념과 전통적 테러리즘의 패러다임을 분석하여 향후 예측 가능한 테러리즘의 전망을 확인하여 중동테러리즘과의 상관관계에 대해 규명하고자 한다.

제6장에서는 중동테러리즘에 대한 연구를 위해 중동테러리즘의 특성, 중동테러리즘의 생성 배경, 중동지역 테러활동 현황과 중동분쟁의 중동테러리즘 형성 역할에 대해서 분석하고자 한다. 이에 테러리즘의 생성 배경에 대해서는 Walter Laquer가 주장하였던 광신적 종교주의와 Paul Wilkinson이 주장한 문화적 요소, 정치·구조적 요소, 테러수행 기술 변화 등으로 나누어 고찰하고자 한다.

제7장에서는 중동테러리즘이 급진주의 성격으로 발전한 과정을 분석하기 위해 이슬람원리주의의 등장과 중동테러리즘의 급진적 성향으로 변화, 향후 중동지역 테러활동의 전망 등을 내다보고 중

동문제 해결을 위한 정책적 대안을 제시하고자 한다.

마지막으로 결론 부분에서는 각 장의 요점을 요약하여 연구성과와 미진한 부분 그리고 앞으로 보강해야 할 부분 등에 대해서 제시하고자 한다.

Ⅱ. 이론적 분석 체계

1. 중동분쟁 원인

일반적으로 분쟁 연구의 대상은 '국가이익에 관련된 것'이라고 할 수 있지만, 그 영역을 세부적으로 분류하면 매우 다양한 형태로 나타난다. 분쟁 영역과 관련된 연구에서는 Holsti의 표본조사가 많이 인용되고 있다.[7] 그의 연구결과에 의하면 96건의 분쟁 표본 가운데 91건에서, 상충되는 입장 때문에 당사국들이 위협·강제·폭력을 택하게 되는 주요 쟁점 영역이 있는 것으로 밝혀졌다. 이러한 주요 쟁점 영역들은 몇 가지 유형[8]의 국가 목적이나 분쟁의 이슈 영역으로 분류될 수 있다고 하였다. 그중 중동지역의 분쟁 사례를 설명한 것은 영토분쟁으로서 "확고한 국경선을 확정하기 위해 벌이는 분쟁

---

7) Kalevi J. Holsti, *International Politics: A Framework For Analysis*(Englewood Cliffs, New Jersey: Prentice-Hall International, Inc., 1988), pp.400-403.
8) Holsti의 조사에 의하면 이들 유형은 영토분쟁, 정부구성과 관련된 분쟁, 국가의 명예를 위한 분쟁, 지역적 제국주의로 인한 분쟁, 체면의 유지·확장과 관련된 분쟁 등으로 구분된다고 주장하였다.

과 타국의 영토 일부를 지배하려고 함으로써 발생하는 분쟁"으로 제시하고 있다. 이러한 영토 영유에 관한 분쟁은 오늘날 국제무대에서 가장 빈번하게 발생하고 있는 분쟁이며, 또한 국제체제 변화와 관계없이 발생 가능성을 지니고 있는 분쟁의 형태라고 하였다.

Holsti는 이러한 영토분쟁은 두 가지 형태의 양상을 보인다고 하였는데, 그 첫 번째는 특정한 지역의 소유권 혹은 한 국가가 다른 국가의 영토 내부에 있거나 근접해 있는 영토의 권리에 대해 상반되는 입장을 보임으로써 발생하는 분쟁이다.9) 두 번째는 일정한 영토 내에서 인종적으로 소수민족에 대한 주권 문제를 한 국가가 통제하려는 입장을 취할 때 발생하는 분쟁이라고 하였다.10) 그러나 그의 연구결과로는 중동지역 분쟁을 충분하게 설명할 수 없는 한계가 노정되었다. Holsti의 연구는 발생된 중동분쟁의 현상을 설명하는 데 필요한 요건을 충족시켰을 뿐이며 중동분쟁이 발생하게 된 근본적인 원인을 설명하는 데는 한계를 보여 주었다. 중동지역 분쟁에 많은 영향을 미쳤던 종교문제나 제국주의 시대 영토분할과 식민지 통치 정책에서의 강대국의 역할, 이스라엘 건국과정과 건국 이후 개입된 국제체제의 세력균형에 의한 분쟁 가속화 요인 등은 간과된 것으로 확인이 되었다. 그래서 중동지역의 분쟁에 대한 원인을 국제정치적 시각에서 바라본 Joseph Nye의 분석의 틀을 이 책에서 활용하고자 한다.11) 그는 중동분쟁의 원인을 민족주의 및 종교문제와 강

---

9) 이러한 사례는 1948년 팔레스타인전쟁 이후 발생한 아랍 – 이스라엘 간의 1956년 수에즈분쟁, 1967년 6일 전쟁, 1973년 10월 전쟁으로 대변되는 4차례의 중동전쟁이 이에 해당되는데, 특히 골란 고원과 시나이반도를 놓고 벌인 이스라엘과 아랍권의 분쟁이 대표적인 사례임.
10) 샤트 알 아랍(Shatt – al – Arab) 수로의 영유권을 두고 벌인 이라크와 이란의 분쟁.
11) Joseph S. Nye, Jr., *Understanding International Conflicts: An Intriduction to Theory and History*, 6th ed.(New York: Longman, 2007), pp.185 – 203.

대국의 세력균형에 의한 국제체제 및 국제관계상의 문제라는 측면에서 분석하였는데, 그 내용을 알아보면 다음과 같다.

가. 민족문제 및 종교문제

사전적 의미에 의하면, 민족이란 "공통의 정체성과 단일한 국가로 될 권리를 주장하는 그룹"이라고 정의[12]한다. 그러나 민족은 어떤 종류의 그룹을 포함하는가? 공통의 정체성의 원천은 무엇인가? 그 답이 인종적 유사성이라는 견해[13]도 있지만 미국은 인종적으로 다양함에도 불구하고 하나의 민족을 이루고 있다. 다른 한편, 언어적 유사성이 공통의 정체성의 원천이라는 견해[14]도 있지만, 스위스는 언어적으로 다양함에도 불구하고 하나의 민족이다. 또 다른 이들은 종교가 민족의 기초가 될 수 있다[15]고 말하는데, 실제로 중동지역 국가들은 정치·경제·사회·문화적인 측면에서 종교적인 정체성에 기초한다. 이렇게 볼 때 공통의 정체성을 가진 사람들의 그룹이 스스로를 민족이라고 부를 때 그 정체성에는 다양한 기준이 있을 수 있다는 것이다. 프랑스의 사상가인 에른스트 르낭(Ernest Renan)이 말한 바와 같이, "민족의 기본적 요소는 민족 내의 모든 개인들이 많은 공통점을 가지고 있어야 한다는 점이며 반면에 공통점 이외의 것에 대해서는 잊어야 한다."[16] 민족은 또한 구성원이

---

12) 넥서스사전편찬위원회, 『EASY ENGLISH DICTIONARY』(서울: 넥서스, 2007).
13) Ivo H. Daalder, "The United States, Europe and the Balkans", *Problems of Post-Communism*, Vol.49, No.1(The George Washington University, 2002).
14) 외국학 종합연구센터(편), 세계인의 의식구조 1(서울: 외대출판부, 1997), p.396.
15) Joseph S. Nye, Jr., op. cit., p.186.
16) Ernest Renan, Hans Kohn, *Nationalism: Its Meaning and History*(Princeton, NJ: Van Nostrand, 1955), p.137.

서로를 알기에는 너무나 크기 때문에 상상 속의 공동체[17]라고 불리기도 하며, 이때 그 상상은 매우 큰 역할을 한다고 볼 수 있다.

민족주의라는 것은 일반적인 서술적 용어일 뿐만 아니라 일정한 집단이나 단체의 규범적 용어이기도 하기 때문에 모호한 면이 있다. 한 단어가 서술적이면서 동시에 규범적으로 사용되면, 그 단어는 권력 투쟁에서 정치적 용어로 사용될 수 있다. 예컨대, 1970년대에 아랍 국가들은 유엔 총회에서 성공적으로 로비를 벌여 시오니즘(Zionism)을 인종차별주의로 분류하는 결의안[18]이 통과되도록 했다. 그들의 의도는 이스라엘이 한 민족이라고 주장할 수 있는 정통성을 박탈하는 것이었다. 같은 의미에서 사용되는 용어이지만, 인종차별주의라고 분류되는 것은 분명히 불리한 것이며, 민족주의라고 분류되는 것은 대체적으로 유리한 입장에 처하게 되는 것이다. 이스라엘이 민족이 아니라고 주장하는 것은 민족이라는 단어를 '무기로 사용한 본보기'라고 할 수 있다.[19]

그 주장의 분석적 문제는 종교가 민족 정체성의 근거가 될 수 있다는 데 있었다. 종교적인 측면에서 보면, 종교가 다른 나머지 소수 인구들과 민족적 정체성으로 공유하기는 어려운 것이 사실이다. 파키스탄에 사는 힌두교도들이 그곳의 이슬람교도보다 살기 어렵듯이 이스라엘의 이슬람교도의 삶은 그곳의 유대인보다는 어려울 것이다. 그러나 민족이 그들 스스로를 민족이라고 부르는 근거로 종교를 이

---

17) 베네딕트 엔더슨(Benecict Anderson)은 근대민족을 상상된 공동체(imagined community)라고 하여 실제 인간 공동체와 그 네트워크의 부재 또는 퇴각이나 분열에 따른 감정의 공백을 메우는 역할을 하는 것으로 설명하였다. E. J. 홉스봄, 『1780년 이후의 민족과 민족주의』, 강명세(역)(경기파주 : 창비사, 2005), p.68.

18) UN 총회 결의안 3379(1975. 11. 10)이 찬성 72 대 반대 35로 통과되었다.

19) Joseph S. Nye, Jr., op. cit., p.188.

용한다고 해서 그 민족이 인종차별주의적이라고 단정하는 것은 비논리적이다. 이런 이유에서 유엔 총회는 결국 ̄991년에 1975년 당시의 결의안 3379호를 2차 투표를 실시한 끝에 무효화했다.

역사적으로 볼 때 중동지역은 범아랍주의에 대한 호소가 지속적으로 존재하고, 국가들이 갑자기 연합국을 설립한다고 발표하는 이해하기 어려운 상황이 연출되는 곳이었다. 이집트와 시리아가 1958년에 아랍연합공화국 설립을 선포하고, 1989년에는 리비아와 모로코처럼 상황과 여건이 서로 다른 국가들도 연합국을 선언했다. 그러나 시간이 경과하면서 국가의 힘이 이와 같은 범민족주의적 분위기로 대체돼 갔다. 일례로, 국가에 초점을 둔 이집트의 민족주의는 점차 범아랍주의보다도 더 많은 여론의 지지를 받게 되었다는 것을 들 수 있다. 대부분의 탈식민지화 시기 동안, 경제적 변화와 근대적 커뮤니케이션으로 인해 삶의 일상패턴에는 엄청난 파괴가 있었다. 정치지도자들은 이 같은 탈식민지화 과정의 불만을 이용하려 했다. 일부는 민족주의에 호소하고, 다른 일부는 범아랍주의에 호소했으며, 또 다른 이는 종교적 근본주의에 호소했는데, 이 모든 것들이 중동지역에 분쟁을 일으키는 복잡한 힘으로 작용했다.[20]

이런 시각에서 볼 때 팔레스타인 지역에서의 아랍과 유대민족의 저변에 깔려 있는 근원적인 민족문제와 이슬람과 유대교라는 종교적 차이에서 오는 갈등 요인을 분석하여 중동지역 분쟁의 원인을 파악하는 것은 현재의 중동문제를 인식하는 데 있어 첫 걸음이라고 할 수 있다. 민족문제는 팔레스타인의 지역적 연고성과 그 지역의 지배변천과정을 통해 분석하는 것이 타당할 것으로 생각되며,

---

20) Ibid., p.192.

종교적인 문제는 성서 해석상의 문제점과 종교 본질에 대한 차이점 등을 분석하여 중동지역 분쟁의 원인을 이해하는 것이 마땅할 것으로 판단된다.

나. 강대국 세력균형에 의한 국제체제상의 문제

민족이나 종교문제에 기인한 분쟁은 그 당시 강대국들의 이해관계나 그들이 추구하는 세력균형의 관점에 따라 분쟁의 강도가 증폭되었다. 아랍-이스라엘 분쟁의 실체는 민족적 정체성을 주장하지만 엄밀하게 따져 보면 팔레스타인 지역을 두고 양측이 그들의 목적을 달성하기 위해 상호 간에 몇 차례의 전쟁을 벌인 것이다. 이스라엘이 주장하는 입장은 로마인들이 지배했던 1세기경 이전에 유대인이 이미 그 지역을 지배했다는 성서적 시기로 거슬러 올라간다.[21] 그리고 이스라엘은 근대사에서 1, 2차 세계대전 당시 영국으로부터 그들의 권리를 인정받았던 경험에 호소하기도 한다. 즉, 제1차 세계대전 중에 영국은 발포어 선언(Balfour Declaration)을 했는데, 이는 영국 정부가 영국 시오니스트협의회 로스차일드 경에게 쓴 편지로서 영국 정부가 팔레스타인에 유대인들의 조국을 만들어 주도록 노력하겠다는 내용[22]이었다. 제2차 세계대전이 끝난 후 이스라엘인들은 히틀러가 저지른 대학살의 참사를 통해 유대국가가 존재할 필요

---

21) Martin Gilbert, *Jewish History Atlas*(Weidenfeld and Nicolson: London, 1992), pp.3 - 4.
22) Balfour Declaration. Encyclopædia Britannica. Retrieved August 12, 2007(Encyclopædia Britannica, 2007); Mansfield, Peter. *The Arabs*.(London: Penguin Books, 1992), pp.176 - 177; Quigley, Carroll. *The Anglo-American Establishment*(New York: Books in Focus, 1981), pp.169; B. Dugdale, "Arthur James Balfour", Vol. Ⅰ (1939), pp.326 - 327; Edward. *Question of Palestine*(Vintage Books, 1992).

성이 증명되었다고 주장했다. 그럼에도 불구하고 1948년 이전까지 팔레스타인으로 이주한 유대 이주민들은 유대국가를 건설하지는 못했다. 그러나 1948년 팔레스타인 내 유대인들이 이스라엘 국가를 건립해서 대외적으로 공포하자, 유엔은 이스라엘 국가를 인정했으나, 아랍은 즉각 이스라엘을 공격하였다. 위와 같은 과정이 이스라엘 국가의 역사적 기원이며 정당성이라고 이스라엘인들은 주장한다.

또 다른 당사자인 팔레스타인의 아랍인들은 그들 또한 그 지역에서 몇천 년 동안 살았다고 주장한다. 발포어 선언이 있기 2년 전인 1915년에는 아랍이 오스만제국에 대항하여 반란을 일으키면 아랍의 독립국가 지위를 인정하겠다는 후세인 – 맥마흔 선언[23]이 발표되기도 하였다. 또한 제1차 세계대전 당시 발포어 선언이 발표되었을 때 팔레스타인 주민의 90%는 아랍인이었고 1932년까지도 주민의 80%는 아랍인이었다. 그들은 영국이 아랍인들의 희생을 대가로 유대인들에게 약속해 줄 권리가 전혀 없다고 주장한다. 더욱이 대학살은 인류 역사 최대의 죄악 중 하나로 유럽인들이 저지른 것

---

23) October 24 1915 letter from Sir Henry McMahon, High Commissioner in Egypt, to Sherif Husayn of Mecca; Biger, Gideon. *The Boundaries of Modern Palestine, 1840 – 1947*(London: Routledge, 2004); Choueiri, Youssef M. *Arab Nationalism: A History*(Blackwell Publishers, 2000); Cleveland, Wiliam L. *A History of the Modern Middle East*(Westview Press, 2004) pp.157 – 160; Federal Research Division. *Syria: A Country Study*(Kessinger Publishing, 2004); Friedman, Isaiah. *Palestine, A Twice – Promised Land*(Transaction Publishers, 2000); Hughes, Matthew. *Allenby and British Strategy in the Middle East, 1917 – 1919*(London: Routledge, 1999); Huneidi, Sahar. *A Broken Trust: Herbert Samuel, Zionism and the Palestinians, 1920 – 1925*(IB Tauris, 2000); Kedourie, Elie. In the Anglo – Arab Labyrinth: The McMahon – Husayn Correspondence and Its Interpretations, 1914 – 1939(London: Routledge, 2000); Mansfield, Peter. *A History of the Middle East*(London: Penguin, 2004), pp.154 – 155; Milton – Edwards, Beverley. *Contemporary Politics in the Middle East*(Blackwell Publishing, 2006); Faris, Timothy J. *Britain, the Hashemites and Arab Rule, 1920 – 1925: The Sheritian Solution*(London: Routledge, 2003).

이라고 강조하였다.

양쪽 모두 타당한 논점을 가지고 있는 것으로 보인다. 제1차 세계대전 당시 지금의 팔레스타인 지역은 오스만제국에 의해서 지배되었고 오스만제국은 독일과 동맹을 맺고 있었다. 패전으로 제국은 해체되었고 아랍 지역은 국제연맹의 위임통치하에 들어갔다. 프랑스는 시리아와 레바논을 지배했다. 영국은 자국이 받은 땅 중에서 요르단 강과 지중해 사이의 지역을 '팔레스타인'이라고 불렀고, 요르단 강 너머를 '트랜스 요르단'이라고 불렀다.

1920년대에 유대인의 팔레스타인 이주는 서서히 증가했으나 1930년대 히틀러의 출현과 유럽에서 반유대인 운동이 증가된 이후에는 급격히 늘어나기 시작했다. 1936년에는 팔레스타인 인구의 40%가 유대인이었고, 이 유대인 유입으로 아랍계 주민들은 폭동을 일으켰다. 이렇게 되자 영국은 왕립위원회를 설치했고, 이 위원회는 팔레스타인 지역을 두 개의 국가로 분할하는 것을 추천했다. 1939년 5월 제2차 세계대전이 임박한 시점에서 영국은 독일을 상대하기 위해 아랍의 지지를 필요로 했다. 그래서 영국은 아랍인들에게 유대인의 이주를 제한하겠다고 약속했다. 그러나 종전 이후 그 제한을 강제로 디행하기가 어려웠다. 왜냐하면 유럽의 많은 사람들이 나치의 대학살을 당한 유대인의 조국 건설이라는 아이디어에 동정을 보냈고, 유대계 난민의 밀항도 상당히 많아졌기 때문이었다. 게다가 팔레스타인의 유대계 정착민 중 일부는 영국인들을 상대로 테러를 가하기도 했다. 그 사이에 영국은 제2차 세계대전과 인도의 탈식민지화로 인해 재정적으로나 정치적으로 너무나 지쳐 있었기 때문에 팔레스타인 문제를 1948년 5월에 유엔에 넘기겠다

고 선언했다.[24]

이렇게 되어 유엔은 팔레스타인의 분할을 권고했다. 그러나 아랍인들은 지역 내에서 차지하는 비율이 높고 기득권의 입장을 강조하며, 그 권고를 거부했다. 1948년 5월 이스라엘은 독립을 선포했고 이웃의 아랍 국가들은 이스라엘 독립을 인정하지 않고 그들의 생존을 위해 공격을 했다. 팔레스타인전쟁(제1차 중동전쟁)은 휴전을 거듭하면서 8개월 동안 계속되었으며, 전쟁에서 이스라엘이 승리한 것은 팔레스타인 난민 증가와 많은 아랍인들에게 모욕감을 주어 영구평화의 모든 구상이나 제안에 대한 광범위한 반대를 낳는 결과를 만들어 냈다. 이런 연유에서 아랍은 이스라엘의 정통성을 부인하며 전쟁의 결과를 받아들이는 것에 대해 강한 거부감을 표명했다.

팔레스타인전쟁의 미완성적 마무리는 또 다른 전쟁을 예고하여, 1956년에 제2차 중동전쟁이 발발하게 되었다. 1952년 이집트에서는 나세르와 다른 소장파 민족주의이념 성향을 가진 장교들이 파로코(Farouk)왕을 몰아냈다. 이후 그들은 즉각 소련으로부터 무기를 지원받았고, 정략적 수단을 이용하여 수에즈운하의 지배권을 획득하였으며, 연속적인 게릴라 공격으로 이스라엘과 충돌하였다. 이런

---

24) The United Nations Partition Plan for Palestine or United Nations General Assembly Resolution 181, 1947. 11. 29; Bregman, Ahron. *Israel's Wars: A History Since 1947*(London: Routledge, 2002); Arieh L. Avneri, *The Claim of Dispossession: Jewish Land Settlement and the Arabs, 1878-1948*(Transaction Publishers, 1984); Fischbach, Michael R. *Records of Dispossession: Palestinian Refugee Property and the Arab-Israeli Conflict*(Columbia University Press, 2003); Gelber, Yoav. *Jewish-Transjordanian Relations: Alliance of Bars Sinister*(London: Routledge, 1997); Khalaf, Issa. *Politics in Palestine: Arab Factionalism and Social Disintegration* (SUNY University Press, 1991); Louis, Wm. Roger. *The British Empire in the Middle East, Arab Nationalism, the United States, and Postwar Imperialism*(Oxford University Press, 1986); Sicker, Martin. *Reshaping Palestine: From Muhammad Ali to the British Mandate, 1831-1922*(Praeger/Greenwood, 1999).

일련의 상황 속에서 영국과 프랑스는 수에즈운하 사태에 격분하고 중동에서 그들의 힘에 대항할 새로운 세력의 등장을 우려하여 이스라엘의 협조를 얻어 이집트를 공격하기로 했다. 그러나 미국은 영국에 대한 지원을 거부했고, 유엔 결의안과 양쪽을 분리하는 평화유지군에 의해 전쟁은 끝이 나게 되었다.

제3차 중동전쟁인 1967년 6월의 '6일 전쟁'은 그 후 영토문제의 골격을 결정했기 때문에 가장 중요한 전쟁이다. 나세르와 팔레스타인들은 게릴라 공격으로 이스라엘에 대항하였고, 티란 해협을 봉쇄함으로써 홍해를 통한 이스라엘 수송을 차단했다. 나세르는 아직 전쟁준비가 되지 않았지만 그가 전쟁을 준비하는 움직임을 보이자 이스라엘은 더 이상 지체하지 않고 선제공격을 하기로 결정했다. 그래서 시나이반도뿐만 아니라 골란 고원과 요르단의 웨스트 뱅크까지 점령한 이스라엘의 일방적인 승리로 전쟁은 마무리되어 가고 있었다.

그 시점에 강대국들이 양 전쟁 당사자가 정전을 받아들이도록 하기 위해 개입했다. 1967년 11월에 유엔 안전보장이사회는 이스라엘에 평화와 안정을 주는 대신 점령한 영토에서 철수하라는 내용의 제242호 결의안을 통과시켰다. 그러나 제242호 결의안 중 일부분은 고의로 모호하게 작성되었고 팔레스타인인들의 지위에 관한 부분 또한 그들을 명백히 국가로 인정하지 않고 난민으로만 표현하여 모호한 구석을 남겼다.

제4차 중동전쟁은 1973년 10월의 욤키푸르(Yom Kippur)전쟁이었다. 나세르가 사망한 후, 이집트가 이스라엘을 파괴하는 것이 불가능함을 알고 있었던 안와르 사다트(Anwar Sadat)가 그의 후임자가 되었다. 사다트는 평화를 향한 그 어떤 화해적인 행동을 취하기

전에 모종의 심리적 승리가 필요하다고 결정했다. 사다트는 수에즈 운하를 건너 공격하기로 했지만 시나이반도 전체를 재점령하려고 하지는 않았다. 사다트는 시리아와 협조했고 효과적인 기습공격을 벌이는 데 성공했다. 초기 단계에서는 이집트인들에게 전쟁이 유리하게 전개되었지만 이스라엘의 강력한 반격으로 쉽게 끝나지 않았다. 이에 다시 강대국들이 개입하여 정전을 요구했다. 전쟁 이후 일련의 외교적 조치가 뒤따랐고 그 과정에서 미국은 이스라엘의 부분적 철수에 대한 협상을 벌였다. 유엔 감독관들이 시나이반도와 골란 고원에 파견되었다. 그러나 전쟁의 가장 극적인 결과는 그 뒤에 있었다. 1977년에 사다트는 이스라엘을 방문하여 이집트가 분리 평화에 대해 협상할 준비가 되어 있다고 선언했다. 1978년과 1979년에 지미 카터 대통령의 중재로 이스라엘과 이집트는 이스라엘이 시나이반도를 이집트에 반환하기로 하고 웨스트 뱅크의 자치에 대해 논의한 캠프 데이비드 협정(Camp David Accords)을 체결했다.

한편, 1982년에 이스라엘은 레바논을 침공하였다. 초창기에 레바논은 기독교와 아랍계 이슬람교도들이 미묘한 균형을 이루고 있었다. 그리고 이슬람교도들은 수니파, 시아파, 드러지스(Druzes)로 나뉘어 있었다. 팔레스타인해방기구는 레바논에서 중요한 존재였으며, 기독교인들 또한 여러 파벌로 나뉘어 있었다. 레바논은 한때 중동에서 진정한 다원주의와 다양성이 존재하는 유일한 지역으로서 안정의 안식처라고 일컬어졌으나, 내전으로 국내가 분열되기 시작하자 내전은 외부세력 개입의 좋은 빌미가 되었다. 시리아는 북쪽에서 질서를 강요하기 시작했고, 이스라엘은 1978년에 남부 레바논으로 진군하여 리타니 강(Litani River)에 이르렀다.

1982년 6월, 이스라엘의 국방장관 샤론(Ariel Sharon)은 진군을 계속하기로 결정했다. 앞서 그는 이스라엘이 이스라엘 북부를 보호하기 위해 레바논 국경에서 25마일까지만 진군하겠다고 말했으나 사실 이스라엘군은 그보다 더 진군했고 10주 동안 베이루트를 포위했다. 1985년 이스라엘은 레바논의 대부분 지역에서 철수했으나 남쪽에 있는 완충지대는 계속 점령했다. 이스라엘은 PLO를 베이루트와 레바논에서 몰아내는 데는 성공했지만 남부 레바논의 여러 그룹의 로켓 공격 의협을 받았다.

이렇듯 중동에서의 분쟁은 민족과 종교적인 문제 속에서 시작되어 강대국들의 개입과 역할을 통해 심화되는 과정을 겪고 있다고 볼 수 있다. Joseph Nye가 주장한 바와 같이 중동의 경험은 인종, 종교, 민족주의에 기초한 국지적 분쟁이 강대국들의 개입을 통해 한층 더 비참하고 해결하기가 어려운 처지에 놓이게 되었다.

2. 테러리즘 형성 배경

테러리즘에 관한 이론은 개념적인 차이나 연구자의 입장에 따라 다양[25]하기 때문에 기존의 연구자나 현재 연구를 진행하는 이들은 주로 조작적 접근법을 이용하여 분석하고 있다. 그런 차원에서 이 책에서는 테러리즘이 발생하게 된 배경에 대해 Walter Laquer의 광

---

25) Walter Laquer는 2003년 그의 저서에서 테러리즘을 분류하거나 정의하는 것에 대해 우려를 표명했는데, 이는 여러 가지의 테러리즘이 있기 때문이며 다양한 테러활동과 접근의 다양성을 강조하고 있기에 하나의 정의나 분류로 단정 지을 수 없음을 시사하는 것이다. Walter Laqueur, *No End to War: Terrorism in the Twenty-First Century*(New York: Continuum, 2003).

신적 종교주의 영향, 그리고 Paul Walkinson이 주장하는 문화적 관점, 정치·구조적 관점, 그리고 테러수행 기술의 변화 측면에서 살펴보고자 한다.

미 국립 테러리즘 위원회는 최근 테러의 동기가 정치적 이익보다 광신에서 비롯되고 있으며 테러리스트들이 사용하는 방법도 과거 어느 때보다 통제에서 벗어나 있다고 한다.[26] 다른 학술자료들도 테러리즘이 점점 종교적 광신에서 비롯된다고 하는 비슷한 결론을 내고 있다.[27] 이와 같이 종전과 테러의 동기가 다른 테러리즘에 대한 내용은 9·11 이전의 문헌에도 나타나고 있다.[28]

어떤 전문가들은 테러리즘의 진화는 변화보다는 연속에 가깝다고 하며 대량학살 폭파사건들은 오래전부터 테러방법으로 사용되어 왔고 극도의 과격주의는 테러 동기에 있어 언제나 지배적이었다고 주장한다.[29] 하지만 최근의 학자들은 현대의 테러리즘은 과거에 비해 상당한 변화를 거쳤다는 견해를 가지고 있다. 여러 가지 요인들이 이러한 새로운 테러리즘의 생성에 기여했다. 특히 Paul

---

26) National Commission on Terrorism, *Countering the Changing Threat of International Terrorism: Report of the National Commission on Terrorism*(Washington: GPO, 2000).

27) Walter Laquer, "Terror's New Face", *Harvard International Review*, No. 20(Fall 1998), pp.48 - 51.

28) Richard A. Falkenrath, Robert D. Newman, and Bradley A. Thayer, *America's Achiles Heel: Nuclear, Biological, and Chemical Terrorism and Covert Attack* (Cambridge, Mass: MIT Press, 1998); Philip B. Heymann, *Terrorism and America: A Commonsense Strategy for a Democratic Societh*(Cambridge, Mass: MIT Press, 1998); Bruce Hoffman, *Inside Terrorism*(New York: Columbia Univ. Press, 1998); Brad Roberts, ed., *Terrorism with Chemical and Biological Weapons: Calibrating Risks and Responses*(Alexandria, Va.: Chemical and Biological Arms Control Institute, 1997); Jessica Stern, *The Ultimate Terrorists*(Cambridge, Mass.: Havard Univ. Press, 1999).

29) Chris Quillen, "A Historica Analysis of Mass Casualty Bombers", *Studies in Conflict and Terrorism 25*(September/October 2002), pp.279 - 292.

Wilkinson은 급증하는 테러리스트들의 무차별적 폭력성에 대해 몇 가지 가능성 있는 이유를 제시하고 있다.[30] 첫 번째는 매스컴이 테러리스트의 잔학행위를 담은 영상과 사진들로 포화상태가 되면서 이들의 행위가 일반대중에게 학습되어 무감각한 상태로 변질됨에 따라 그 파괴의 정도가 증가되었다는 것이다. 두 번째는 테러리스트들로부터 무방비 상태에 놓인 일반 대중을 대상으로 하는 테러행위가 그들에게 보다 위험성이 적음을 깨닫게 하였다. 마지막으로 정치적인 테러리스트에서 맹목적이고 광신론적인 테러리스트로 전환하면서 무차별적인 폭력성이 증가되고 있다는 것이다.

Wilkinson이 제시한 요인들이 테러리스트의 전략과 작전을 정확하게 설명하고 있으며, 좀 더 세부적으로는 모든 사회적 변화들을 오늘의 테러리즘과 연관시킬 수는 없지만, 위협의 정도에 있어 전례가 없는 새로운 형태의 테러리즘을 만들어 낸 몇 가지 요인을 제시하고 있다. 그것은 문화적 요소, 정치적·사회 구조적 요소, 테러 수행 기술의 변화에서 생성 배경의 요인을 찾아볼 수 있다.

가. 문화적 요소

종교적 테러리스트와 일부 종교적인 요소를 내포하고 있는 정치적 테러리스트를 구분하는 것은 중요하다. 종교적으로 동기가 부여된 테러리스트는 1980년과 1992년 사이에 6배나 늘어났으며 1990년대에도 지속적으로 늘었다.[31] Hoffman은 그의 저서 『Inside Terrorism』

---

30) Paul Wilkinson, *Terrorist Tagets and Tactics: New Risks to World Order, Conflict Study 236*(Washington: Research Insititute for the Study of Conflict and Terrorism, December 1990), p.7.

에서 종교의 의무에 의한 테러리즘이 오늘날의 테러리즘의 가장 중요한 특성이라고 주장하였다. 이것은 순환하는 테러의 동기로서 그렇게 새로운 현상이 아닐 수도 있다. 민족주의, 무정부주의, 마르크스주의 등의 정치적 동기들이 있기 전에는 "종고만이 테러의 정당성을 증명할 수 있었다."[32]고 보았다.

새로운 테러리스트 단체의 몇 가지 문화적 특징들이 매우 강도 높은 테러 자행을 암시하고 있다. 이러한 것에는 치료를 가장한 의학적 살인, 궁극적인 사회정화를 위한 완전한 사회적 파괴, 대량살상무기에 대한 편견과 한 지도자가 자신을 추종하는 꼭두각시를 지배하는 것 등이 있다.[33] 이러한 양상들은 과거의 테러리스트 집단들과 많은 차이를 보이며, 이러한 특징들을 가지고 있는 집단들은 문명화된 세계에 상당한 위협을 주고 있다.

나. 정치적·사회 구조적 요소

국제무대의 몇 가지 발전들은 대량학살 테러리즘을 위한 숙성된 조건을 제공해 왔다. 경제적 자원과 지역에 따른 생활수준의 심한 불평등은 현대 테러리스트의 극렬함과 포악함을 설명할 수 있는 흔한 이유이지만, 불량국가의 정부 붕괴가 테러리스트의 근거지 역할을 한다는 것이 더 설득력 있는 논리를 제공한다.[34] 세계화의 진

---

31) Bruce Hoffman, *Inside Terrorism*(New York: Columbia Univ. Press, 1998), p.5.
32) David C. Rapoport, "Fear and Trembling: Terrorism in Three Religious Traditions", *American Political Science Review, 78*(September 1984), pp.668 - 672.
33) Robert J. Lifton, *Destroying the World to Save It: Aum Shinrikyo, Apocalyptic Violence and the New Golbal Terrorism*(New York: Metropolitan Books, 1999) p.135.
34) James D. Wolfenson, "Making the World a Better and Safer Place: The Time for

행은 기술적・정치적・경제적・문화적인 장벽의 축소를 수반하며, 이기적이고 냉혹한 시장문화는 전통적인 공동체로의 변화를 추구하게 된다. 많은 이들은 테러리스트 세력이 자신들의 생활방식을 위협한다고 본다. 세계화가 테러리즘을 유도했던 것과 마찬가지로 동시에 그 해법 또한 제시하고 있다고 볼 수 있다.

한편, 세계적인 정치적 변화와 더불어 조직의 기량 향상이 테러리스트가 자행한 테러행위에 있어서 치사율을 높였다고 할 수 있다. 일반 기업과 같이 테러단체들도 조직적으로 진화하였다. 테러단체들은 계급제도와 수직적 조직구조에서 보다 수평적이고 명령에 덜 의존하는 자의적인 구조로 변화하였다. John Arquilla, David Ronfeldt와 Michele Zanini는 "테러단체 지도부는 조직원들이 계급제도에 의존하지 않고 스스로 알아서 결정하고 행동할 수 있는 지침과 같은 원칙으로 이루어져 있다."라고 주장했으며, 그들은 "때로는 지도부가 없거나 또는 무수히 많은 지도부로 이루어진 조직체"라고 설명하였다.[35] 그리고 Paul Smith는 Al Qaeda의 다세포적인 구조가 조직의 민첩성을 제공하는데 이것이 하나의 주요 장점 중 하나라고 말한다.[36] 이러한 융통성은 알카에다가 전 세계적인 네트워크를 통해 그들의 기지를 만들 수 있게 해 주었으며, 이들은 작전의 은폐를 위해 이슬람의 비정부조직에 침투하기도 하였다.[37] 이

Action is Now", *Politics, 22*(May 2002), pp.118 - 123.

35) John Arquilla, Davic Ronfeldt, and Michele Zanini, "Networks, Netwars, and Information - Age Terrorism", *in Countering the New Terrorism*, ed. Ian O. Lesser et al., MR - 989 - AP(Santa Monica, Calif.: RAND, 1999), p.51.

36) Paul Smith, "Transnaional Terrorism and the Al Qaeda Model: Confronting New Realities", *Parameters, 32*(Summer 2002), p.37.

37) Ibid., p.38.

렇듯 테러집단들은 그들의 조직 보강과 건재를 위해서 기존의 국가나 정치조직체를 활용하는 대담함을 사용하였으며, 이러한 현상은 오늘날 더욱 심화되어 가고 있다.

다. 테러수행 기술의 변화

문화적·종교적 요인과 정치적·사회 구조적 동기들과 더불어 테러수행 기술의 발전은 테러집단에게 전례 없는 기회를 제공할 수 있을 정도가 되었다. 소련의 붕괴와 비국가적 행위자들에 의한 핵무기 확산은 핵 테러리즘의 위험을 증가시킨 근본적인 요인이다. 하지만 대량살상무기와 정보통신기술의 발달은 이것을 이용한 테러행위의 실현 가능성이 더 높기 때문에 핵무기 테러리즘보다 더 위협적이다.

중요한 것은 최근의 통신 장비의 발달과 정코 기술의 발전이다. 이 기술은 테러집단을 도우며 산업화된 사회들은 정보 시설에 많이 의존하기 때문에 테러리스트들이 테러 목표로 삼는 데도 일조를 하고 있다. 그러나 테러리스트들은 자신들의 연락과 선전 활동을 위해 필요하기 때문에 인터넷의 설비 파괴는 피할 것이다. 즉, 테러리스트들은 정보 네트워크의 전체적인 파괴보다는 조직의 붕괴에 관심을 보이고 있다.[38]

미국 또는 세계적인 정보 시설의 붕괴는 금융과 사회 대변동의 결과를 가져오지만 테러리스트들은 이 영역에 큰 공격을 가하는 경향이나 역량을 보이지 않고 있다. 이 분야에 한정된 공격이 있었

---

38) John Arquilla, David Ronfeldt, and Michele Zanini, Ibid., ɔ.56.

지만, 정보기술의 주된 용도는 활동의 표적이기보다는 테러리스트를 원조하는 데 있다고 볼 수 있다. Paul Pillar가 지적했듯이 정보기술은 테러리스트의 공격 방법보다 일상의 조직과 통신에 큰 영향을 끼쳤다[39]고 할 수 있다.

또한 기술은 테러집단의 대량학살 능력도 향상시켰다. 9·11 테러, 오클라호마시티 폭격 및 동경 지하철 가스 테러를 비롯한 지난 10년간 테러분자의 공격들은 그들의 대량학살 능력을 여실히 보여준 사례라고 할 수 있다. 기술적 발전과 세계화된 시장경제의 발달로 21세기에 테러로 인한 위험 증가는 피할 수 없게 되었다.

3. 용어의 정의

가. 중동

(1) 지역적 범위

중동의 지역적 범위를 한정한 일반적인 합의는 존재하지 않으며 이 지역을 연구하는 전문가들도 연구 입장에 따라 다양한 방법으로 이 지역을 정의하고 있다. 이 지역은 3개 대륙 즉 아시아, 아프리카, 유럽이 연결되어 있어서 경계를 구분하기가 상당히 곤란하며 더욱이 지리학적, 인종학적 다양성으로 인해 하나의 통일체로 규정하는 데는 더욱 많은 문제점이 있다.[40] 이러한 이유로 인해 이 지

---

39) Paul Pillar, "Terrorism Goes Golbal : Extremist Groups Extend their Reach Worldwide", *The Brookings Review, 19*(Fall 2001), pp.34 - 37.

40) Benjamin Rivlin and Joseph S. Szyliowcz, ed, *The Contemporary Middle East : Tradition and Innovation*(New York: Randon House, 1965), pp.1 - 35.

역을 지칭한 용어로 중동, 근동, 레반트, 회교도세계,[41] 아랍세계, 서남아시아 등이 혼용되어 왔다. 이 중에서 중동이라는 용어보다 먼저 사용된 근동이라는 용어는 대영제국시절, 영국을 기준으로 할 때 그 대척점은 중국(극동)이었고 그보다 영국에 가깝다는 의미로 사용되었다. 제2차 세계대전 전, 주로 19세기의 유럽과 오스만제국 간의 관계를 지칭하기 위해 사용된 것[42]으로서 유럽인 특히 영국 인의 우월주의를 다분히 내포하고 있는 용어라고 할 수 있다. 그래 서 19세기 이래 유럽 사람들이 사용했던 근동이나 중동은 오늘날 의 그것과는 상당한 차이를 지니고 있다. 당시의 중동이란 동양의 중심부라는 의미에서 티크리스, 유프라테스 강 및 페르시아 그리고 미얀마, 실론에 이르는 지역을 지칭하였고 오늘날의 중동지역 중심 부는 근동이라 불렀다.[43]

한편, 중동이라는 용어는 영국이 제2차 세계대전 중인 1941년, 중동병참본부(Middle East Supply Center)와 중동사령부(Middle East Command)를 카이로에 설치하면서 이 용어를 사용하기 시작했다. 과거 중동에 속해 있던 인도는 중동사령부의 관할권역에 포함시키 지 않고 중동사령부가 관할하는 지역을 동쪽은 이란에서 서쪽은 리비아까지, 남쪽은 아라비아반도의 아덴과 아프리카의 이집트와 수단까지, 북으로는 터키까지를 포함하는 광범위한 지역으로 확대 하면서 이 용어를 사용하기 시작하였다. 그런데 이때 사용한 중동

---

41) 회교라는 용어는 중국인들이 위구르인들을 회홀 또는 회골이라고 부르다가 이 위구르인들이 이슬람교에 동화됨에 따라 이들이 믿는 종교라는 뜻으로 회교라고 불렀으나 이 용어는 학술 적이나 종교적인 측면에서 적당하지 않은 용어임을 밝혀 둔다.
42) 최성권, 중동 국제정치체제의 성격에 관한 연구, 박사학위논문(전북대학교, 1990), p.8.
43) 유공조, 영국의 중동 정치와 팔레스타인 문제, 박사학위논문(중앙대학교, 1988), p.5.

이라는 용어는 학술적인 근거와는 관계없이 중동병참본부와 중동 사령부가 점차 관할 지역을 확대 및 변경해 가는 과정에서 사용한 것이다.[44] 이렇게 사용되던 것이 1967년 아랍·이스라엘 간에 일어난 '6일 전쟁'을 계기로 이 지역과 전쟁이 '중동'과 '중동전쟁'이란 명칭으로 서방세계에 알려져 사용되면서 일반화되었다.[45]

또한 미 국무성의 경우 '근동' 혹은 '중동'은 모로코로부터 북아프리카, 서부 파키스탄을 통해 국경에 이르는 지역, 그리고 터키로부터 흑해 남부, 에티오피아를 지나 수단에 이르는 지역을 지칭하는 데 사용하고 있다.[46] 그런데 오늘날 중동이라는 개념은 국제정치학이나 분쟁 차원의 측면에서 이슬람권을 지칭—물론 지역 내에는 이스라엘과 레바논과 같은 비이슬람권 국가들이 있지만—하는 용어로 사용하고 있는 점을 감안할 때 미 국무성이 규정한 개념에 부분적으로 부합한다고 볼 수 있겠다.

그래서 이 책에서는 중동을 '지역적으로는 리비아로부터 북아프리카, 서부 파키스탄을 통해 국경에 이르는 지역, 그리고 터키로부터 흑해 남부, 수단에 이르는 지역으로 구분하되, 이 지역에 포함된 이슬람권과 비이슬람권을 지칭하는 용어'로 학술적으로 정의하고자 한다.

그런데 중동이라는 용어 못지않게 많이 사용하는 것이 '아랍'이다. '아랍'은 지역적 개념보다는 문화적인 개념으로 사용되는데, 이는 아랍어를 사용하면서 이슬람을 신봉하는 국가들을 지칭하는 의

---

44) Bernard Lewis, *The Middle East and the West*(New York: Harper & Row, 1964), p.9.
45) 유공조, 『중동분쟁사』(서울: 서원, 1994), p.13.
46) Don Peretz, *The Middle East Today*(New York: Rinehart and Winston, 1978), p.3.

미이다. 따라서 이에 해당되는 국가는 아라비아 반도에 위치한 나라들(이스라엘 제외)과 북아프리카 지역의 모티타니, 모로코, 알제리, 튀니지, 리비아, 이집트, 수단, 에티오피아 등 23개국으로 이들은 아랍연맹에 속해 있다. 참고적으로 중동지역에 해당하면서 아랍권에 속하지 않는 국가로는 터키, 이란이 있다.

(2) 팔레스타인 지역의 지배 변천 과정

중동지역 중 중동전쟁의 중심이 되었던 팔레스타인은 원래 필리스틴(Philistine)인이 살던 땅이란 뜻으로 현재의 이스라엘, 가자지구(Gaza Strip) 그리고 요르단 강 서안 지역까지를 포함한다. 넓은 의미로는 요르단 강 서안까지 동서 70~80km, 남북 300km에 이르는 이 지역이 팔레스타인 또는 팔레스티나로 불리기 시작한 것은 B.C. 12세기 필리스틴인이 이 지방으로 이주하기 시작한 무렵부터이다.[47] 한편 유대인이 '약속의 땅'과 처음 인연을 맺게 된 것은 B.C. 1730년경 아브라함이 배두인족을 이끌고 팔레스타인 지역의 변두리에 도착하였을 때부터이다. 이곳은 이미 B.C. 2000년경부터 가나안 사람들에 의하여 지배되고 있었다. 유대인들은 이곳에 국가를 세우지는 못하고 이집트로 이주하여 수 세기 동안 이집트 국왕의 지배를 받았다.[48]

팔레스타인 지역은 동서로부터의 침략자들과 가나안 사람들 간의 투쟁, 그리고 침략자들 상호 간의 투쟁 끝에 B.C. 1006년경 다윗이

---

47) Henry Cattan, *Palestine, The Arabs and Israel, The Search for Justice*(London: Longman, 1970), p.3.
48) Henry Cattan, *Palestine and International Law, The Legal Aspects of the Arab-Israeli Conflict*(London: Longman, 1976), p.3.

12종족을 연합하여 지역 내 예루살렘에 헤브라이(Hebrew)왕국을 세워 지역의 패권세력으로 등장하게 된다. 그 후 솔로몬 시대에 이르러 통일왕국을 이루다가 솔로몬의 사망과 함께 분열되어 북쪽 사마리아(Samaria)에는 10개 종족으로 이스라엘 왕국이, 남쪽에는 두 종족을 중심으로 예루살렘에 유대왕국이 성립되었다. 그러나 이스라엘 왕국은 B.C. 722년 아시리아의 사르곤 2세(Sargon Ⅱ)에게, 유대왕국은 B.C. 586년 브-빌로니아의 네브카드네자르(Nebuchadnezar)에게 각각 멸망당하였다. 이때 유대인들은 강제로 바빌론으로 이주되는 이른바 '바빌론 유폐'를 당하였다. 이러한 대변동 과정에서 필리스틴은 바빌로니아에 조공을 바쳐야 했고 종국에는 역사 속에서 사라지는 처지에 놓이게 되었다.[49]

이렇게 B.C. 586년 유대왕국의 멸망으로 유대인들은 사실상 '디아스포라'(Diaspora, 망국의 유랑민)의 신세가 되었으며 그 후 이 지역은 이교도와 그리스도교도 그리고 최후에는 무슬림들에 의해 지배되었다. 다시 B.C 538년 Cyrus 지배하의 페르시아에 바빌로니아가 멸망하게 되자 유대인에게는 예루살렘으로 귀환하는 것이 허용되었다. 이때 제2의 사원을 재건하였고 페르시아는 이후 약 200여 년간 팔레스타인을 지배하였다.[50]

팔레스타인은 B.C 332년 알렉산드로스의 점령에 이어 이집트의 프톨레마이우스, 시리아의 셀레우코스 등 헬레니즘 세계의 지배를 150여 년간 받았으며 E.C. 164년 예루살렘과 주변지역을 중심으로 마카베(Maccabees)반란이 성공하여 유대국(신정국)이 성립되었다. 그러나

---

49) *Ibid.,* pp.6 - 7.
50) *Ibid.,* p.7.

이 유대국은 B.C. 134년 시리아왕 안티오쿠스 시데테스(Antiochus Sidetes)에게 정벌되어 조공을 바쳐 오다가 B.C. 63년 로마에 정복되면서 약 100여 년 동안의 마카베 지배도 종말을 고하게 되었으며, 팔레스타인은 로마의 속주 유대주가 되었다. 로마의 지배하에서는 두 차례의 유대인 반란이 있었는데 A.D. 66~70년에 일어난 첫 반란 시에 로마의 티투스(Titus) 황제는 예루살렘과 사원을 파괴하여 다시는 유대인의 도시로 재건하지 못하게 하였다. A.D. 132~135년에 일어난 두 번째 반란으로 많은 수의 유대인들이 살해되거나 로마제국의 변방으로 추방되었다. A.D. 135년 이후 하드리안(Hadrian)에 의해서 예루살렘이 새 도시로 재건되기는 하였으나 아에리아 카피톨리나(Aelia Capitolina)로 개칭되고 유대인들에게는 이 도시에 거주하는 것이 금지되었다. 이때부터 19세기 중엽까지 예루살렘에는 유대인이 없었고 티베리아(Tiberias)와 사페드(Safed) 같은 곳에 약간 살고 있는 형편이었다.[51]

그 후 팔레스타인은 312년 콘스탄티누스 황제의 그리스도교 개종으로 정치적 중요성이 부각되었고 로마가 395년 동서로마로 분열된 후에는 동로마, 즉 비잔틴(Byzantine)제국에 속하게 되었다.

아랍인의 팔레스타인 진출은 그들이 637년 팔레스타인을 정복하면서 시작되었고 이때 대부분의 원주민은 이슬람교로 개종하였다. 아랍인의 팔레스타인 지배는 실질적으로 1071년에 끝나 셀주크튀르크의 지배하(1071 – 1099)에 들어갔으며 1099년에는 십자군이 팔레스타인을 점령하여 예루살렘에 라틴(Latin)왕국(1099 – 1187)을 세웠다. 이 왕국은 아카바에서 베이루트, 지중해에서 요르단 강에 이르는 영토를 88년간이나 장악했으나 1187년 살라딘(Saladin, 1187 – 1229)

---

51) Henry Cattan, *Palestine, The Arabs and Israel, op. cit.,* pp.6 – 7.

에 의해 수복되었다. 1229년에는 예루살렘이 크리스천의 지배하로 잠시 돌아온 듯하였으나(1229 - 1239) 다시 맘루크(Mamluk)의 이집트(1239 - 1517)가 지배하였고 1517년 오스만튀르크가 팔레스타인을 정복하여 이슬람국의 종주적 역할을 하면서 1917년 아렌비(Allenby) 장군의 영국 지배하에 들어가기까지 약 400여 년간 통치하였다. 팔레스타인 지역에는 아랍인의 이슬람제국이 건립된 이래 1300여 년 동안 통치자의 교체는 있었어도 오늘에 이르기까지 아랍인이 중단 없이 정착하여 왔고 주민의 대다수가 아랍인이고 무슬림이었다.[52]

이렇게 볼 때 팔레스타인 지역의 통치 및 지배는 기원전에는 유대인에게 주도권이 있었다고 볼 수 있고 630년 이후부터는 통치계층의 교체는 있었어도 아랍인이 꾸준히 지배하였던 지역임을 확인할 수 있다.

그런데 구약성서의 '창세기'에 의하면 하나님은 선조 아브라함과 영원한 계약을 맺었는데 유대인은 '신에게 선택된 민족'으로서 가나안 땅을 자자손손에게 영구소유지로 약속하였다는 것이다. 유대인이 이 팔레스타인을 약속의 땅이라 부른 것은 여기에 근거한 것이다. 그러므로 유더인들은 이 계약에 의하여 팔레스타인의 소유권을 주장하는 역사적 정당성으로 삼았다. 이 '신의 약속의 땅'은 현재의 이스라엘뿐만 아니라 이집트, 레바논, 시리아, 요르단, 이라크의 일부를 포함하고 있는데, 이 신과의 약속이라는 팔레스타인 지역 소유권의 역사적 정당성을 둘러싸고 아랍 측과 이스라엘 측의 분쟁은 오늘날까지 계속되고 있는 것이다.

---

52) *Ibid.,* pp.4 - 5.

나. 분쟁

분쟁이라는 의미는 갈등, 분쟁, 전쟁을 어떻게 보느냐에 따라 입장이 달라진다. 전쟁이 갈등의 연장선상에 있다는 입장이라면, 갈등은 분쟁, 전쟁을 포함하는 것이며, 전쟁이 분쟁의 연속선상에 있고 갈등이 분쟁의 시초라고 보면 분쟁을 갈등, 분쟁, 전쟁 전체를 포함하는 포괄적 개념으로 이해할 수 있다.

일반적으로 분쟁이란 특별히 정해진 입장이나 주장을 유지 및 관철시키기 위해, 또는 지지하기 위하여 투쟁하는 상황을 지칭한다. 보다 넓은 의미로 해석한다면 분쟁은 어떤 입장이나 주장을 고수하겠다는 행위자와 이를 반대하는 행위자 사이에 발생하는 갈등상황을 해결하기 위하여 나타나는 사소한 언쟁으로부터 투쟁에 이르는 상태까지라고 볼 수 있다.[53] 이 웹스터의 정의는 개인 간 분쟁에서 국가 간 분쟁에 이르기까지 모든 분쟁에 대한 일반적 설명으로 볼 수 있다.

분쟁은 몇몇 당사자가 잠재적인 장래 위치의 양립할 수 없는 '비양립성'을 인식하고, 다른 당사자의 욕구와 양립할 수 없는 하나의 위치를 차지하려고 하는 경쟁상황이라고 할 수 있다.[54] 분쟁은 국제무대의 행위자들이 공식화된 요구를 둘러싸고 추진하거나 이에 반대되는 요구를 제기함으로써 발생하는 사태, 그리고 국제법이나 정의에 대한 공식적 견해나 주장의 차이에서 오는 모든 비폭력적 대립관

---

53) Philip Babcock Gove(ed.), *Webster's Third International Dictionary of the English Language: Unabridged*(Springfield, Massachusetts: G. & C. Merriam Company, 1971), p.655.
54) Kenneth E. Boulding, *Conflict and Defense: A General Theory*(New York: Harper & Brothers Publishers, 1963), pp.4 - 5.

계를 지칭한다.[55] 위와 같은 볼딩(Kenneth E. Boulding)과 프랑켈 (Joseph Frankel)의 주장은 학문적 영역으로 볼 때 국제정치학 분야에 적용되는 분쟁에 대한 설명으로 국제무대에서 국가들 사이에서 갈등 이 해결되지 못함으로써 발생하는 비폭력적 대립관계, 즉 국제무대 에서 국가들 사이에 이익의 충돌로 발생하는 비폭력적 대립관계로 설명될 수 있다. 여기서 국가는 주권국가와 준주권국가를 말한다. 물 론 현 국제무대에서 국가 이외에 비국가적 행위자들(Nonstate Actors) 이 등장하여 이들이 분쟁의 주체가 되고 있기는 하나, 엄격히 구분 하면 분쟁의 주체는 주권국가와 준주권국가로 한정된다. 영토와 안 보가 국가이익의 핵심이라고 할 수 있다. 그 밖에도 위신의 유지 및 상승, 동맹관계의 유지 및 확보, 비우호적 국가의 제거, 핵무기의 확 산 방지, 우호적 국제기구, 유리한 관세구조, 석유가격의 상승 및 하 락 등도 있지만 중동지역 분쟁에서 국가이익은 영토와 안보가 중심 을 이루고 있다.

한편, 분규와 분정 그리고 전쟁 간의 개념에 대해서는 분규가 정 상적이고 상대적으로 쉽게 문제를 해결할 수 있는 것이라고 한다 면, 분쟁은 복잡하그 문제를 해결하는 데 더 많은 시간과 자원의 소모를 필요로 하는 것이다.[56] 또한 분규는 무력 사용이 배제된 투 쟁 행위라고 한다면, 분쟁은 무력이 동원된 투쟁 행위이다. 분쟁과 전쟁의 차이점은 무력을 동원하는 조직적인 정도나 무력을 행사하 는 치열도에서 차이가 난다. 따라서 분쟁의 스펙트럼[57] 중에서 가

---

55) Frederick Samuel Nothedge & Michael D. Donelan, *International Dispute: The Political Aspects*(London: Europa Publications, 1971), pp.2 - 4.
56) J. W. Burton, *Conflict Resolution and Rrevention*, Vol. 1(London: Macmillan, 1990), p.2.

장 낮은 조직성과 치열도를 지닌 것이 분규이며, 가장 높은 조직성과 치열도를 지닌 것이 전쟁이라고 볼 수 있다.

그런데 분쟁에 대한 개념을 보충하기 위해 Kalevi J. Holsti의 경쟁, 분규, 긴장, 위기의 의미에 대해 알아보도록 하겠다.[58] ① 경쟁은 국제무대에서 어떤 특정한 목적이나 쟁점 영역을 두고 주권국가들이 서로 우위를 유지하려고 하는 다툼을 말한다. 그러므로 경쟁은 분쟁과 반드시 같은 선상에 있다고 말할 수 없으며, 반드시 분쟁과 일치한다고 말할 수도 없다. 분쟁의 중심적 구성요소는 부족함에 대한 인식이며, 한 국가의 지위상승은 다른 당사자의 손실 혹은 위협으로 간주되는데 이러한 상황은 제로섬 게임(zero - sum game) 이론으로 설명할 수 있다. 제로섬 게임이란 승자의 득점과 패자의 실점의 합계가 영이 되는 가상의 게임이며, 승패의 합계가 항상 일정한 일정합게임(constant sum game)이다.[59] 이것과 마찬가지로 분쟁에도 쟁점 영역의 크기가 고정되어 있다. 반면 경쟁에서 쟁점 영역의 크기는 변화한다. 그러므로 한 행위자가 어떤 목적을 달성하거나 어떤 가치를 증진시키려고 시도할 수 있지만, 이러한 노력이 다른 행위자가 갖게 될 가치를 감소시키거나 그 가치를 분배하는 데 완전히 배제될 것이라는 것을 의미하지 않는다. ② 분규는 엄밀히 말하면 분쟁의 범주에 포함되지 않는데 이는 국가의 집단 목적과 관련되어 있지 않기 때문이다. 분규는 시민들이 어떤 이

---

57) Loren B. Thompson, 『Terrorism』(Wshington D.C.: War College, 1986) 그림 참조.
58) Kalevi J. Holsti, *International Politics: A Framework For Analysis*(Englewood Cliffs, New Jersey: Prentice - Hall International, Inc., 1988), pp.396 - 398.
59) 자세한 내용은 John von Neumann, *The Neumann Compendium*(World Scientific Pub Co Inc., 1995)를 참조할 것.

론이 분분한 이슈에 대해 다른 정부 혹은 다른 나라의 시민과 관련되며, 결과적으로 자기 정부에 보호나 시정을 요구하는 상황을 가리킨다. 그러나 두 국가 사이에 긴장과 다른 갈등이 존재한다면, 분규는 분쟁 심지어 전쟁에 이르게 될 수도 있다. ③ 긴장은 국민과 정책 결정자가 다른 당사자에게 갖고 있는 불신과 의심 같은 일련의 태도와 성향을 말한다. 긴장은 저절로 갈등으로 연결되지 않는다. 당사자들이 미리 분쟁행위를 하기로 결정하였거나 당사자들이 상충되는 목적 달성을 추구하는 경우에 긴장은 분쟁 행위로 나타난다. 예를 들어 이스라엘과 시리아는 서로 불신, 두려움, 의심을 가지고 있었지만 예루살렘과 골란 고원에 대한 통제와 같은 쟁점에 대해 양립할 수 없는 입장이 세워져 불신, 두려움, 의심 같은 태도와 성향이 외교 및 군사적 행동으로 발전되었다. ④ 위기는 분쟁의 한 단계로 볼 수 있다. 위기의 뚜렷한 특징으로는 이전에 발생했던 분쟁에 의해 야기된 예기치 못한 사건의 갑작스런 발발을 들 수 있다. 즉 과거부터 분쟁상태에 있는 국가들 중 한 국가의 예기치 못한 갑작스러운 적대적 행위가 긴장을 고조시키고 인식된 위협을 상승시킴에 따라, 상대국가의 정책결정자가 전쟁과 항복 같은 극단적 대안을 선택하지 않을 수 없게 되는 상황을 위기라고 할 수 있다. 정책결정자의 시각에서 위기의 특징은 ㉠ 적대국에 의한 예기치 못한 행동, ㉡ 현저한 위협의 인식, ㉢ 정책을 결정하고 응답할 수 있는 시간이 제한되어 있다는 인식, ㉣ 행동하지 않으면 재앙의 결과를 초래한다는 인식 등이다.

물론 국제무대에서 각 국가 간에는 대립관계와 협조가 병행해서 이루어지지만[60] 실제로 국제관계는 대립만 존재할 뿐이며, 협조는 국가이익을 위한 방편일 뿐이다. 냉엄한 국제무대에서 순수한 협조는 곧 자국의 이익을 포기하는 것이기 때문에 여기서는 대립관계의 특징에 대해서만 알아보도록 하겠다. 먼저, 대립적 행동의 특징은 두 국가 중 한 국가가 자신의 이익, 가치, 목적이 적고 다른 국가가 많다고 생각하거나 이들이 양립할 수 없다는 인지, 둘째, 다른 국가가 그 목적을 달성하기 위해 공약하고 있는 정책·요구·행위가 자국의 이익과 가치를 약탈하거나 약탈의 두려움이 있다는 정책결정자의 인식이나 시기, 셋째, 목적이 많거나 적거나 양립할 수 없는 것을 두 국가가 인지하고 있을 때, 두 국가 간 관계를 규제하거나 그것에 영향을 받는 규칙의 생성, 네 번째, 목적이 많거나 적거나 양립할 수 없다는 것이 인식된 후 한 국가가 다른 국가의 요구와 행위에 대하여 그 이익을 보호하기 위해 취할 행위나 조치, 혹은 한 국가가 다른 국가의 행동을 바꾸기 위해 취하는 행위나 조치 등이다.[61]

이렇게 볼 때 일반적으로 분쟁이라고 하면 긴장, 위기, 다른 갈등이 존재하는 가운데 발생한 분규(무력)분쟁 또는 전쟁을 포함한 폭넓은 개념으로 사용할 수 있다. 그리고 전쟁기 분쟁의 연속선상에 있고 갈등이 분쟁의 시초라고 보는 시각이 지배적이어서 분쟁은 갈등, 분쟁, 전쟁 전체를 포함한다고 할 수 있다. 이러한 전제하에서 이 책에서는 분쟁을 정치집단들이 서로 상충되는 목표를 달성하기 위해 상대방의 제도나 체제를 변경할 목적으로 투쟁하는 행위로 정의하되, 정의된 이 분쟁의 개념 속에 전쟁을 포함하는 혼

---

60) 최종기, 『국제관계의 이해』(서울: 서울대학교 출판부, 1990), pp.380 - 381.
61) 이재영, 『전쟁』(서울: 대왕사, 2005), pp.208 - 209.

합된 개념으로 사용하였으며 주로 아랍권과 이스라엘 측의 무력분쟁[62]을 그 대상으로 하였다.

다. 테러 및 테러리즘

테러와 테러리즘은 그 정의가 매우 다의적이고 복합적이며 이중적 가치를 지니고 있다. 테러(terror)라는 용어는 라틴어 'terrere'에 어원을 두고 있으며, 이는 '떠는', '떨게 하는 상태', '죽음을 야기하는 행위나 속성'을 뜻하고 '공포 조성', '커다란 공포' 혹은 '죽음의 심리적 상태'를 의미한다. 한편, 테러리즘(terrorism)이라는 단어는 18세기 프랑스혁명 무렵(1789 – 1794)에 로베스피에르의 공포정치(Reign of Terror)를 지칭하는 말로서 최초로 사용되기 시작하였다.[63] 또한 슈미트(Alex P. Schmid)는 그의 저서 『Politica Terrorism』에서 "테러리즘이란 폭력의 희생자 발생이 무작위적이고 상징성을 띠는 조직적인 전투 방법이다. 목표 달성을 위한 수단이 되는 희생자들은 특정 단체에 소속되어 있거나 계급적인 투쟁에 공격 대상이 된다. 희생자들은 이들 단체와 계급에 소속되어 있는 구성원들에 대한 선행 폭력 또는 폭력에 대한 위협으로 극도의 공포 상태에 빠진다. 이들 중 안전에 대한 ……(중략)…… 폭력의 수준은 테러

---

62) 위와 같은 개념에서 본 논문에서 다루고자 하는 분쟁은 아랍권과 이스라엘 측 또는 중동지역의 이슬람 세력과 유대 내지는 기독교 세력 간에 발생했던 분쟁으로서 그 규모에 있어서는 육군 교육사령부, 『군사용어사전』, 2002.에서 제시된 무력화 개념에 의해 "가지고 있는 능력의 10% 이상이 손실된 상황"을 고려하여 전쟁에 개입된 국가의 군사력과 경제력이 약 10% 이상 손실된 무력분쟁을 의미함을 밝혀 둔다.

63) 1793년 5월에서 1794년 7월까지 자코뱅당의 독재자 로베스피에르가 혁명 후 반대세력을 다스리기 위하여 콩코르드 광장에 단두대를 설치하고 혁명재판으로 많은 사람의 목을 자른 공포(Terror)에서 기인한 것이며 참고적으로 당시 혁명정부는 반대자 약 50만 명을 수감하였으며, 1793년 10월 마리 앙투아네트를 처형한 이해 약 4만여 명을 사형했다.

리스트의 표적을 넘어서 다수의 대중에게 영향을 미치며 ……(중략)…… 공격 대상자들의 태도 변화를 유도하거나 그들에게 동조하도록 하는 데 있다."라고 테러리즘을 정의하였으며, 그는 테러를 마음의 상태로 표현한 반면에 테러리즘은 특정 목적 달성을 위해 자행되는 폭력행위로 정의하고 있다.[64]

그리고 브리태니커 백과사전에서는 "정치적 목적을 달성하기 위해 정부나 대중 또는 개인에게 위해를 가하거나 예측할 수 없는 폭력을 사용하는 조직적 행위, 우익과 좌익의 정치단체, 민족 및 인종단체, 혁명가, 그리고 특정 정부 내의 군대와 비밀경찰 등 여러 조직에 의해 이용되고 있다."라고 테러리즘을 정의하고 있다. 해커(Frederich J. Hacker)는 테러리즘을 "대중의 행동, 사상, 감정을 테러리스트 자신들의 행동, 사상, 감정과 일치하는 방향으로 변화시키려는 것을 목적으로 하는 최종적인 수단"이라고 정의하였으며,[65] 월킨슨(Paul Wilkinson)은 "테러리즘은 조직적으로 살해·파괴 및 살해와 파괴의 협박을 가함으로써 개인·단체·특정단체 혹은 정부를 공포분위기로 몰아넣어 자신의 정치적 목적을 달성하려는 행위"[66]라고 하였다.

그런데 테러와 테러리즘에 대한 정의는 국가나 단체가 처한 상황과 당시의 국제정치적 상황을 적용하여 응용되고 있다고 볼 수 있

---

64) Schmid Alex P. & Albert J. Jongman, *Political Terrorism: A New Guide to Actors, Authors, Concepts, Data Bases, Theorise, and Literature*(Amsterdam: SWIDOC, 1988), pp.1 – 21.
65) Frederich J. Hacker, 임희승(역), "우리시대의 테러리즘", 『월간중앙』 6월호 별책(서울: 월간중앙, 1977), pp.18 – 24.
66) Paul Wilkinson, *Terrorism and the Liberal State*, 2nd edition(London: Macmillan Press, Ltd, 1987), pp.41 – 64.

다. 그 예를 들어 보면 먼저 미 국무부에서는 테러 또는 테러리즘을 "국가단계에 이르지 못한 단체나 국가의 비밀 요원이 보통 다중에 영향을 미칠 의도로 비전투 목표물에 대해 자행하는 미리 계획된 정치적 동기를 가진 폭력"[67]이라고 정의한 반면, 미 중앙정보부에서는 "개인이나 소규모 집단에 의해서 행해지는 분쟁의 한 형태이며 장기적인 정치적 목적을 달성하기 위해 사용하는 체계적, 독단적, 비도덕적인 폭력"이라 하여 같은 국가 내의 부처 간에도 서로 상이한 정의를 내놓고 있는 것은 테러와 테러리즘의 정의를 명확히 할 수 없는 어려운 현실을 간접적으로 보여 준 사례라 할 수 있다.

한편 일반 심리학자들은 테러를 "특정한 공포나 위협으로 인해 모든 사람들이 심적으로 느끼게 되는 극단적 두려움의 원천이 되는 것"이라고 정의하고 있다.[68] 이러한 극단적인 두려움은 일상생활과 관련된 커다란 인명피해와 재산상의 손실을 가져오는 극심한 태풍, 해일, 지진 등과 같은 자연재해, 그리고 삼풍백화점 붕괴사고, 성수대교 붕괴사건 등과 같은 인재사고 등을 직접 목격하거나 방송매체를 통해 알게 됨으로써 경험하게 된다고 하였다.

따라서 테러란 발생 원인이 무엇이든지 간에 극도로 불안한 심리적 상태를 말하며 자연적인 현상이라고 할 수 있으며 반면에 테러리즘은 조직적인 폭력을 사용함으로써 복종을 요구하는 것으로서 특히 정치적 무기나 정책으로서 폭력이 사용되는 것이라고 볼 수 있다. 테러리즘은 테러와는 구별되는 폭력적 행위의 한 형태를 의미하는 것으로 항공기 납치, 요인암살, 공중 시설 폭파 등을 통

---

67) 강영숙 · 이민용(역), 『테러의 이해』(서울: 백산출판사, 2002), p.73.
68) 최진태, 『테러리즘의 이론과 실제』(서울: 대영문화사, 2006), p.19.

해 사람에게 공포를 일으키게 하는 행위를 의미한다. 결국 테러는 자연적 현상이며, 테러리즘은 폭력을 조직적·의도적으로 이용하기 때문에 강압적이며, 희생자 혹은 희생자와 연관된 모든 사람, 그리고 대중들의 의지를 이용하기 위한 목적 지향적인 행위이며, 이를 위해 강제, 협박, 위협을 통해 폭력을 체계적으로 활용하는 것이라고 할 수 있다. 이러한 차이점에 의해 테러는 테러리즘이 없이도 발생이 가능하며, 테러는 테러리즘을 구성하는 중요한 구성요소가 되고 있다.[69)]

지금까지 테러리즘의 정의에서 가장 중요한 요소로 지적되어 왔으며, 단순한 범죄와 구별하는 기준이 되어 왔던 것이 정치적 목적의 유무였다. 그러나 최근에 발생하고 있는 테러리즘의 양상을 보면 이전에 비해 다양한 목적을 가지고 테러가 이루어지고 있음을 알 수 있다. 팔레스타인해방기구는 테러리즘을 민족해방운동의 수단으로 이용하고 있으며, 북아일랜드의 소수파 가톨릭교도가 주축을 이루고 있는 IRA는 표면상으로는 영토의 완전한 독립이지만 실제적으로는 다수파인 기독교 세력과의 종교적 분쟁 수단으로 테러리즘을 활용하는 측면이 매우 강하다. 이스라엘과 아랍 국가 간의 분쟁의 원인도 이슬람과 유대교의 대결 양상임을 배제할 수 없다.

이처럼 테러리즘은 단순히 정치적 목적만을 달성하기 위해서 이용되는 것이 아니고 정치, 사회, 종교, 민족주의적인 요소들이 복합적으로 작용해 나타나는 것이다. 많은 테러리즘의 정의와 분석을 종합하면 최대공약수, 즉 공통적인 요소들을 발견할 수 있다. 그것은 ① 폭력 또는 폭력 사용에 대한 위협, ② 정치 사회적 종교 및 민

---

69) 최진태, 상게서, p.19.

족주의적 목적, ③ 의도된 폭력(조직적인 사전준비), ④ 불법적 폭력행위 ⑤ 비전투원에 대한 폭력행위(무차별적인 공격 양상) ⑥ 공포분위기 조성, ⑦ 개인 및 국가, 준국가 단체에 의한 수용 등이다.

따라서 이 책에서는 테러를 기존학자들이 제시하였던 마음의 상태 혹은 자연적인 현상이라는 데 동의하며, 테러리즘은 개인 및 국가, 준국가 단체가 정치, 사회, 종교, 민족적인 목적을 가지고 의도된 폭력을 사용 혹은 사용에 대한 위협으로 일반 비전투원들(대중)에게 공포 분위기를 조성하는 불법적 폭력행위라고 정의하고자 한다. 그러면서 테러와 테러리즘이 혼용되어 사용됨으로써 상당한 혼란이 발생하고 있는 것이 사실이지만 테러라는 용어가 테러리즘과 동일한 의미로 받아들여지고 있다는 현실적 상황을 반영하여 테러는 개별 행위나 사건을 표현하는 용어로, 테러리즘은 테러를 통한 목적 달성이라는 노선이나 주의를 의미하는 용어로 사용하자는 최진태 박사의 주장[70]에 동조한다.

이러한 테러리즘은 시대가 변화하면서 그 시대의 상황을 투영하는 변천과정을 겪어 왔다고 할 수 있다. 테러리즘은 인류의 역사와 더불어 존재해 왔으며 생태적으로 가장 일반적인 사회현상이며 이익추구를 위한 투쟁이라고 할 수 있다. 그렇게 본다면 테러리즘은 몇 개의 시대적 구분을 통해 그 변천과정을 살펴볼 수 있다. ① 고대로부터 테러리즘이라는 용어가 나오게 된 시기인 18세기까지의 시기, ② 그 이후로부터 근대적 민족국가의 형성과 식민지 지배체제하에서의 피지배민족에 의한 테러리즘이 왕성하게 발생하였던 1960년대 이전까지의 시기, ③ 1960년대 팔레스타인해방기구에 의

---

70) 최진태, 전게서, p.24.

해 테러리즘이 국제화된 때부터 구소련 및 동구권의 해체 등으로 탈냉전시기로 접어드는 1990년대까지의 시기, ④ 그리고 1990년대 후반 이후 시기 등으로 구분할 수 있다.[71]

각 시기별로 나타난 테러리즘의 특징을 통해 테러리즘의 시대적 변화추이를 고찰해 보고자 한다. 첫 번째 시기에는 정치, 종교적인 테러리즘의 사건들이 발생하였는데 B.C. 43년 로마원로원의 시저 암살사건과 B.C. 66 - 77년 사이에 발생한 팔레스타인 종교집단인 시카리(Sicarri)에 의한 유대인 공격과 11 - 13세기 이슬람 과격 종교단체들이 암살자(Assassins)를 고용하여 기독교 지도자를 암살했던 사례 등, 주로 생존권적 이익이나 정치적 대립, 종교적 갈등에서 폭력적 위협이나 암살 등이 이루어졌다.

두 번째 시기에는 민족국가 형성과정에서의 민중해방운동을 위한 폭력적 저항과 국가형성 후 정치적 대립관계에서 국가권력에 의한 관제 테러리즘으로 변모된 특징을 보이고 있다. 그 예로는 미국 남북전쟁 후 극우 남부인들의 백인 우월주의 KKK단의 테러리즘, 러시아 및 서유럽의 무정부주의자들의 정치적 테러리즘으로 제1차 세계대전의 원인이 되었던 세르비아 가브리엘 로프린체프에 의한 오스트리아 페르디란트 살해, 20세기 러시아(레닌, 스탈린), 독일(히틀러), 이탈리아(무솔리니) 등의 민중탄압을 위한 관제 테러리즘, 제2차 세계대전과 제국주의에 대한 식민지 독립투쟁 등이 해당된다.

세 번째 시기에는 테러리즘이 그 양상에 있어서 주권국가가 지

71) 최기남, "중동지역 테러리즘이 한국 요인경호 환경에 미치는 요소와 대책", 경기대학교 대학원 박사학위논문, 2004.의 내용을 참조하여 시기를 구분하는 배경을 추가적으로 명시하여 재작성한 것임.

원하고, 국제정치상황과 연계된 국제테러리즘이 대형화, 정치화되는 변화를 겪으며 중동지역에서 이스라엘의 형성과 아랍민족주의의 형성, 이슬람원리주의의 표면화 등으로 테러리즘이 국제적 양상으로 변모하였다. 그러다가 1990년대 초반을 맞이하면서 제2차 세계대전 이후 미국과 구소련을 중심으로 형성된 국제사회의 양극 냉전체제는 소련의 붕괴로 큰 변화를 맞이하였다. 즉 냉전체제의 붕괴로 인한 탈냉전체제로 국제질서가 재편되면서 테러리즘의 양상에도 큰 변화를 가져왔다. 소련과 동구권의 붕괴는 국제테러리즘에서 큰 역할을 해 오던 지원세력의 소멸을 의미하는 것이었다. 그런데 이념적 상황에서 형성되었던 지원세력이 탈냉전으로 인해 사라짐으로 해서, 이러한 현상은 민족, 종교적 대립을 더욱 증가시켰다. 중동지역에서의 팔레스타인 문제를 중심으로 민족주의적 종교 이념 대립에 의한 국가지원 테러리즘이 본격화되면서 불특정 다수인에 대한 무차별 공격이나 살상무기의 현대화 등을 보이는 형태로 발전하였다.

네 번째 시기에는 종교적 이념대립으로 인해 민족적 종교적 테러리즘이 심화되고 있으며 불특정다수인에 대한 무차별적인 공격 양상은 동경지하철 독가스 테러나 9·11 미 무역센터 항공기 충돌 등과 같이 초대형화하고 있는 특징이 있다. 특히 2000년대 들어서면서부터 테러리즘 발생 건수는 폭발적으로 증가하고 있으며, 지역별로 발생하였던 종교적 민족적 테러리즘은 이제는 전 세계를 무대로 발생하고 있는 특징을 보이고 있다. 중동지역의 테러리즘이 전 세계를 대상으로 벌어지고 있음을 현재 발생하고 있는 각종 테러리즘을 통해서 알 수 있다.

이상과 같이 테러와 테러리즘에 대한 용어적 정의와 그 변천과정을 알아보았다. 그런데 특이할 사항은 테러와 테러리즘의 변천과정의 구분에서 중동과 관련된 요소가 중요한 기준이 된다는 것이다. 그래서 현재의 테러리즘에 대한 이해를 돕기 위해서는 중동 테러리즘에 대한 내용을 세부적으로 고찰해야 할 필요성이 있다.

Ⅲ. 중동지역 분쟁의 역사적 기원과 전개

1. 이스라엘·팔레스타인 분쟁의 시작

가. 이스라엘 민족의 지역 연고와 종교 정체성 확립

이스라엘 민족의 팔레스타인 지역에 대한 연고와 유대교가 태동되어 정체성이 확립된 것은 이스라엘·팔레스타인 분쟁을 분석하는데 있어서 중요한 사안 중 하나이다. 중동지역은 고대로부터 인류역사의 흔적이 나타나 다양한 문화적 변천이 있었다. 또한 이 지역에서는 세계사에 기록될 만한 많은 사건과 업족이 있었다. 특히 메소포타미아 문명, 이집트 문명, 바빌로니아 문명, 그리고 아시리아 문명 등과 같은 고대의 대표적 문명권도 이 지역에서 형성되었다.[72]

이 지역의 역사를 파악하기 위해서는 구약성경의 이해가 필요하며 아브라함의 존재에 대해 주목할 필요가 있다. 아브라함은 기원

---

72) 김정위, 『중동사』(서울: 대한교과서주식회사, 1987), pp.5 - 28.

전 2천 년 경 메소포타미아 지대의 우르에서 생존했던 사람이다. 그는 어느 날 여호와 하나님의 지시에 따라 '젖과 꿀이 흐르는 땅 가나안' 즉 지금의 팔레스타인[73])으로 이주하여 정착하게 된다. 구약에서 모세가 고대 이집트의 지배로부터 유대민족을 탈출시킬 때 '젖과 꿀이 흐르는 약속의 땅'이라고 한 '가나안'이 바로 이곳이다.[74] 고대부터 유대인들에게 이 지역은 유대인의 땅으로 여겨져 왔다. 원래 가나안 부족은 북부메소포타미아와 시리아 셈계 부족으로, 팔레스타인이라는 명칭은 기원전 12세기에 지중해를 건너와 이 지역에 거주했던 사람들로부터 유래하였다. 유대인들은 가나안 땅을 여호와 하나님이 그들에게 약속한 땅이라고 믿었다. 이스라엘 민족은 시나이반도 사막에서 40여 년간 방황을 하다가 새로운 지도자 여호수아의 인도로 요단강을 건너가 가나안을 정복하게 되었으며 이 지역을 열두 지파로 나누어 차지하였다. 그러나 가나안 정복 후 처음 200년은 열두 지파를 통괄해서 다스리는 왕이 없었으며, 적이 침입하면 그때마다 임시로 지도자가 나와서 부족을 통합하여 이들을 물리쳤는데 이 시기를 '사사(Judges)'시대라 한다.[75]

당시에는 이민족들에게 노예와 같은 학대를 받고 있을 시기로, 회개하는 유대인을 위해 하나님은 사사를 택하여 그들을 구원하였

---

73) 유공조, 『중동분쟁사』(서울: 서원, 1994), p.13. 노병천, 『성경적 승리학』(서울: 양서각, 2006), pp.213-221. 팔레스타인은 구약성서에서 '블레셋 족속'이라고 표현된 '필리스틴' 지역을 의미하며, 히브리어로 펠레쉐스와 관련된 지명이다.

74) Theodore Huebener and Carl Hermann Voss, *This is Israel, Palestine: Yesterday, Today and Tomorrow*(New York: Philosophical Libary, 1956), pp.1-2.

75) 노병천, 전게서, p.145. 사사(士師, Judge)는 이스라엘에서 왕이 세워지기 이전인 이스라엘 지파 연맹체 시대에 이스라엘을 위기에서 구원했던 영적 지도자를 일컫는 말이다. 이들은 백성을 재판했기 때문에 말 그대로 재판관이기도 했다. 여호수아가 죽은 후 약 350년 동안은 정치적으로 중앙집권체제를 갖추지 못했으므로 조직적인 힘을 발휘할 수 없었고, 종교적으로도 지도자의 부패로 혼돈을 거듭했다.

는데 사사기에는 12명의 사사와 6명의 소사사가 나온다. 물론 소사사라고 해서 그 격이 떨어지는 것이 아니라 그의 얘기가 나오는 기록이 적다고 해서 소사사라고 했다. 사사라는 말은 기본적으로 '권위를 시험하다'라는 뜻의 셈어에서 유래하였고, '통치하다'라는 뜻으로 사용되었다. 이들의 직무는 일시적인 것으로 왕위와 같이 권력의 승계는 없었다. 정복과정에서 유대인들에게 우상숭배가 강요되었고 그들은 다신론적인 사상을 받아들였으나 하나님이 택한 사사에 의해 우상숭배를 척결하기도 하였다. 이렇게 사사시대 유대인들의 상황은 이민족에게 압박받고 사사가 나타나서 그들을 구원하고 다시 하나님을 망각하고 이민족의 지배를 받는 과정이 연속적으로 벌어지는 것으로 기록되어 있다.[76]

위와 같은 상황은 현재의 사해 북방 지역의 여리고[77]와 갈릴리호수 부근,[78] 예루살렘 인근지역[79]에서 벌어졌다. 이러한 과정에서 이스라엘 민족에게는 종교적인 정체성과 지역적 연고성이 정립되었다고 할 수 있다.

나. 통일왕국 시대와 남북왕국 시대의 주변국고의 갈등

통일왕국은 초대 이스라엘 왕이 되는 사울과 실질적인 통일왕국

---

76) 구약성서, 사사기 3 - 21장
77) B.C. 1325년경 모압 왕 에글론이 이스라엘을 침공해서 세력을 굳히자 이스라엘의 사사인 에훗이 사해북방 지역의 여리고에서 그를 암살했고, 그 여세를 몰아서 모압을 축출했다.
78) B.C. 1240년경 이스라엘 백성이 가나안 왕에게 압제를 당하자 여사사인 드보라가 일어나 갈릴리호수 북방지역의 다볼 산에서 가나안 군대를 격파했고, B.C. 1185년경 미디안족이 이스라엘 백성을 학대하자 기드온이 일어나 갈릴리호수 남서쪽에 위치한 하롯샘에서 미디안 동맹군과 싸워 승리하였다.
79) B.C. 1050년경 블레셋과 이스라엘이 예루살렘 북방 아벡 일다에서 전쟁을 했다.

을 이룬 다윗, 그리고 솔로몬까지 약 120년간 지속되었다. 통일왕국은 그 기초를 만들기 위해 주변국과 수많은 전쟁을 치르게 되었다.[80] 이후 솔로몬이 죽고 이스라엘 왕국은 북이스라엘 왕국과 남유다 왕국으로 분리되었으며 이후 B.C. 586년 바빌론에게 멸망당함으로써 345년의 역사를 마무리했다. 이렇게 남북왕국 시대의 종말은 이스라엘 민족이 그로부터 약 2,000여 년간 디아스포라 상태로 빠지게 되는 시발점으로 작용하였다.

통일왕국 이전의 이스라엘은 사무엘 선지자 대에 와서 신정정치에 대한 거부 움직임이 나타났다. 사무엘은 이스라엘 백성에게 왕도정치가 지니고 있는 위험을 경고했지만 그들은 사사들을 통해 이미 신적인 지도력에 불만을 가지고 있었다. 그래서 이스라엘 백성은 미래에 대한 대비를 위해 구약성경에 나와 있듯이 "우리도 열방과 같이 되어 우리 왕이 우리를 다스리며 우리 앞에 나가서 우리의 싸움을 싸워야 할 것이리라."[81] 하고 왕에 의한 통치를 희망했다.

그들은 세겜에서 스스로 왕이 된 기드온의 아들 아비멜렉의 어리석은 행태를 보았음에도 이를 무시하고 왕이 뽑히기를 원했다. 하나님께서는 이스라엘의 요구대로 사무엘로 하여금 사울에게 기름을 부어 왕이 되도록 하였다. 당시 왕의 책무는 군대를 일으키며, 정부의 사업들을 위해 세금과 부역을 정하여 나라의 종교적인 행사를 주관하고, 군대 및 일반시민들을 통치하는 것이었다. 또한 대규모의

---

80) ① B.C. 1050년경 암몬과의 전쟁. ② B.C. 1040 - 1030년경 블레셋과의 전쟁. ③ B.C. 1007년경 아말렉과의 전쟁. ④ B.C. 1006년경 블레셋과 길보아산 전쟁. ⑤ B.C. 1000년경 다윗의 예루살렘 성 정복전쟁. ⑥ B.C. 977 - 995년 다윗의 트랜스요르단 정복전쟁. ⑦ B.C. 950년, B.C. 925년 솔로몬이 행한 여러 전쟁들.
81) 구약성서, 삼상 8:20.

왕궁을 건축하고 외교관계를 유지하며 국제무역을 육성하는 일을 하였고 법의 집행을 책임지는 최종 결정권을 가지고 있었다.

다윗이 이루었던 이스라엘 왕국의 통일은 솔로몬의 죽음과 더불어 그 막을 내렸다. 솔로몬이 죽자 그의 아들 르호보암이 왕위를 계승했으나 그는 부친의 정책을 그대로 이어받아 과중한 부역과 세금으로 누적된 백성의 불만이 폭발하게 만들었다. 솔로몬이 다윗 성의 무너진 부분을 수축할 때 그 감독자로 임명되었던 여로보암은 선지자 아히야를 만나 솔로몬이 죽으면 열 지파를 그에게 줄 것이라는 약속을 받게 되었다. 이 사실을 안 솔로몬은 여로보암을 죽이려 했고 여로보암은 애굽으로 피신하여 애굽 왕 시삭의 보호를 받았다.

솔로몬이 죽고 르호보암이 즉위하자 여로보암은 귀국하여 아히야의 약속대로 열 지파의 왕이 되어 북이스라엘을 건설했다. 르호보암이 군대를 보내어 여로보암을 공격하려 했으나 상황이 여의치 않아 성사되지 않았다. 왕국이 분열할 당시에는 르호보암을 따른 지파는 오직 유다뿐이었다. 그러나 후에 베냐민이 르호보암에게 돌아와서 유다와 통합하게 되었다.

북이스라엘 왕국은 여로보암으로부터 호세아에 이르기까지 19명의 왕이 아홉 가문을 이루어 통치했지만 B.C. 722년 앗수르에게 멸망당함으로써 209년의 역사를 마무리했다. 남유다 왕국은 르호보암으로부터 시드기야에 이르기까지 20명의 왕이 한 가문을 이루어 통치했지만, B.C. 586년 바빌론에게 멸망당함으로써 345년의 역사를 마무리했다.

2. 이슬람의 태동과 발전

가. 무함마드의 등장

무함마드는 570년경에 메카의 쿠라이쉬 부족에 속하는 하심가의 가문에서 태어났다. 그의 아버지는 그가 태어나기 직전 여행 도중에 사망한 것으로 알려져 있다. 6살 때 어머니를 여의였고 8살에 할아버지를 잃어 삼촌 아부 탈립의 손에서 자라게 되었다. 그는 성년이 되자 시리아와 무역을 하는 대상 활동에 종사하였고 후에 부유한 미망인 하디자 소유의 대상을 이끌었다. 그녀는 무함마드보다 훨씬 나이가 많았으나 나중에 둘은 결혼하여 아들 셋, 딸 넷을 낳았다. 무함마드는 은거했던 시기가 있었는데, 산으로 둘러싸인 메카 지역에 은둔하며 기도와 금욕적인 생활에 전념하여 소명을 받은 것으로 보인다. 그의 소명 체험에 대한 언급은 꾸란의 여러 곳에서 발견할 수 있다.[82] 이런 와중에 무함마드는 당시 사회도덕의 붕괴에 대한 회의를 느끼고 유일신 알라로부터 계시를 받고 알라에 의해 지상에 파견된 신의 사도로서 타락한 동포에게 신의 경고를 전하는 것을 스스로의 사명이라고 확신하였던 것이다.[83]

무함마드는 610년 유일신 알라의 계시를 받고 스스로 '라술릴라히'(신의 사도)라는 자각을 갖고 종교가로서의 생애를 시작하게 되었다. 신으로부터 소명을 받은 후 3년간 그는 자기 주위에 모인 특정한 사람들에게만 가르침을 주었으나 그 후 대중을 상대로 한 전

---

82) 최영길, 『성꾸란』(사우디: 파하드 국왕 꾸란 출판청, 2002)의 내용 중 꾸란 81:19-23, 53:1-18, 74:1-5를 참조할 것.
83) 김용선, 『이슬람의 역사와 문화』(서울: 명문당, 2002), p.25

도에 들어갔다. 이 시기에 그의 주된 가르침은 인간이 창조자인 신에 대해 감사하는 마음을 갖는 것의 중요성과 그것이 이루어지지 않았을 때의 종말관이었다.

614년 무함마드가 대중전도에 들어선 이후 약 50여 명이 그의 가르침을 받았다. 당시 그들은 동족의 유력자들이 노약자들을 돌보지 않는 등 사회적 책임자로서의 역할을 등한시하는 것에 대한 불만을 가지고 있던 터라 무함마드가 제시하였던 사회적 정의와 유일신 사상은 커다란 반향을 일으켰다.[84]

이렇듯 아라비아 반도에서 무함마드의 등장은 당시의 혼란했던 다신교의 사회적 현상을 해결함과 동시에 또 다른 갈등을 잉태시키는 계기가 되었던 것이며, 후일의 상황이지만 유대민족과 대비되는 세력을 결집시키는 촉발점이 되었다.

나. 이슬람의 발흥과 확장

무함마드의 행적은 당시 메카 사람들에게 커다란 반향을 일으켜 점차 많은 신도들을 포용하게 되었다. 당시의 메카는 상업의 중심지였을 뿐만 아니라 여러 종교가 혼재한 도시였다. 무함마드가 알라의 계시와 교훈을 포교하기 시작하자 기득권을 가지고 있던 꾸라이쉬족의 상류층과 기존의 종교 지도자들은 자신들의 상업적 이익과 전통적 질서, 종교적 권위가 위협받는다고 판단하여 무함마드와 그의 추종자들을 탄압하기 시작했다. 무함마드는 일찍부터 유일신 선포가 가지는 정치적 의미를 파악했다. 그는 유일신 선포에 의

---

84) *Ibid*, pp.22 - 29.

해 분열된 여러 아라비아 종족들을 통합할 수 있다는 확신이 있었던 것으로 보인다. 그러나 바로 그 유일신 선포 때문에 메카에서 격렬한 저항에 부딪히기도 하였다.[85]

메카에서의 점증하는 배척과 그를 따르는 무리의 지도자였으며 후원자였던 아부 탈립의 죽음, 그리고 메디나로부터의 무함마드의 행적에 대한 긍정적 반응 등을 이유로 무함마드는 메카를 떠나 메디나로 그들의 근거지를 옮겨 갔는데 이를 622년의 히즈라(Hidjra)라고하고 70여 명이 이 행렬에 동행했다. 이후 그의 추종자들과 메디나에서 세력을 기른 무함마드는 바드르전투[86]와 우흐드전투[87]를 통해세력을 확장하고 최종적으로 메카를 탈환하기에 이르렀다. 메카를점령한 무함마드는 그의 추종자들을 규합하여 동질적인 이슬람 공동체인 움마[88]를 건설하였다. 무함마드는 전쟁이나 우호조약 등을 통

---

85) 요하힘 그닐카, 『성경과 꾸란 무엇이 같으며 무엇이 다른가』, 오희천 역(서울: 중심, 2005), pp.26 – 31.

86) 김정위, 『이슬람 사전』(서울: 학문사, 2002), pp.326 – 327. 623년 무슬림과 메카인들 사이에 벌어진 최초의 주요 접전으로서 바드르는 메디나 남쪽 125㎞ 지점에 위치한 곳이며, 이 전투를 통해 무슬림은 14명이 전사하였고, 메카군은 약 50명이 전사하는 피해를 입었다. 이 전투는 이슬람에게 최초로 메카 측의 세력을 군사적으로 제압하였던 역사적인 사례로서 메카 측은 전투에 패배하여 내부적으로 분열과 혼란이 가중되어 차후 이슬람으로 흡수 통합되는 계기가 되었고 메디나 측은 이슬람의 세력 성장을 알리는 기회가 되었다. 한편, 이슬람 측은 이 전투를 통해 내부 결속을 다지고 각종 전투와 관련된 규정과 사례를 정립하는 기회가 되었고 무함마드는 이 전투를 통해 이슬람의 정치적 군사적 수장으로서 임무와 역할을 수행함으로써 그의 정치 군사적 기반을 굳건히 하는 계기가 되었다. 전투의 규모는 비록 여타지역에서의 규모에 비해 미미하다고 할 수 있겠으나, 이슬람 성립과 발전 과정에 있어서 대단히 중요한 의의를 갖는 전투라고 할 수 있다.

87) 김정위, 상계서, pp.503 – 504. 625년 메디나 서쪽 우흐드 산 전방의 평야지대에서 벌어진 전투로서 메카군은 약 3,000명의 군대를 동원하여 공격하여 무슬림들에게 패배를 안겨준 전투로서 약 72명의 무슬림들이 전사하는 피해를 입었다. 우흐드 전투의 결과 메디나 무슬림군의 명예에 적지 않은 피해를 남겼다. 명예와 긍지 그리고 메디나군에 대한 주민들의 신뢰감이 손상을 입은 것이다. 그 결과 메디나 안팎으로 이곳저곳에서 예기치 않은 난관들이 불거지기 시작했다. 유대인과 위선자들은 말할 것도 없이 유목민들까지 공개적으로 무슬림에게 적대감을 표출하면서 각 부류는 이슬람 공동체를 뒤흔들어 이슬람을 근절시키려고까지 하는 등 이슬람 최대의 위기를 맞게 된다.

88) H. B. Sharabi, *Goverment and Politics of the Middle East in the Twentieth*

해 주변에 있는 무수한 부족과 지역을 통합하였고 그의 추종자 즉 무슬림들은 아라비아반도 전역으로 확산되게 되었다. 이렇게 되어 무함마드가 생존하고 있을 당시에 현재의 아라비아 반도 전역은 이슬람 세력에 의해 정복되었고 이슬람교에 의한 통일이 완성되었다. 또한 무함마드가 창건한 움마는 후에 국가적인 정치체제로 발전하여 결국 이슬람 국가의 시초로서 역사적인 출범을 하게 되었다.

다. 이슬람제국의 성립과 발전

(1) 정통 칼리프 시대

632년 무함마드가 사망한 이후 이슬람교도들은 신도들 중 가장 원로인 아부바크르를 공동체의 새로운 지도자로 선출했다. 이때 지도자의 칭호로 칼리프를 사용하여 칼리프 제드의 시작을 보았다. 신의 사도의 대리자라는 의미의 칼리프는 세습제가 아닌 부족 원로들에 의한 선거제를 택하였다. 이러한 칼리프는 이슬람 내 최고의 지도자로서 정치, 군사적 지휘통제권을 갖고 있었다.

이 정통 칼리프 시대는 약 30년간 지속되었는데 후계자 선임 문제를 놓고 분쟁이 끊이지 않았다. 이러한 분쟁은 오늘날의 이슬람 내부의 갈등을 잉태하는 단초를 제공하기도 하였다. 분쟁이 계속된 이유는 칼리프 계승문제를 놓고 당시 이슬람 내부에 4개의 파벌이 경합을 벌였기 때문이다. 이 4개의 파벌은 ① 예언자와 같은 쿠라이쉬 부족에 속하면서 이슬람교에 최초로 귀의하여 무함마드와 함께 메디나로 이주한 집단인 무하지린(Muhajirun), ② 무함마드와 함께 이주

Centry(London: D. Van Nostrand Co., Inc., 1962), p.11.

한 자를 지원해 주던 메디나의 원주민 집단인 안사르(Ansar), ③ 통치권의 신권성을 주장한 예언자의 딸인 파티마의 남편 알리를 중심으로 한 정통주의 집단, 그리고 ④ 쿠라이쉬 부족의 귀족으로서 메카가 함락될 때까지 예언자에게 저항하여 온 우마야드(Umayyad)가 집단 등이었다.

제1대 아부바크르는 첫 번째 메디나로 이주한 집단이면서 무함마드의 장인으로서 무함마드 사망과 동시에 큰 어려움 없이 아랍부족장의 선출 방법에 따라 칼리프에 선정되었으나 재위 2년 만에 사망하였다. 2대 칼리프는 우마르가 선임되어 약 10여 년간의 재위 도중 페르시아인 그리스도교도 노예에 의해 피살되었으며, 우마이야 출신이었던 제3대 칼리프 오스만은 많은 요직을 우마이야가에게 독점시켜 연고주의, 족벌주의에 반감을 가진 이집트의 알 푸스타트(Al Fustat)에서 온 전사들에게 희생당하였다. 또한 제4대 칼리프 알리 역시 이라크 영내의 알 쿠파(Al Kufa)사원으로 가는 도중 알리의 시핀싸움에 불만을 품은 하와리즈의 분리파의 저격을 받아 사망하는 등 4명의 칼리프는 각 정파 간 세력 다툼의 희생양이 되었다.[89]

이 시기에 중동은 이란 고원에서 메소포타미아까지 영토를 확대하고 한때 이집트를 지배한 사산조 페르시아 제국과 남유럽, 서아시아, 북아프리카를 지배하고 있던 비잔틴 제국의 지배하에 있었다. 제2대 칼리프인 우마르 시대에는 635년 비잔틴 제국군을 시리아의 다마스쿠스에서 격파하고 팔레스타인과 예루살렘을 637년에 점령하였다.[90] 같은 해인 637년에는 페르시아령의 메소포타미아를 공격하

89) Arthur Goldschmidt, Jr., Davidson, Lawrence, *A Concise History of the Middle East*(Florida: Perseus Books, 2005), p.54.
90) Fred McGraw Donner, *The Early Islamic Conquests*(New Jersey: Princeton

여 티그리스 강변의 제국도시 크테시폰을 함락하였고, 642년에는 이집트로 진격하여 콘스탄티노플의 지배로부터 나일 강 삼각주를 탈취하였다. 이렇게 되자 비잔틴제국은 유럽으로 퇴각하지 않을 수 없게 되었고, 서아시아는 아랍인에 의하여 재통일을 보게 되었으며 페르시아의 사산조 지역도 이슬람의 세력권에 들게 되었다. 이렇듯 우마르의 통치는 이슬람 역사에 있어서 중요한 기간으로 인식되었다. 그는 강한 도덕심과 정의감을 갖고 정력적으로 10년간에 걸친 칼리프 재위 중 거의 정복사업에만 노력을 기울였다. 그는 이슬람력, 헤지라 기원을 정식으로 채용한 최초의 칼리프였으며, '아미르 알무미닌'(신자의 사령관)이라는 칭호를 최초로 사용한 칼리프였다. 이것은 칼리프의 직책 중 군사적 측면을 강조한 그에게 합당한 칭호였는데, 후세의 칼리프들도 이 칭호를 선호하여 사용했었다.

이러한 대정복은 아랍의 민족적 발전이었고 이 대정복을 계획 조직하고 이를 실행에 옮긴 것은 메카나 메디나의 정주민이었으며, 이슬람 교단의 지도적 인물들이었다. 그들이 의도한 것은 아랍 제국의 건설이었기 때문에 그들은 유목민 전투력을 이용하였다. 정복지의 통치와 그 후의 정복의 근거지로 만들기 위해 아랍은 정복지에 군사도시를 건설했는데 이것을 병영도시(암사르)라고 한다. 우마르 때 건설한 사와드의 쿠파와 바스라, 이집트의 푸스타트, 우마이야 조 시조 무아위야 때 건설된 이프리키야의 카이라완 등이 그것이다. 암사르는 정복자인 소수의 아랍 전사를 다수를 점하는 원주민으로부터 격리하는 의미를 갖고 있었으나 시리아에서는 기존 도시 일부에 아랍 전사만을 위한 거주구역을 설치하고 특정한 도시

University Press, 1981), pp.151 - 152.

를 건설하지 않았다.

각 병영도시의 군대가 정복한 지역은 그 암사르의 행정 및 징세 범위가 되었다. 따라서 암사르는 행정도시이며 동시에 군대 총사령관인 아미르가 총독으로서 그 지역의 최고 행정권을 행사하였다. 641년 우마르는 메디나에서 '디완'이라는 관청을 설치하고 전사 및 그 가족을 등록하고 그들에게 연금과 식량의 원활한 지급을 하도록 하였다. 이와 때를 같이하여 각 암사르에도 이와 같은 관청이 설치되었다. 이 경우 디완은 등록의 사무 및 이를 관장하는 관공서를 의미하였고, 후에 발달된 디완(행정관)제도의 기원이 되었다.

제2대 칼리프인 우마르가 페르시아계 그리스도교도에 의하여 피살당하자 6명의 원로 중에서 유력하였던 쿠라이쉬 부족 우마이야가의 오스만과 하심가의 알리가 경쟁을 해서 오스만이 제3대 칼리프로 선임되었다. 이 가문은 메카에 있을 당시 오랫동안 하심가와 적대관계에 있었고 무함마드를 박해하였으나 메카가 함락된 이후 이해관계로 이슬람에 귀의하고 무함마드와 인척 관계를 맺었다.[91]

12년에 걸친 오스만 치세의 전반은 전대에 이어온 대정복사업에 정열을 쏟는 것이었다. 사막 및 평야의 싸움에서 놀라운 기동력을 발휘한 아랍도 산악 지대의 전투에서 예상외로 곤란에 부딪히게 되었다. 북쪽에서 그들은 다우로스 산맥을 넘을 수가 없었는데 지금도 아랍에서는 이 산맥을 아랍어 사용의 북방 한계선으로 보고 있다. 동쪽에서는 페르시아 고원을 넘는 데 성공하여 642년 니하완드 전투에서 사산 왕조를 사실상 궤멸시켰다.

이슬람의 정복전쟁이 확대되어 성공을 거둘 무렵, 쿠라이쉬 부족

---

91) Arthur Goldschmidt, Jr. *op. cit.,* p.51.

유력자들 사이의 권력 투쟁이 일어났고 일선에 있는 전사들의 메디나 정부에 대한 불만이 커졌다. 오스만의 칼리프 즉위는 메디나 정계에 자힐리야 시대의 부족주의 부활을 의미했다. 그는 중앙과 지방을 불문하고 아랍 제국의 중요한 지위에는 자기 씨족 우마이야 일가 출신들을 임명하였다. 물론, 제국 행정의 통일화를 촉진하기 위해서 하였다고 하지만, 이런 우마이야 일가의 세력 확대는 우마이야가 이외의 쿠라이쉬 부족 유력자들 사이에 불만을 야기하는 결과를 초래했다.

전선에 건설된 병영 도시에 거주하는 아랍 전사들은 유목 부족의 출신들로서 위험한 전선에서 목숨을 바쳐 대정복의 성공을 이룬 장본인이었는데도, 대정복의 결과로 생긴 풍부한 결실을 함께 나누어 갖는 일이 적었으므로 메디나에 대한 그들의 불만이 격화된 것은 당연한 일이라 하겠다.

오스만의 칼리프 계승은 메카의 지배층으로부터는 환영을 받았으나 메디나의 신도들로부터는 배척을 받게 되었다. 이런 와중에 오스만은 이슬람제국의 방대한 영토를 통치하기 위해서 대부분의 지역에서 쿠라이쉬파 친족을 지방의 요직인 총독에 임명함으로써 메디나 측과 다른 반대파로부터 족벌주의자로 평가받아 내부 분쟁의 원인이 되었다.

쿠파, 바스라, 푸스타 등의 원주민 집단(Ansar)들이 오스만의 퇴임을 요구하는 와중에 그는 이집트의 알 푸스타 등에서 온 과격한 자의 저격을 받아 656년에 사망하였다. 이 사건[92]을 계기로 반란

---

92) 이 사건을 계기로 하여 이슬람 내부의 첫 번째 내란이 일어나게 되었다. 이 내란은 알리가 등장하여 쿠파로 천도하여 무아위야군을 격파하면서 일단락되었으나 무아위야 지지세력이 다마스쿠스에 잔존함으로서 또 다른 불씨를 남겨 우마이야조 시기의 제2차 내란으로 나타나

병사나 메디나의 반대파 주민은 무함마드의 종형제이면서 사위인 알리를 추대하여 칼리프로 천거하였다.[93]

그런데 4대 칼리프의 등장은 이슬람교도 간에 심한 균열을 가져왔고 시아파와 수니파의 대립, 분파의 원인이 되었다. 이때 알리가 주로 원주민 집단의 추대를 받아 칼리프에 취임하였으나 오스만의 혈연이었던 다마스쿠스총독무아위야와 우마이야가의 후손들은 그의 취임을 반대하였다.

결국 제4대 칼리프 알리는 무아위야의 도전을 받아 제국의 전역에 미친 정통권력의 확립에 실패하였다. 이슬람제국 동쪽은 알리파 세력으로 쿠파지역을 중심으로 하고, 서쪽은 무아위야의 지지세력으로 다마스쿠스 지역을 중심으로 양분되었고, 알리가 661년에 하와리즈파의 강경자에게 암살되면서 제국은 무아위야 지배 아래 통일되었다. 이것이 시리아를 장악하고 다마스쿠스를 수도로 한 우마이야 왕조의 탄생 배경이었다.

정통 칼리프시대는 무함마드 사망 이후 자칫 혼란과 혼돈의 시기로 나갈 수 있었던 이슬람 사회를 하나로 통일하는 계기가 되었다. 그러나 이슬람 내부의 각 정파와 분파에 의한 상호 암살과 대립은 또 다른 이슬람 내부적 갈등을 양산하는 기회가 되기도 하였다. 특히 4대 칼리프 알리가 등장하면서 내부적인 분열은 극에 달하게 되고 이는 오늘날의 이슬람 내부의 갈등의 핵심인 시아파와 수니파 대립의 단초를 제공하였다.

게 되었다. 김정위, 『이슬람문화사』(서울: 탐구당, 2002), pp.40 - 51. 김용선, 『이슬람의 역사와 문화』(서울: 명문당, 2002), pp.41 - 43.
93) Arthur Goldschmidt, Jr. *Ibid.*, p.54.

(2) 아랍제국으로서의 우마이야조 시대94)

아부바크르에서 알리까지의 정통 칼리프 시대는 다마스쿠스를 수도로 한 우마이야 왕조의 시작으로 막을 내렸다. 즉 원로 회의에서 선출방식으로 추대되던 칼리프가 세습제로 이루어지는 아랍제국 시대를 맞게 된 것이다. 여기서 아랍제국이라는 것은 몇 가지 요인으로 설명할 수 있다. 첫 번째는 아랍의 대정복으로 인하여 성립된 점, 두 번째는 아랍 민족 전체가 이 제국의 지배자 집단이었다는 점, 세 번째는 아랍의 특권이 제국 어디에서도 인정되었다는 점, 네 번째는 제국의 정치가 아랍의 이민족 지배의 원칙에 의해 관철되었다는 점 등이다. 위와 같은 사실은 다음 절에서 언급하게 될 이슬람제국인 압바스조 시대와 대비되는 아랍제국의 면모를 보여 주는 것이다.

우마이야조 제1대 무아위야는 오스만 암살 이후의 정세가 혼란하였으므로 내부의 안정을 도모하기 위해서 제국의 단결과 융화에 관심을 기울였다. 그는 통수권을 거의 지니지 않고 그의 개인적인 위신과 능력을 통해서 설득함으로써 그의 의사를 관철시키는 방식으로 통치를 행사하였다. 이는 당시 제국의 행정기구가 마비되어 무정부적, 유목민적 질서가 다시 살아나 종교적 유대의식이 약화되고 불안정한 사회 상태로 빠졌기 때문이었다고 할 수 있다.

그럼에도 불구하고 무아위야 통치시기에 제국의 영토는 확대되었는데 중앙아시아 방면에서 헤라트, 카불 및 부하라를 점령하였고 북아프리카에서는 꾸준히 서진하여 대서양 연안에 도달했다. 또한 비

---

94) 우마이야조 시대는 661년부터 750년까지 약 90여 년간 지속된 아랍제국 최초의 왕조라고 할 수 있음. 김정위, 『이슬람문화사』(서울: 탐구당, 2002), p.372 우마이야조 왕조 연대표를 참조할 것.

잔틴제국에 대한 전쟁은 계속되었으며 670년에 시작된 콘스탄티노플 공격은 비잔틴제국에 커다란 공포를 안겨 주었으며, 아랍의 군대는 콘스탄티노플의 남부지역을 장악하는 데 성공하였다. 그런데 무아위야의 죽음으로 비잔틴제국에 대한 공격은 중단되었다. 이러한 비잔틴제국과의 전쟁은 무아위야의 종교적 위신을 높여 주었고 아랍군의 훈련, 사기 및 경험을 축적하는 데 커다란 효과가 있었다.

무아위야 이후 야지드 I세의 돌연한 죽음과 그의 아들 무아위야 II세가 칼리프 즉위 40일 만에 사망함으로써 제국의 혼란이 극에 달했으며, 제2차 내란[95]을 맞게 되었다. 이후 집권한 제4대 압둘 말리크(Abdul Malik, 685 – 705)와 그의 아들 와리드(Walid, 705 – 715) 시기에 우마이야조 전성기를 맞게 되었다. 이 기간 중에 정복사업이 재개되어 동쪽으로는 중앙아시아의 사마르칸트(Samarkand)를 점령하고(711) 아무르(Amu) 강까지, 인도의 신드(Sind) 주를 점령(710)하여 당과 인도와 국경을 접하고 서쪽으로는 먼저 이집트를 시작으로 마그리브(Maghrib)지방을 점령하고 대서양 연안에 도달하였다. 이어서 베르베르(Berber)족 출신의 타릭(Tariq) 장군을 스페인에 보내 서고트왕국을 멸망시키고 피레네산맥을 넘어 한때는 프랑크왕국의 투

---

95) 4대 정통칼리프였던 알리가 사망하자 그를 추종하는 세력은 무아위야를 칼리프로 인정하지 않고 알리의 장남인 하산을 칼리프로 인정했다. 그러나 하산은 무아위야와 대결하지 않고 메디나로 돌아가 정계로부터 은퇴하고 하산 사망 이후 쿠파의 시아파들은 하산의 아우 후세인을 칼리프로 추대하고자 비밀리에 연락을 취했으나 이라크 총독에게 발각되어 처형당했다. 반면에 무아위야는 그의 아들 야지드에게 칼리프의 직위를 전하는 데에 성공했으나 쿠라이쉬 부족의 유력자들은 칼리프 직위의 부자 상속에 대한 반감이 강했다. 이런 와중에 야지드 I세가 사망하고 그의 아들 무아위야 II세가 즉위하자마자 사망함으로써 다시 한 번 이슬람 내부의 다툼이 일어나게 되었으며, 이 제2차 내란은 684년 마르완에 의해 평정되면서 우마이야조의 승리로 종결되었으며, 마르완은 그의 아들 압둘 말리크를 후계 칼리프로 임명하는 데 성공하였다. 김정위, 『이슬람문화사』(서울: 탐구당, 2002), p.49 – 51. 김용선, 『이슬람의 역사와 문화』(서울: 명문당, 2002), pp.46 – 51.

르·포아티에 지역(732)까지 진출한 적이 있었고, 또 서북쪽으로는 비잔틴제국과 접하였다.

8세기 전반기까지는 중앙아시아, 북아프리카, 유럽의 이베리아 반도까지 진출하여 최대의 판도를 유지하였다. 그러나 우마이야조에 패한 알리 일파는 페르시아인의 지지하에 시아파를 형성하였고[96] 수니파,[97] 즉 우마이야조와 대결하였다. 여기서부터 점차 분파가 생겨 정쟁은 격화되었고 이것이 아라비아반도에서 부족 대립으로 이어져 우마이야조는 불안정하게 되었다. 이슬람교도는 몇 개의 분파로 나뉘었는데 그중 최대의 분파가 바로 이 시아파와 수니파였다.

양 파의 분열 원인은 이미 언급한 바와 같이 칼리프의 정통성을 둘러싼 문제에 있었다. 교의 측면에서는 본질적으로 차이가 없었는데 이 왕조 시대부터 양파의 분리·대립·투쟁이 계속되어 수니파가 주도권을 장악하였다.

한편, 당시 사회 구성을 살펴보면 우마 이야가를 중심으로 한 무슬림이 귀족계급으로 군림하고, 다음에는 이슬람으로 개종한 자(Mawali), 제3계급이 납세의무를 진 이교도(Dhimmi: 유대인, 그리스도교도, 조로아스터교도), 최하층에는 노예로 구성되어 있었는데 노예는 전쟁이나 무역을 통하여 공급되었으며 그들 간의 잡혼이 성

---

96) 알리와 무아위야 간의 싸움에서 비롯된 것으로 알리를 지지한 시아 또는 시아트 알리(Shiat Ali: 알리의 당)란 말에서 시아파란 명칭이 유래되었다. 본질적으로 국가와 기존질서에 대한 반대를 종교적 용어로 표현한 것으로 꾸란의 순수성의 유지와 무함마드의 혈통의 계승을 주장하였다. 또한 꾸란의 주석, 보충설명을 반대하는 원칙론자, 둔파론자가 이에 속한다고 할 수 있다. 이란, 예멘, 이라크 등 전 무슬림들의 약 10%에 해당한다.
97) 우마이야조 때 탄생한 시아파가 적시한 반대파였으며 국가와 기존 질서에 영합하는 것으로 이슬람의 주류파, 누구나 자질이 있으면 칼리프가 될 수 있다고 주장하며 꾸란의 보충, 확대 해석을 전통이라 주장하는 다수파로 전 무슬림의 90%가 여기에 해당된다.

행하였다.

이슬람교는 농민이 아닌 상인, 곧 도시의 종교였다. 우마이야조의 수도 다마스쿠스는 대상로의 요지로서 전통을 갖는 도시였다. 본래 성직자 계급이 존재하지 않는 이슬람교에서는 이슬람 상인은 다만 경제인만이 아니고 이슬람교의 강력한 포교자였으며, 이슬람 문화의 전파자였다. 아시아, 아프리카, 유럽 대륙에 걸친 이슬람 상인의 활동은 점차 유대인의 상업 활동과 경쟁하였으나 16세기가 되면서 신항로를 개척한 포르투갈 상인에게 주도권을 빼앗겼다.

우마이야조의 등장은 단순한 정권의 교체뿐 아니라 아랍세력의 신장과 정복지의 아랍화를 가져왔다. 무슬림들은 점령지의 주민에게 새로운 종교를 강제하지는 않았다. 그러나 일부 유대, 그리스도교도들은 무슬림으로 개종하여 마와리란 신분층으로 변하여 같은 '경전의 백성'으로서 보호를 받았다. 이러한 조치는 후에 페르시아의 조로아스터교도에게도 적용되었다.

그러나 이슬람교가 성립되는 과정에서 무함마드와 유대교도와의 관계는 결코 원만하지 않았다. 그것은 메디나에 원래 살고 있던 여호와의 유대교도들이 무함마드를 아브라함이나 모세와 같은 예언자로 인정하지 않았기 때문이었다. 알라의 사도들은 메카와 싸우면서 유대교도와도 싸워 굴복한 부족을 추방하기도 하고 항복한 600명의 남자를 처형하고 그 가족 중 여자, 어린아이들은 노예로 팔기도 하였다.[98] 그러나 이슬람 초기의 무함마드의 대유대정책이 현재

---

98) Alfred Guillaume, *Islam, Harmondsworth*(London: Penguin Books, 1981), p.48; Maxime Rodinson, *Mahammed, Harmondsworth*(London: Penguin Books, 1973), p.214의 내용에서는 '전멸시키는 일'이 적의 전의를 말살시킬 수 있고, 차후에 유혈을 피할 수 있으며, 포로의 처형은 미래의 화근을 없애는 최상의 해결책으로 보았다. 이러한 이유에서 포로를 처

의 아랍-이스라엘 분쟁의 주요 원인이었다고 간정할 수는 없다.[99]

아랍 세력의 확대로 많은 지역이 이슬람화된 이래 유대교도는 이등시민의 지위를 감수하면서 구래의 신앙과 풍습을 인정받는 소수파의 종교 공동체[100]를 유지하였다. 오랜 세월을 거치는 동안에 헤브라이어는 종교의식에서만 쓰이는 용어가 되었고 일상생활에서는 주변 사람들과 같이 아랍어를 사용하였다. 유럽에 거주하는 이산민이 그리스도교도의 사회에서 차별과 박해를 받은 것과는 큰 차이가 있었다. 아랍세계의 각지에서 이슬람과 유대의 양 교도는 오랜 세월에 걸쳐서 공존해 왔다.[101]

사막의 전사가 건설한 이슬람 국가는 그리스 · 로마와 페르시아 문명을 흡수 · 소화하여 급속히 독자적인 문화로 발전시켰으며 꾸란의 아라비아어는 신의 말씀, 군사지배자의 언어로서 광대한 정복지로 보급되었다. 아라비아 해에서 대서양에 이르는 광대한 지역에 공통의 언어, 종교, 문화를 기반으로 한 아랍세계가 성립된 것이었다.

우마이야조의 성립과 발전은 광대한 정복지를 지배하고 그 지역에 아랍문화와 언어를 전파함으로써 아랍세계의 제국화를 달성하여 제국 내에서의 아랍과 비아랍의 대립관계를 생성하는 계기가

형하고 여자와 노약자에 대해 잔악한 대우를 한 것이다.

99) Arthur Goldschmidt. Jr., *op. cit.*, p.36.

100) 밀레트제도라고 불리는 것으로서 이 제도는 특히 아랍제국에 편입된 다양한 이질적인 민족에게 종교 문화적 자치성과 고유성을 보장해 주면서, 칼리프를 정점으로 결집시키면서 발전하였다. 밀레트는 아랍제국하의 피지배 계층에게 허락된 종교와 민족에 따른 민족 자치 공동체를 의미한다. 밀레트 내에서는 독자적인 관습법과 제도가 통용되었다. 이 제도는 제국의 이질적이고 다양한 민족적 요소를 통합하는 원동력으로 작용하면서, 민족 간의 갈등이나 분쟁 없이 안정된 국가를 유지하는 초석이 되었다. 이러한 제도는 15세기에 등장하는 오스만제국에 의해 더욱 발전된 모습으로 나타나게 되었다.

101) Yaacov Cohen, *Israel Marks 38th Anniversary of Independence*, The Janpan Times, 14 May, 1986. 무슬림 권력자는 일반적으로 유대교도를 관대히 대하였으나 시대와 장소에 따라서는 그리스도교도국만큼은 아니지만 차별과 박해가 있었다.

되었다. 한편으로는 정통 칼리프시대 마지막 칼리프 알리의 지지세력인 시아파와의 뿌리 깊은 갈등이 오늘날 아랍 내부세력의 분열과 분쟁의 원인이 시작되는 정점으로서의 역할을 하였다.

(3) 이슬람제국으로서의 압바스조 시대

전술한 바와 같이 우마이야조 시대가 아랍제국으로서의 역할을 했다면 다음에 등장하는 압바스조는 이슬람제국으로서의 면모를 갖추었다. 이렇게 평가하는 이유는 이 시대에 들어서면서부터 이슬람 율법이 정제되고 확립됨에 따라 아랍세력이나 비아랍세력을 구분하지 않고 무슬림이면 동등한 대우를 받는 사회로 접어들었기 때문이었다.

압바스조(750 − 1258)는 처음 쿠파에서 탄생하였으나 2대 칼리프인 만수르(Mansur, 754 − 775)가 762년 티그리스 강 하류지역에 신도시 바그다드를 건설하고 새 도시로 천도하였다. 압바스가에게 도전했다가 패배한 우마이야조의 일족은 스페인으로 이주하여 코르도바를 중심으로 압둘 라흐만(Abudal Rahman)에 의해 후기 우마이야조(753 − 1031)를 세우기도 하였다.

압바스조는 건국 초기에 이베리아반도의 후기 우마이야조의 세력 판도였던 스페인 영토를 상실한 데다가 정복사업마저 부진하였기 때문에 압바스조의 세력 범위는 우마이야조 시대보다는 축소되었다. 하지만 이슬람 문화는 전 시대보다 발전하여 중국이나 인도와의 교역도 원활하였으며 전반적으로 평화와 번영을 구가하였다.

압바스조가 수도를 바그다드로 옮긴 것은 단순히 제국의 수도를 이전한 것 이상의 의미를 부여할 수 있다. 즉 아랍세력에만 의지하였던 우마이야조와는 달리 압바스조는 수도를 천도하여 아랍인과 페르시아인의 동화와 혼합이 급속히 진행되어 아랍과 비아랍 무슬림의 차별을 철폐하고 민족 여하를 불문하고 무슬림은 모두 평등하게 취급하였다. 또한 아랍 전사의 특권적 지위는 폐지되고 많은 이민족의 개종자가 중요한 지위에 등용되는 등 이슬람제국으로서의 면모를 갖추게 되었다는 것을 들 수 있다.

우마이야조 지배의 본질이 소수의 아랍 민족에 의한 다수의 이민족 지배인 데 반하여 압바스조의 정치는 신권전제정치였다. 압바스조 체제 하에서는 이민족 무슬림을 포함한 모든 무슬림들이 평등하게 취급되었고 정복자와 피정복자의 차별은 존재하지 않았다. 또한 이슬람교도는 물론 '경전의 백성'은 각자 신의 영광을 위해 봉사하여야 한다고 하였다. 압바스조는 이슬람 우위정책으로 인종주의를 배격하고 아랍어와 이슬람교, 즉 언어와 신앙에 중점을 둔 아랍인의 개념으로 바뀌었다. 인종에 관계없이 아랍어를 유창하게 구사하고 이슬람교를 신앙으로 하는 무슬림이면 제국의 일등신민으로 대접받는 이른바 '이슬람제국' 시대였다. 이 시대에 와서 처음으로 아라비아적, 그리스 로마적, 페르시아적인 동서의 제 문화를 융합한 세계적인 이슬람 문화의 성숙을 보게 된 근본적인 원인도 여기에 있다.

압바스조는 2대 칼리프 알 만수르에서 7대 칼리프 알 마문(Al Mamun, 813－833)까지 약 1세기 동안이 전성기였다. 특히 아라비안나이트로 유명한 5대 하룬 알 라시드(Harun Al Rashid, 786－809)의 치세는 황금기였다. 아라비안나이트의 무대로 알려진 수도 바그다드는 인구가 약 100만 명으로 당시 당나라의 장안과 더불어 세계 최대의 도시로서의 면모를 갖추었다. 제국의 수도가 동으로 이동함에 따라 우마이야조를 특징 지은 아랍적·로마적인 요인이 후퇴하고 페르시아적·아시아적인 색채를 강하게 나타내게 되었다. 결국 압바스조의 성립은 이전의 아라비아인 중심의 국가에서 페르시아인을 포함한 제국을 형성하고 비잔틴의 영향에서 벗어나 본래의 서아시아의 통합을 바라는 이슬람제국의 확립을 의미하였다고 볼 수 있다. 그런데 이러한 긍정적인 결과 외에도 압바스조에서의 다양한 인종적 통합의 결과 페르시아인뿐만 아니라 투르크인의 진출이 증가된 것은 결국 압바스조의 붕괴를 촉진시킨 부정적인 요인으로 작용하였다.[102] 페르시아적 전제주의가 지배적이었던 압바스조의 칼리프는 신격화된 반면 실권은 상실해 갔다. 신권국가의 지배층은 아랍인임에도 불구하고 궁정이나 군대의 요직은 페르시아인이 장악하였다.

이러한 영향으로 동서의 변경지방이 동요하고 분열의 양상을 보이기 시작한 8세기 말의 이슬람세계는 페르시아와 투르크계의 여러 왕조가 독립을 하였는데 그것은 국방을 위해 채용한 투르크인의 용병 군벌에 의해서였다. 세력이 커진 용병군대는 정치에도 개입하여 압바스조를 내부로부터 붕괴시키게 되었다. 압바스조 자체는 약 500년의 장기간에 걸쳐서 존속하였으나 바그다드의 궁정이 번영과 발전을 영위한 것은 최초의 한 세기에 불과하였다.

여러 각지에서 발흥한 많은 세력에 의하여 칼리프는 이름뿐인 종주권을 갖는 데 불과하였으며 제국 수도 바그다드 자체도 페르시아인의 군사정권에 의해 지배되었다. 그러나 칼리프는 정치적 실권을 상실하였음에도 불구하고 무함마드를 계승했기 때문에 종교

---

102) Arthur Goldschmidt, Jr., op. cit., pp.70-71.

적 권위는 그대로 유지하였다. 이렇게 하여 압바스조 시대는 정치적인 통합과 발전보다는 이슬람 내부의 종교적 분화와 발전을 가져왔다는 특징이 있다. 그런데 이러한 분화는 현재까지 이슬람 내부의 반목과 갈등의 단초를 제공한 민족 간의 대립(투르크, 페르시아 등)을 심화시키는 계기가 되었으며 이것은 종래에 이슬람제국을 분열하게 만드는 원인으로 작용하게 되었다.

(4) 이슬람제국의 분열

오랜 기간 동안 셈계 민족과 페르시아 민족의 터전이었던 서아시아는 이슬람제국의 쇠퇴로 11~13세기에 이르러 투르크인, 십자군, 몽골인의 침입을 받게 되었다. 이 시대에는 수니파와 시아파로 대표되는 이슬람교 내부의 대립이 국가적 대립으로 발전함과 동시에 이슬람세계의 분열이 칼리프 세력의 약체화 또는 유명무실화로 나타나게 되었다.[103]

특히 유목민이었던 투르크인은 그들의 뛰어난 군사적 능력 때문에 용병으로 이슬람제국에 채용되어 압바스조의 국경 수비에 임하였고 이슬람교로 개종하였다. 9세기 중엽 칼리프는 투르크 노예를 상비군으로 대량 채용하여 군사 행정의 목적을 위해 특별히 훈련받은 노예로 운용하였으며 후에 맘루크(사유재산, 노예)라고 부르게 되었다. 이렇게 운용한 이유는 칼리프가 정치적 독립을 시도하는

---

103) 그중 하나가 셀주크튀르크에 멸망당한 부와이조(Buwaih, 945 - 1055)였다. 이란계인 부와이가는 카스피 해 남쪽 이란 땅 다이람(Daylam) 지역에 본향을 둔 페르시아의 12 이맘파(Imam; 시아파의 한 분파)에 속하였다. 이 가문 출신의 3형제 큰형 알리(Ali; Istaham과 Fars주), 둘째 하산(Hasan; Jibal지역), 셋째 아흐마드(Ahmad; Kerman과 후지스탄 지역)가 아랍인 수비대를 추방하고 동서로 세력을 확대하고 아흐다드가 945년 바그다드를 점령하였다. 유공조, 『중동분쟁사』(서울: 서원, 1994), p.47.

페르시아 귀족을 억제하기 위해 투르크인 맘루크를 이용하여 새로운 지지 기반을 조성하려는 의도에서였다. 그러나 정권의 군사화에 따라 투르크 세력이 강해져 군국화가 되면서 중앙의 지배에 복종하지 않게 되었다.

이와 같이 서아시아에서는 9세기 말 이래 투룬조(Tulun, 868 – 905), 카라한조(Qara Khan, 992 – 1211), 가즈나조(Ghazna, 997 – 1186), 익시드조(Ikhshid, 936 – 966)의 투르크계 왕조가 성립되었으며 투르크족 중에서 가장 큰 세력은 투그릴 형제가 니케아에 세운 셀주크튀르크조(1038 – 1194)였다.

족장 셀주크의 손자 투그릴 베그가 페르시아를 정복하고 이어서 1055년에 바그다드에 입성하여 페르시아인 정권을 타도하고 압바스가의 권위를 회복하였다. 그는 칼리프의 여동생과 결혼을 하고 세속의 최고 권위인 술탄칭호를 압바스조 칼리프로부터 받았다. 이는 수니파의 셀주크가 칼리프의 후견인인 된 것으로서 시아파의 부와이조로부터의 해방을 의미하는 것이었다.

셀주크는 시리아와 팔레스타인을 일시 파티마조(909 – 1171)로부터 빼앗고, 만지케르트전투[104]에서 비잔틴령의 아나톨리아를 점령하여 황제 로마누스 4세를 포로로 잡았다. 이렇게 하여 지중해에 이른 대셀주크 제국이 출현하여 압바스조 칼리프의 권위는 명목상일 뿐이었고 실질적인 권력은 술탄이 장악하였다.

---

104) 1071년에 비잔틴 황제 로마누스 4세 디오게네스와 셀주크튀르크 술탄 알프 아르술란이 벌인 전투로서 여기서 이긴 셀주크튀르크는 그 뒤 아나톨리아 지방 대부분을 정복했다. 비잔틴 제국 동부전선인 아나톨리아 지방이 셀주크튀르크의 습격을 받고 약탈을 당하자 그에 자극받은 로마누스는 대군을 모아 그곳을 평정하려 했다. 그러나 이 전투에서 비잔틴 군대는 셀주크튀르크군에게 격파당하고 로마누스는 포로가 되었다. 세부내용은 조상현, "만지케르트 전투" 「세계전쟁사 디지털북」 중동/아프리카 지역(대전: 육군본부, 2008) 참조.

셀주크조의 행정은 페르시아인과 페르시아 관료조직에 의존하였다. 당시 개혁자의 한 사람이었던 페르시아인 재상 니잠알 물크가 1092년 암살되면서 서아시아는 다시 분열상태에 빠지게 되었고 셀주크조의 판도는 왕위계승 문제와 영토분배 문제로 이란, 이라크, 시리아 및 아나톨리아로 분열되어 혼란기를 맞이하였다. 이 내란 중에 파티마조는 팔레스타인에서 잃은 일부의 땅, 즉 예루살렘 등을 1098년 회복하였다.

아나톨리아를 중심으로 한 룸 셀주크조(1077 - 1307)는 비잔틴령이었던 지역을 터키화, 이슬람화하여 오늘날 터키의 기반을 만들었다. 1096년 십자군이 진출하였을 때는 셀주크조의 세력이 쇠퇴하고 있었다.

바그다드의 압바스조의 칼리프들은 부와이조 이래 셀주크나 룸 투르크 시대를 거치면서 겨우 종교적 권위만을 유지하고 있는 실정에서 칼리프 알 무스타심(Al Mustasim, 1242 - 1258) 때인 1258년 2월 뭉케 칸(Mongke, 1251 - 1259)의 동생 훌레구 칸(Hulagu)이 트랜스옥시아나에서 전열을 가다듬어 바그다드를 함락하면서 압바스조는 멸망하게 되었다.[105] 압바스조의 멸망은 사실상 정치군사적

---

105) 뭉케 칸이 동생인 쿠빌라이와 훌레구를 동방과 서방으로 군대와 함께 파견한 것에 관한 이야기는 라시드 앗 딘(일한국의 재상을 지낸 인물)이 지은 『집사』에 나와 있는데, 그 내용은 다음과 같다. "뭉케 칸이 축복 속에서 군주의 보좌에 앉아 벗들에게는 승리를 주고 적들에게는 패배를 가져다주었을 때, 그는 카라코룸 부근에 있는 우구데이 칸의 목지 안에 위치한 옹키라는 곳에서 동영을 마쳤다. 대쿠릴타이가 끝나고 두 번째 해가 도래하여 군주의 보좌에 확고히 앉아서 친구와 적의 문제를 끝내자, 성심은 지상의 동방과 서방의 먼 지방들을 정복하는 데로 향하였다. 맨 먼저 이단자들의 지방에서 온 정의를 희구하는 한 무리의 사람들이 칸의 고귀한 눈앞에 나타났다. 칸은 그들을 처리하기 위해 자기 형제인 훌레구칸—그의 이마에는 세계정복과 세계장악의 징표, 군주다운 위엄, 행운 등이 분명하게 드러났다.— 을 소해(1253년)에 타직 지방으로 보냈다." 자세한 내용은 Rashid ad - Din, 『집사 3』(칸의 후예들), 김호동(역주)(서울: 사계절, 2005)을 참조할 것.

인 면에서는 이미 부와이조 이래의 상황이라고 할 수 있겠으나 종교적인 권위만을 인정받던 칼리프는 몽골의 침입으로 인해 완전히 소멸되는 운명을 맞이하여 이슬람제국의 분열로 이어졌다.

(5) 몽골의 지배시대

1251년 쿠릴타이(Quriltai)에서 대칸 뭉케(Möngke)는 아우 훌레구[106]에게 이란 총독직을 주었다. 이 밖에도 훌레구에게는 페르시아에 여전히 존속하던 두 가지 신성한 권력, 즉 마잔다란의 이스마일리 이맘들의 영지와 바그다드의 압바스 칼리프조를 진압하는 임무도 주어졌다.

뭉케로부터 그에게 부과된 또 다른 임무는 시리아 정복이었다. 뭉케는 "아무다리아의 기슭에서 이집트 땅의 끝까지 칭기즈칸의 관례와 관습과 법을 확립하라. 항복하여 네 명령에 순종하는 모든 자를 친절과 호의로 대하라. 누구든지 네게 저항하는 자는 그를 굴욕 속으로 던져 넣어라."[107]라고 명령하였다.

이러한 임무를 부여받은 훌레구는 1252년 카라코룸(Qaraqurum)을 출발하여 카스피 해 남단 마잔다란·메이문디즈(Meymundiz)·알라무트(Alamut) 등지의 높은 곳에 위치한 이스마일리파 즉 암살자단[108]의 거점을 공격하여 1256년 11월에 함락하고 이어 10만 대군을 이끌고 바그다드에 이르러 겨우 칼리프위의 명맥만을 유지해

---

106) 훌레구는 '지나치게'를 뜻하는 몽골어로서 어근은 hülä에서 유래한다. 페르시아에서는 Hulaku다. Pelliot, "Les mots à H initial, aujourd'hui amui, en mongol des XIIIe et XIVe siècles", *JA*(1925), p.236.

107) Rashid ad‑Din, Quatremère 역, p.145. D'Ohsson, *Histoire des Mongols*, Ⅲ, p.139.

108) 시아파에 속한 이 교단은 원시 이슬람교의 복귀를 외치며 신비주의와 권력주의를 특징으로 공동체를 형성하여 몽골의 수도 카라코룸까지 암살단을 잠입시켰다.

온 압바스조 37대 칼리프 무스타심(Mustashim)을 퇴위시킴으로써 500여 년간 계속되어 왔던 이슬람제국은 1258년 멸망하였다.

몽골인들의 바그다드 함락은 동방 기독교도들에게는 하늘의 응징처럼 보였다. 더욱이 나이만(Naiman)의 키트 부카(Kit Buqa)같이 여러 네스토리우스교도 병사들이 있는 몽골군은 바그다드 약탈 때 줄곧 기독교도들의 목숨을 살려 주었다. 아르메니아인 연대기 편찬자 키라코스는 "바그다드가 함락될 때 네스토리우스교도인 훌레구의 아내 도쿠즈 카툰(Doquz Qatun)은 네스토리우스파든 또는 다른 어떤 파든지 간에 기독교도들을 변호하였고, 그들의 목숨을 위해 중간에 들어 잘 말해 주었다. 훌레구는 그들의 목숨을 구해 주었고 그들이 자신의 재산을 지키도록 놔두었다."109)고 적었다. 이렇듯 이슬람세계의 새로운 정복자로 등장한 몽골인들은 무슬림들보다는 기독교도들에게 관대하게 대하게 됨에 따라 양대 세력 간의 갈등이 싹트게 되었다고 볼 수 있다.

그러나 훌레구의 세 번째 계승자인 테구데르(Tegüder)110) 대에 이르러서는 무슬림 신앙을 받아들여(물론 다음에 등장한 아르군(Arghun)에 의해 이슬람화가 일시 정지되는 과정을 거치기는 하였으나) 페르시아의 칸국을 다시 이슬람으로 전환시키기 시작하였다. 특히, 가잔(Ghazane, 1295 - 1304) 때에는 이슬람교를 국교로 정하고

---

109) Kirakos, *JA*, I (1858), p.493.
110) 아바카의 아우이자 계승자인 그는 가문의 전통적인 정책(기독교 우대)을 파기하였다. 어머니(쿠투이 카툰)가 네스토리우스 교도였을 가능성이 있고 자신도 유년에 세례를 받았지만, 승려 헤이톤에 의하면, 그는 등극한 뒤 무슬림 신앙을 받아들여 아흐마드라는 이름과 술탄이라는 칭호를 취하였으며, 페르시아의 칸국을 다시 이슬람으로 전환시키기 시작하였다. 승려 헤이톤은 "그는 타타르인들을 무함마드의 거짓된 법으로 개종시키는 데 자신의 모든 지식을 바쳤다."고 적었다(Hayton, *Documents arméniens*, p.185.).

지금까지의 군사적, 유목적 점령 정책을 바꾸어 중앙집권을 지향한 국정개혁을 단행하고 중국, 유럽 문화를 받아들여 독특한 문화를 만들었다. 또 종교정책도 관대하여 그리스도교도국과 우호관계를 가졌고 이집트의 맘루크와 싸워서 시리아를 획득[111]하였다. 가잔 후에는 울제이투(Oljeitü), 아부 사이드(Abu Sáid) 등이 칸으로 명맥을 유지하였으나 아부 사이드 이후에 칸국은 점차로 쇠퇴하다가 동방에서 새로 등장한 티무르(Timur)에 의해서 1411년 멸망하였다.

이렇게 볼 때 몽골인들에 의해 지배되었던 이슬람세계는 초창기 훌레구 시기에는 참혹한 탄압[112]을 받아 오다가 후에 등장하는 위정자들은 이슬람을 우호적으로 대우하고 그들의 문화를 받아들였다. 따라서 종래에는 페르시아화되고 몽골인들은 모두 이슬람화되는 운명을 맞게 되고 중국과 유럽문화와 페르시아의 우수한 문화가 접목되어 또 다른 뛰어난 문화를 만들어 내는 계기가 되었다. 종교적으로 이슬람은 각 계파 간의 분화에 더욱 탄력을 받았다.

---

111) 가잔은 시리아의 맘루크 제국에 대해서는 훌레구와 아바카의 대외정책을 따라 침공하였다. 그는 성채를 제외한 알렙포를 점령하고 홈스 앞에서 맘루크군을 격파하고 다마시쿠스에 입성하였다. 그러나 이러한 몽골의 승리는 마지막 프랑크령이 함락되고 페르시아의 몽골인들이 이슬람으로 영구히 개종한 마당에 일종의 사후적인 의미밖에는 없는 별로 대단치 않은 것이었다.

112) 무슬림에 대한 탄압은 먼저 바그다드를 점령한 이후 칼리프에 대한 처리에 있어서 잘 나타나 있다. 몽골인들은 그에게 재화를 모두 인계하고 모든 은신처를 제공토록 하였지만, 그의 품위를 존중하여 피를 흘리는 것은 피할 수 있었던 듯하다. 대신에 그들은 그를 자루에 담아 꿰맨 뒤 말에 밟히도록 하였다. Abu'l Fida, *Historiens des Croisades*, p.137. 또 다른 예는 훌레구칸의 시리아 원정 시 오랜 공성전 끝에 마이야파리킨이 함락되고 알 카밀은 고문 끝에 죽었다. 몽골인들은 그의 살을 찢어 그가 죽을 때까지 그의 입에 쑤셔 넣었다. 그리고 마이야파리킨 아미르령의 무슬림 주민 대부분은 학살되었다. Kirakos, *JA*, I (1858), p.496; Rashid ad-Din, Quatremere역, pp.330-331을 참조할 것.

3. 오스만튀르크의 통치와 팔레스타인 상황

가. 오스만제국의 성립과 발전

오스만 베이(Osman Bey)에 의해 1299년 오스만 공국이 수립된 시점을 오스만제국의 시작으로 본다. 제국의 창설자로 알려진 오스만 베이의 선조는 오우즈 투르크멘 계통의 카이(Kayi)부족으로 1071년 말라즈기르트 전투[113] 이후 투르크족의 아나톨리아 정복에 적극 가담한 것으로 알려져 있다. 용맹성과 비잔틴에 대한 승리로 가지(Gazi, 이슬람의 전사)라는 칭호로 알려진 오스만 부족 전사들은, 12세기경 동중부 아나톨리아 지방을 점령하여 그곳에 정착하였다. 가지들은 주로 초기에는 비잔틴과, 그리고 후일 13세기 후반에는 일한제국의 몽골군에 대항하면서 두각을 나타내었다. 1243년 쾨세다으 전투에서 셀주크군이 몽골군에게 패배당하자 당시 비잔틴에 대한 공격을 주도하던 오스만은 아나톨리아 북서부의 비티니아(Bithynia) 지역의 아미르로 부상했다.

셀주크 세력의 약화로 몽골의 지배권이 확립되어 갈 무렵 몽골의 통제력이 미치지 않는 아나톨리아 일부에서 몇 개의 독립된 투르크멘 공국들이 등장했다. 오스만도 그러한 독립 공국들 중 하나를 통치했는데 문란한 내정으로 몰락의 길을 걷던 비잔틴의 상황

---

113) 1071년 중앙아시아에서 출발한 셀주크튀르크족들은 서진하여 당시 비잔틴제국이 지배하고 있던 아나톨리아 동쪽 지역으로 진입하였으며, 반 호수가 있는 말라즈기르트라는 곳에서 충돌하게 되었다. 이 전투를 통해 셀주크튀르크가 승리하고 비잔틴 제국의 황제 디오게네스는 포로로 잡혔다. 이 전쟁의 패배로 비잔틴 제국은 아시아 쪽 영트 대부분을 이슬람교를 믿는 이교도인 투르크족들에게 내어주고 콘스탄티노플로 물러났다. 결국 1453년 셀주크튀르크를 이어 또 다른 투르크족이 세운 오스만제국에 의해 콘스탄티노플이 함락당하는 길을 열어준 셈이 되었다.

은 오스만과 그를 이은 후계자들, 오르한, 무라트 1세, 바예지트 1세 등에 의한 효과적인 비잔틴 공략을 가능하게 하는 구실을 제공해 주었다.

비잔틴 황제의 용병에 의한 몇 차례의 부분적 패배가 있었지만, 1300년경까지 오스만 1세는 에스키셰히르(Eskishehir)에서 이지니크(Iznik)에 이르는 영토를 차지했으며 서유럽에서 모집한 비잔틴 용병들은 오스만군보다는 오히려 비잔틴 영토에 더욱 심대한 타격을 입혔다. 1324년 오르한(Orhan)에 의해 부르사(Bursa)가 점령됨으로써 공국에서 하나의 국가로 성장하는 계기를 마련하였다. 이때부터 행정과 재정, 군대가 정비되어 국가의 체제가 기틀을 잡아 갔다. 이후 그는 아나톨리아 서북부의 주요 도시들인 이즈니크(Iznik), 이즈미트(Izmit), 위스퀴다르(Üsküdar)를 정복하여 오스만의 영토로 만듦으로써 비잔틴과의 전선을 구축하였다. 다음 목표는 서남부의 동족 투르크멘에 대한 공략이었다. 투르크멘의 내분을 이용하여 에르데미트(Erdemit) 만과 카프 다으(Kapi Dag) 사이의 영토에 대한 통제권을 확보하였다. 그리고 비잔틴과 동맹관계에 있던 아이든(Aydin)공국을 고립시켜 비잔틴 용병에 대한 물자 공급로를 차단했다. 이리하여 오스만군은 처음으로 발칸반도에 진입하게 되었다.

오르한에 이어 그의 아들 무라트 1세가 등극하자 더욱 적극적인 유럽 진출을 시도하여 1361년 아드리아노플(Adrianople)을 점령하여 오스만국의 새 수도로 삼았으며, 병력을 충원하기 위해 데브쉬르메(Devshirme)[114]라는 제도를 도입하였고 에디르네(Edirne)로 개칭된

---

114) 데브쉬르메는 주로 발칸반도의 기독교 소년들을 징집하여 엄격한 훈련과 투르크화 교육을 통해 이슬람에 개종시키고, 술탄의 전위 부대인 예니체리에 배속시키는 제도이다. 그런데 16세기 중반에 들어 데브쉬르메 출신들이 정통 투르크 관료들을 완전히 제압하고 정치, 경

새로운 유럽 지역 수도를 중심으로 트라키아 지역에 대한 완전한 지배를 마무리하여, 콘스탄티노플을 사방에서 압박하였다.

무라트 1세가 코소보 전투에서 전사하자 그의 아들 바예지트 1세가 술탄위를 계승했다. 그의 정치적 관심은 아나톨리아에서 고조되고 있는 투르크멘 공국들의 봉기를 제압하는 데 있었는데, 1391년에 카라만을 공격하여 패퇴시키고 동부 아나톨리아의 투르크멘 공국들을 복속시켰다. 아나톨리아를 평정한 바예지트는 즉시 유럽으로 출병하여 헝가리와 비잔틴의 지원으로 반란을 일으킨 발칸 소국들을 다시 지배하였다. 그러나 1402년 중앙아시아와 이란, 아프가니스탄, 메소포타미아 지역에서 강대한 국가로 등장한 티무르와 앙카라 평원에서 이루어진 전투[115]에서 참패한 이후 오스만은 다소 침체기를 맞이하게 되었다.

메흐메트 1세와 그를 이은 무라트 2세에 이르는 기간 동안 오스만제국은 바예지트 시대의 영토 회복은 물론 유럽과 아나톨리아에서 세력을 더욱 확장시켰다. 메흐메트 1세는 불가리아 및 세르비아의 발칸 지역에서 복속을 통한 간접 통치 제도를 재확립하였고, 무라트 2세는 앙카라 전투 이후 침식당했던 아나톨리아 지역을 다시 평정했다.

무라트 2세에 이어 등장한 메흐메트 2세는 콘스탄티노플을 점령

제적 실권을 장악하고 정부를 국가나 술탄을 위해서가 아닌 자신들의 이익 보존을 위한 목적으로 운영하는 등 정치적 부패와 관료제를 문란시켜 제국이 쇠락의 길로 접어드는 중요한 원인이 되기도 하였다.

115) 1402년 7월 20일 오스만 술탄 바예지트 1세의 군대와 티무르군 사이에서 벌어진 전투로서 이 전투에서 오스만튀르크군이 패배하여 바예지트 1세는 포로가 되었고 오스만제국은 12년 동안 왕자들이 서로 왕위를 찬탈하는 등 혼란이 가중되어 공위의 시기를 맞이하게 되었다. 세부내용은 조상현, "앙카라 전투" 「세계전쟁사 디지털북」중동/아프리카지역(대전: 육군본부, 2008). 참조.

하여 이스탄불로 개칭하고 오스만의 수도로 삼음으로써 명실상부한 세계제국으로서의 면모를 갖추게 되었다.[116] 콘스탄티노플을 정복한 이후 술탄 메흐메트 2세는 세계 통치자로서 자신의 이상 실현을 위해 유럽과 아시아 지역에 대한 적극적인 원정을 감행하였다.

술탄 셀림 때에 이집트의 맘루크를 원정하여 1516년 공식적으로 칼리프직을 이양받았다. 칼리프직 이양과 함께 바그다드 칼리프들이 공식 행사 때 사용하였던 이슬람 유물들이 이스탄불로 옮겨졌다.

이로써 오스만 술탄들이 이슬람세계의 최고 통치자(칼리프)가 되어, 1923년 터키 공화국이 선포되어 칼리프제가 공식적으로 폐지될 때까지 이스탄불이 이슬람 세계의 중심 역할을 했다.

셀림 1세는 동방원정으로 거두어들인 조세와 경제적 부를 바탕으로 절대적인 술탄의 권위를 강화해 놓았다. 이를 바탕으로 진정한 의미에서의 전통적 오스만 국가와 사회를 구축하고 동서 정벌을 통해 오스만 최대의 영토를 이룩한 것은 술탄 술레이만의 통치에 의해서였다. 유럽인들에 의해 '위대한(Magnificent) 술탄'으로, 투르크인들에 의해서는 카누니(Kanuni) 즉 '입법자'로 불린 술레이만 시대(1520 – 1566)에 오스만제국은 최대의 번성기를 누렸다.

술레이만의 등극은 전대 술탄들과는 달랐다. 왕권 경쟁자가 모두 살해된 상태[117]에서의 그의 등극은 데브쉬르메 계층뿐만 아니라 투

---

116) 메흐메트 2세는 여러 전쟁에서 승리하여 정복왕으로서 위세가 높았다. 그는 세계 제국의 상속자로 자만하였고 그의 권력의 절대성을 믿었다. 술탄은 30년에 이른 치세를 통하여 이스탄불을 세계의 중심지가 되도록 온 힘을 다하였다. 그러면서 통치권의 근본을 이슬람에 두었다. Carl Brockelmann, *History of the Islamic Peoples*, Joel Carmichael and Moshe Perlmann(역)(London: Routledge & Kegan Paul, 1982), p.296.

117) 술탄 바예지트 2세의 네 왕자들(아흐메트, 셀림 등) 사이에 술탄위를 둘러싼 대립이 심화되었고 예니체리의 지원하에 술탄으로 등극한 셀림은 그의 세 형제와 그들의 일곱 아들을 모두 살해함은 물론, 자신의 다섯 아들 중 가장 유능한 후계자감인 술레이만을 제외한 네 아

르크 귀족 관료들을 효율적으로 통제할 수 있는 입지를 마련해 주었다. 특히 아랍 세계의 지배는 국민들과 관료들에게 새로운 조세 의무를 부과할 필요가 없었기 때문에 국가 재정을 배가시켜 오스만 역사상 가장 부유하고 가장 강력한 술탄으르 군림하게 되었다.

한편 그는 북아프리카의 리비아, 튀니지, 알제리를 수중에 넣었으며 중동지방에서도 예멘의 홍해 연안을, 메소포타미아 남부의 페르시아 만을 정복하였다. 따라서 오스만제국의 판도는 서쪽의 모로코를 제외하고는 지난날의 거의 모든 아랍 세계를 장악하여 술탄은 명실 공히 이슬람세계의 지도자가 되었다.

이어서 오스만조는 그리스도교 세계에 대한 공격도 계속하여 중부 유럽에서 이슬람 세력에 방벽을 친 베오그라드를 1521년 공략하였고 1526년에는 모하치 전투에서 헝가리를 격파하고 합병하였다. 하지만 1529년 제1차 빈(Wien)의 포위를 기도하였으나 실패하기도 하였다. 그러나 오스만제국의 술탄은 아시아·아프리카·유럽의 3대륙에 걸친 최전성기의 칼리프로 군림하였다.

이렇듯 전성기를 맞았던 오스만의 세력 확대는 제2차 비인포위(1683)의 실패로 맺어진 카를로비츠(Karlowitz)조약(1699)을 계기로 수세로 전환되었고 19세기의 민족주의와 제국주의의 거센 조류를 맞아 겨우 명맥을 유지하면서 제1차 세계대전을 맞게 되었다.

나. 팔레스타인의 유대인

팔레스타인 유대인은 일찍이 여호와 신도의 항쟁이 로마군에 의

들마저 살해하였다.

해 진압된 이후 뿔뿔이 흩어졌고 다른 종교로 개종하여 그 수가 격감된 상태였다. 유대인 중 온건파의 일부가 로마당국의 보호를 받아 갈릴리 호수의 티베리아를 중심으로 거주하였고, 6세기 중엽에 무함마드의 이슬람 전파와 7세기 무함마드 이후의 이슬람 확장을 위한 전쟁을 통해 팔레스타인이 아랍세계로 편입된 이래 성지의 유대교도는 종교상의 소수파인 밀레트로서 보호되었다. 그런데 8세기에 이르러 이베리아 반도가 아랍·이슬람세계로 들어간 이후 이슬람 문화는 코르도바를 중심으로 발전하였다. 밀레트제도로 타 종교에 대해서 관용적이었던 이슬람 정권의 종교정책하에서 유대교도는 무슬림 군주의 궁정에 재상이나 재무장관으로서 종사하고 또는 의사, 철학자, 시인으로서 명성을 얻은 이들도 많았다.[118]

그렇지만 스페인의 가톨릭교도들은 무슬림 세력을 반도의 남단으로 몰아내고 국토회복을 추진하였다. 1492년 이슬람 정권의 최후 거점이었던 그라나다가 함락되자 무슬림의 대부분은 지브롤터 해협을 건너 맞은편의 모로코로 피난하였다. 이때에 가톨릭 지배하에 통일된 이베리아 반도에 유대교도를 추방하려는 움직임이 시작되어 1492년에는 스페인, 1496년에는 포르투갈에서도 탄압을 받고 유대교도들은 이 지역을 떠나 오스만제국 쪽으로 이주하였다.

오스만정부는 종교상의 난민에 대한 편견을 갖지 않고 그들 영내에 유대상인이나 의사의 정착을 장려하였으며 스페인과 포르투갈계 유대인으로 팔레스타인에 이주한 자를 세파르딤(Sephardim)이라 부르기도 하였다.[119] 19세기 초 팔레스타인과 시리아의 유대인

---

118) Joseph Schact and C. E. Bosworth, *The Legacy of Islam*(Oxford: Oxford University Press, 1979), pp.380 – 381. 예를 들어 우마이야조의 압둘 라흐만 3세는 유대교도의 의사를 재무장관으로 영입하였다.

은 약 25,000여 명이었고 이 중 대부분은 스페인에서 이주해 온 세파르딤 유대인과 고대부터 이 지역에 살아온 후손들이었으며 이들은 오스만의 지배하에서 살아왔다.[120]

19세기 중엽이 되면서 동유럽에서 새로운 유대인 이주자가 시온의 땅에 도착하였다. 이 새로운 이주자는 주로 러시아와 폴란드의 출신으로 아쉬케나짐(Ashkenazim)[121]이라 불렸다. 이렇게 해서 19세기 중반에 성도의 유대 인구는 한때 주민의 절반을 넘기도 하였다. 그것은 1837년에 북부 갈릴리 지방의 대지진 때문에 다수의 세파르딤이 예루살렘으로 이주하였고 여기에 러시아로부터 아쉬케나짐이 이주해 왔기 때문이었다. 그러나 1860년에 팔레스타인 전체의 유대교도는 약 24,000명 정도로 이 지역 아랍주민 약 440,000명과 비교해 볼 때 미미한 존재였다.[122]

제정러시아에서 1880년대에 반셈주의의 폭동이 일어나 다수의 유대 난민들이 국외로 추방됨에 따라서 양상이 변화되었다. 대부분의 유대인들은 미국으로 이주하였으나 시온의 땅으로 이주해 온

---

119) Arnold Blumberg, *Zion before Zionism, 1838 - 1880*(Syracuse: Syracuse University Press, 1985), p.109. 세파르딤은 고대 헤브라어로 이베리아반도의 나라를 'Sephardo'라고 칭한 데서 유래되었다. 그 후 이 명칭은 서아시아 · 북아프리카에 거주하는 동양계 유대교도를 총칭하게 되었다.

120) Ian J. Bickerton & Carla L. Klausner, *A Concise History of the Arab - Israeli Conflict*(N. J.: Prentice Hall, 1991), p.25.

121) 1825년 니콜라이 2세가 황제에 즉위하면서 동유럽의 유대교도에게 압박을 가하자 러시아화나 그리스도교화에 반대하여 시온의 땅으로 이주해 온 유대교도를 가리키는 말로서 이들은 유효기간 1년의 여권을 소지한 순례자로서 성지에 도착하여 귀국을 하지 않고 눌러 살았다.

122) 이 당시 팔레스타인과 시리아의 유대인 대부분은 세파르딤이었고 예부터 이 지역에서 살아온 유대인의 후예들과 나머지는 아쉬케나짐으로 수 세기를 통하여 성지 예루살렘에 온 사람들이다. 이들은 그들의 전시민권을 보유하고 있었다. 당시 유대인들은 대부분 도시에 살았으며 그들의 절반이 성지인 예루살렘, 헤브론, 사페드, 티베리아에 그리고 시리아의 알레포, 다마스쿠스와 베이루트, 트리폴리에 절반이 거주하였다.

이들도 적지 않았다. 새로운 아쉬케나짐의 인구 증가는 아랍사회의 기반을 흔들었다. 한편 반유대의 시대풍조는 독일이나 프랑스에서도 일어나 유럽에 사는 유대인들이 곤경에 빠졌다. 여기에 정치적 시오니즘이 일어나 팔레스타인에 유대국가의 수립을 목표로 한 움직임이 강하게 일어났다. 그러나 당시 성지에 사는 유대교도는 옛날부터 믿었던 신앙과 생활방식을 소중히 간직하고 신이 약속한 땅에 현세의 국가를 건설하려는 운동에는 전혀 관심을 기울이지 않았다. 이는 전통적으로 이 땅에 살고 있었던 유대인들은 이슬람의 관대한 종교적 정책과 개방적인 문화·사회 풍토 속에서 건국 같은 정치적 이념에는 관심을 가질 필요성을 느끼지 못했던 것으로 보인다. 그러나 팔레스타인을 떠났거나 동·서 유럽지역에서 이주한 유대교도들은 그들이 나라 없이 지내는 동안 겪었던 수많은 고통과 박해로 말미암아 국가 건설의 절실한 필요성을 가지고 이에 대한 실질적인 움직임을 보였던 것이다.

다. 아랍민족주의 운동의 시작

19세기 전반에 시작된 미국인 선교 단체에 의한 계몽활동은 시리아 지역 주민들에게 명확한 아랍 민족의식을 자각하게 하여 아랍민족주의 운동의 싹이 되었다. 이들 선교단체는 민족의식을 육성하기 위한 교육을 실시했으며 특히 문화수준의 향상을 염두에 두고 아랍인에 의한 아랍어나 아라비아 문학의 연구 및 교육을 적극 장려하고 지원하였다. 여기에 협력한 그리스도교도 중에 나지프 알 야지지 (Nasif Al Yaziji, 1800－1871)와 시리아인 부트러스 알 부스타니

(Butrus Al Bustani, 1819 - 1883) 등의 뛰어난 선각자들이 나타나 아랍어나 아랍의 고전을 연구하고 아랍 민족의 우수성, 아랍문화의 위대성을 강조하였다. 1847년에는 이들을 중심으로 한 시리아 그리스도교인과 유럽인을 중심으로 '문예학술협회'가 설립되어 아랍 르네상스를 내용으로 하는 아랍민족주의 운동이 일어나게 되었다.

이와 같이 그리스도교도들에 의해 일어난 초기의 아랍 민족주의 운동은 얼마 후 이슬람교도에게도 영향을 주어 유럽에서 교육받은 무슬림과 드루즈(Druzes) 그리고 그리스도교도를 포함한 '시리아학술협회'가 1857년 설립되었다. 여기에는 당시 시리아의 지도적 지식인 150명이 참가하였다. 시리아학술협회가 설립된 것은 시리아 지식인이 종파를 떠나 아랍 민족으로서의 일체성을 자각하고 결집하였다는 점에서 획기적인 것으로 평가되었으며 아랍 민족해방을 위한 새로운 정치운동으로 발전해 간 기초가 되었다.[123]

아랍인을 흔히 혈연적인 개념으로 이해하고 있지만 혈연적 개념보다는 문화적 개념으로 인식하는 것이 타당하다. 즉 아랍어를 공용어로 사용하고 중동지역에 거주하며 이슬람을 믿고 있는 사람들을 일컫는다. 지리적으로 아랍은 동서로는 서쪽의 북서아프리카 모리타니에서 동으로는 아라비아반도의 아랍에미리트까지, 남북으로는 북쪽 샴 지역[124]의 시리아에서 남쪽은 아프리카의 소말리아까지 해당한다.

이슬람국가로서 최후가 된 오스만제국의 주민들은 그 자신들이 속한 종파에 의하여 분류되었다. 각자의 종파 간 공동체는 민사상

---

123) Bassam Tibi, *Arab Nationalism, A Critical Enquiry*(London: The Macmillan press, 1981), pp.76 - 77.
124) 샴지역이란 요르단·레바논·팔레스타인·시리아 등을 지칭한다.

의 자치를 소유하고 술탄의 지배하에서 공존하였다. 그러나 오스만제국의 밀레트라는 종교 공동체 사회는 19세기경부터 유럽에서 일기 시작한 제국주의와 민족주의라는 서유럽의 충격을 받게 되었다. 제국주의는 외부로부터 오스만제국을 위협하였고 민족주의는 내부로부터 제국의 통치이념을 붕괴시켰다. 당시 흑해 연안에 진출한 러시아가 보스포루스, 다다넬스 해협을 거쳐 지중해에 이르게 되자 영국의 러시아에 대한 대응은 불가피하였다. 왜냐하면 영국에게 지중해는 식민지 인도에 이르는 자국의 교통로에 해당되었기 때문이다. 또 러시아가 발칸반도에서 크리스트 정교도의 후계자임을 자처하였고 프랑스는 가톨릭교도의 후원자가 되었다. 이윽고 그리스도교도 밀레트의 독립운동과 열강의 내정 간섭이 일어나 제국의 유럽 부분, 즉 발칸반도의 각지는 오스만제국의 지배로부터 이탈하였다. 이러한 쟁탈전에 의해서 생긴 열국 간의 국제문제를 일컬어 '동방문제'라 부른다.[125)]

한편 아프리카의 북부지역에서도 프랑스가 1830년 알제리를 점령하고 1881년 튀니지를 점령하였으며 영국이 1882년 이집트를 단독 군사 점령하는 등 오스만제국을 위협하는 제국주의 열강의 압력이 밖으로부터 팽배하였을 때 민족주의란 사고방식이 서유럽으로부터 침투하여 오스만제국의 통치이념을 침식시켰다. 민족주의는

---

125) 동방문제는 유럽인들이 중동지역의 전반을 장악하고 있던 오스만제국을 중심으로 주로 17세기 후반부터 유럽열강들과 중동의 지역적 정치주체들 간에 제기된 정치, 외교적인 제반문제를 지칭할 때 사용했던 말이다. 이는 대개 이 시기에 있어 오스만제국의 급격하고, 무질서한 해체를 방지하고, 그 해체가 어쩔 수 없는 경우에도 유럽의 세력균형을 붕괴시키지 않기 위해 그 전리품을 공평히 분배하기 위한, 보다 엄격히 말하면 오스만제국의 영토보전을 과도하게 손상시킬 일국, 특히 러시아의 행동을 저지하려는 유럽열강의 다양한 노력과 이에 대한 오스만제국의 대응을 의미했다. George Lenczowski, *The Middle East in World Affairs*(Itaca and London: Cornell Univ. Press, 1980), p.32.

인간을 민족이란 범주로 분류하고 그 범주에 든 사람들끼리 단결하고 독립하여 민족국가를 세우는 것을 지향하였다. 따라서 인류를 종파에 따라 분류하고 다수의 종파가 술탄의 지배하에서 공존한다는 오스만제국의 통치이념과는 정면으로 충돌하는 이데올로기였다.

이러한 민족주의라는 사고방식이 확산되어 밀레트제도를 인정하고 있던 다종파 국가인 오스만제국은 제국 유지 자체가 어렵게 되는 상황을 맞게 되었다. 즉, 밀레트제도가 추구하는 것은 공존인데 반하여 민족주의가 지향하는 것은 분리·독립이었기 때문이다.

아랍민족주의자의 활동은 압둘 하미드 2세의 전제정치하에서 탄압을 받았다. 이 시기 베이루트에서 아랍인에 의한 민족해방 운동의 선구적인 조직이 탄생하였다. 1875년 베이루트의 시리아 청교도 대학[126]의 그리스도교도 졸업생 몇 사람에 의해 비밀결사가 설립되었다. 뒤에 이슬람교도와 드루즈교도도 이곳에 참가하였고 다마스쿠스, 트리폴리, 시돈 등에도 지부를 설치하였다. 이 조직은 1880년 시리아와 레바논의 통합과 독립, 공용어로서의 아라비아어의 사용, 검열이나 언론의 자유에 대한 제한 폐지 등을 담은 내용의 포스터를 가두에 붙이는 등의 적극적인 활동을 하였으나 결국은 저지를 당하였다. 이러한 가운데 아랍민족주의의 이론화에 크게 공헌한 사상가로 이슬람교도의 입장에서 아랍민족주의 운동의 선구자로 주목된 이가 시리아의 알레포 출신 압둘 라만 카와키비(Abdul al-Kawakibi, 1849 - 1903)였다. 카와키비는 알레포에서 학업을 마친 후 지방관리가 되었는데 투르크의 압정을 비판하다가 투옥되었고 1898년 석방된 후에는 이집트로 건너가 1903년 카이로에서 객

---

126) 미국 선교단이 1866년에 창설한 것으로 지금은 America University of Beirut임.

사하기까지 일관되고 지속적으로 아랍 민족의 해방을 주장하며 활발한 언론활동을 하였다.

순수한 정신적 차원의 지도자로서 카와키비는 '아랍'의 주도권에 의한 이슬람의 부흥을 주장하였다. 따라서 무함마드 이후 결집되었던 아랍세력이 아닌 투르크의 술탄이 칼리프의 호칭을 하는 것은 부당한 것이라 하여 그것의 폐지를 주장하였다. 그의 입장은 이 점에서 투르크의 술탄을 지지하는 입장을 나타내는 지금까지의 범이슬람주의 운동과 달랐으며, 이러한 그의 주장은 이슬람교도에 커다란 영향을 주어 그 후 이슬람교도가 아랍민족주의 운동에서 중심적 역할을 하게 된 계기가 되었다.[127]

4. 중동분쟁의 전개(1945년 ~ 현재)

가. 중동분쟁의 역사적 배경

Ⅱ장에서 언급했던 바와 같이 4,000여 년 전 메소포타미아 지방에서 살고 있던 유대민족은 전쟁이 일어나자 유대인의 지도자인 아브라함의 지도하에 가나안 땅으로 불리는 팔레스타인 지방으로 이주하여 정착하였다. 그러나 A.D. 70년에 이르러 로마제국의 티투스(Titus) 장군이 예루살렘을 포위하여 유대인을 학살하였고, 가까스로 탈출한 유대인은 최후의 결전장인 마사다 요새[128]에 모여 항

---

127) Arthur Goldschmidt, Jr., Davidson, Lawrence, *A Concise History of the Middle East*(Florida: Persues Books, 2005), pp.185 – 186.
128) 마사다 요새는 예루살렘 남쪽으로 약 100㎞ 떨어진 곳에 위치하고 있다. 주변은 완전한 황야인 사막으로서 요새는 약 400m 정도 높이로 자연적인 언덕을 이용한 것인데 위쪽은 마

전하였으나 결국은 전원이 자결함으로써 최후를 맞이하게 되었다. 한편 팔레스타인 지역에서 추방당한 유대인들은 이후부터 2,000년 간 방랑의 길을 걷게 되었고, 아랍 민족들이 팔레스타인 지방에 정착하여 생활하게 되었다.

그러나 이렇게 방랑의 역사를 가져 왔음에도 유대인들은 하나의 민족적 희망을 포기하지 않은 채 그들이 선택된 민족이라는 것과 선민으로서 믿음과 생활을 버리지 않는 한 그들의 구세주가 나타나 약속의 땅인 시온에 유대국가를 건설해 줄 것이라는 민족적 신앙을 갖고 있었다.

(1) 시오니즘 운동

유대인의 민족적 신앙은 고향으로 돌아가자는 시오니즘 운동으로 발전하게 되었다. 시오니즘 운동은 근대 유럽의 민족국가 성립과정에서 차별과 박해의 피해자였던 유대인들이 종교문화에 대한 자각을 통해 공동체의식으로 나타났다. 유럽인들의 유대인 박해 풍조는 당시의 러시아와 같은 후진국뿐만 아니라 프랑스나 독일과 같은 선진국에서도 일어났다. 인습이 강한 동유럽사회에서 하류계층의 사람들이 그들의 욕구불만을 약자(유대인)에게 발산하였으며

름모꼴로 되어 있다. 로마군단에 의해 멸망당한 예루살렘에서 겨우 도망쳐 나온 960명의 유대인은 이 마사다 요새에 숨어들었다. 로마군은 불과 960명에 불과한 유대인을 죽이기 위해 수만 명의 군사를 투입했는데 마사다 요새 주변에 8개의 캠프를 만들고 캠프와 캠프 사이에 성벽을 구축하여 유대인들의 탈출을 막았다. 로마군은 마사다 요새의 서쪽에 수개월에 걸쳐 흙을 쌓아 올려 요새를 공격하였다. 이에 유대인의 지도자 엘리아잘이 로마군의 노예가 되기보다는 죽음을 택하자는 결의에 따라 남자들은 아내와 자식을 죽이고, 남은 남자들은 제비뽑기를 하여 그들 중의 10명이 선택되어 남아 있는 남자들을 전원 살해하였다. 남은 10명은 다시 제비뽑기로 1명을 선택하였고 1명은 나머지 9명을 죽이고 마지막에 자살하였다. 오늘날 이스라엘은 마사다 요새를 발굴하여 옛 모습대로 복원하였으며 이스라엘의 장교들은 임관식시 마사다 요새에서 엄숙히 임관선서를 하면서 조상의 정신을 기리고 있다.

편견에 사로잡힌 지식인들이 반셈주의의 글들을 발표하여 대중을 선동하기도 하였다.[129]

시오니즘을 사상으로서 처음 체계화시킨 이는 독일의 사회주의자 모세스 헤스(Moses Hess)였다. 그는 그의 저서 『Rome and Jerusalem 1862』[130]에서 유대인을 근대 유럽 제 국가의 주체가 되었던 민족과 동일한 의미의 민족으로 생각하고 있는데 이러한 사상은 그 후 시오니즘의 여러 사조의 바탕이 되었다고 할 수 있다. 즉 헤스는 팔레스타인에 유대인의 독립 국가를 건설하는 것이 유대인 문제의 유일한 해결책이라고 시사했다.

물론 시오니즘 운동의 직접적 계기가 된 것은 1881년 러시아의 알렉산더 II세의 암살사건에 이은 유대인 대량학살이었지만 제정러시아에서 일어난 이 유대인 박해 사건이 결과적으로는 동유럽 전체에 파급되었던 것이다. 그리하여 1881년 오데사(Odessa)의 '시온 사랑운동(Lovers of Zion; Chovevei Zion)'에 영향을 받은 다수의 망명객들이 1882년 콘스탄티노플에 모였는데 이들 500여 명 대부분이 남부 러시아의 젊은 학생들이었다. '유대인의 민족 향토'의 건설을 염

---

129) G. P. Gooch, *A History of Our Times*(Oxford: Oxford University press, 1960), p.170. 유럽의 그리스도교사회에서 유대혐오의 풍조는 예수를 십자가에 못 박게 한 민족이라는 종교적 감정, 사회의 소수파에 대한 경계심으로부터 일어난 인종차별적 편견에 기초하였으나 한편으로는 경제적 이유도 컸다. Walter Laqueur, *A History of Zionism* (New York: Schochen Books, 2001), p29. 일찍이 멸시되었던 피차별민이 경제적 실력을 쌓아 특히 일부는 거부가 되었기 때문에 사회의 가난한 다수로부터 선망과 반감을 사게 되었다. 일부의 유대인 상인이나 금융업자가 매점이나 투기에 종사하였을 때 불이익을 받았던 계층은 증오나 원한이 싹트게 되었다. 그렇지만 세간 전반에 넘쳤던 반유대의 기풍은 단지 경제적 이유만으로는 설명할 수 없고 근저에는 인종주의적 충동 등을 담고 있다. 특히 19세기 말경에 독일에서는 유대교도에 대한 증오감이 종교적 혐오에서 인종적 편견으로 전환되었다.

130) Moses Hess, *Rome and Jerusalem*, Rabbi Maurice J(역)(New York: Bloom, 1958), pp.7 – 8.

원하는 이들의 운동이 BILU(Beth Iaakob Leku Unelkab)운동이었고
이 운동을 조직화하기 위해 채택한 것이 BILU선언(The Manifesto of
the BILU)이다.[131]

한편 계속된 러시아의 유대인 박해 정책에 대항한 유대인 해방의
새로운 노력 중 하나가 1882년 오데사에서 유더인 의사 핀스커(Leo
Pinsker)에 의해서 일어났다. 그는 그의 저서 『Auto-Emancipation』
에서 유대인의 민족적 명예를 회복하는 길은 달레스타인에 유대인
의 향토를 건설하는 것이라고 언급하였다. 그런데 이 무렵 1894년
파리에서 드레푸스(Alfred Dreyfus)사건[132]이 일어나 유대인을 자극
시켰다. 특히 이 사건을 직접 목격한 데오드르 헤즐은 충격을 받아
그의 저서 『Jewish State』에서 "그간 수십 년에 걸쳐 유럽 각지에서
실현된 유대교도의 해방은 전혀 환상에 지나지 않고, 동화는 결코
문제해결의 근본이 될 수 없다. 오직 유대인들이 탄압과 박해를 벗
어나는 길은 자기들의 국가를 세우는 것뿐이다."라고 유대국가 건설
의 당위성과 필연성을 언급하였다.

헤즐이 주장한 유대국가 건설의 실천은 1897년 8월 29일 스위스
바젤에서 열린 제1차 시오니스트 회의를 통해서였다. 이 회의에서
공법에 보장된 민족 향토를 팔레스타인에 건설한다는 등의 바젤강
령(The Basel Declaration)[133]을 채택하였고 이 회의를 통해 유대인

---

131) Walter Laqueur and Barry Rubin, *The Israel-Arab Reader, A Documentary History of the Middle East Conflict*(New York: Facts on File Pubication, 2001), pp.3-4.
132) 유대인계 프랑스 장교였던 드레퓌스 대위가 독일의 첩자로 몰려 종신형을 선고받았으나 1899년 재심에서 무고함이 판명된 사건이었는데 이 사건은 우대인의 큰 분노를 유발시켰다. William R. Polk, David M. Stamler, and Edmund Asfour, *Backdrop to Tragedy, The Struggle for Palestine*(Boston: Beacon Press, 1957), p.148.
133) Walter Laqueur and Barry Rubin, *op. cit.*, pp.11-12.

들은 자신들의 문제를 논의하기 위한 구체적인 기구를 만들었으며 이를 계기로 시오니즘 운동은 이념적인 운동에서 실천적이고 정치적인 운동으로 그 성격이 크게 변하게 되었다.

(2) 유엔 분리안 채택 및 이스라엘 독립

제1차 시오니스트회의 이후 약 50여 년간의 과정을 거쳐서 팔레스타인 지역에는 유대인의 독립국가인 이스라엘이 건국되었다. 위와 같은 50년의 과정은 IV장 2절 영국의 중동정책과 민족문제 부분에서 구체적으로 제시하고자 하며, 본 항에서는 유엔분리안 채택으로 인해 이스라엘이 독립하는 과정에 초점을 맞추어 논지하려 한다.

제2차 세계대전이 종결된 후 국가건설을 위한 유대인의 열의는 더욱 고조되었고 1945년 8월 트루먼 대통령의 제의[134]에 따라 유럽지역에서 박해받던 유대인 10만 명의 특별이민이 허용됨으로써 유대인의 팔레스타인 이민은 급격히 증가하였다. 영국 정부는 아직도 맥도날드 백서에 따라 유대인 이민을 규제하였고 이에 따라 유대인의 반발은 더욱 커져 갔다. 그러자 베긴(Menahem Begin) 지휘하의 이스라엘 민족군사조직은 대영국 테러활동을 전개하는 한편 유럽전선에서 전투에 참가한 유대인을 규합하여 팔마(Palmah)를 조

---

134) 트루먼은 1945년 6월 펜실베이니아 법과대학장 해리슨(Earl G. Harrison)을 피난민들을 위한 정부 간 위원회의 미국 대표로 임명하여 유럽 내 피난민 상태를 조사하도록 파견하였다. 해리슨은 8월 20일 보고서를 통해 독일, 오스트리아의 수용소에 있는 10만 명의 유대인을 팔레스타인으로 이주를 허용해야 한다는 권고와 함께 미국도 현존 이주법하에서 적당한 숫자의 유대 피난민을 미국으로 유입하는 것을 허용하여야 한다고 보고하였다. Text in New York Times, September 30, 1945; Joseph Jermiah Zasloff, *Great Britain and Palestine, A Study of the Problem before the United Nations*(Connecticut West point: Hyperion Press, 1976), p.29; Christopher Sykes, *Cross Roads to Israel*(Collins, 1965), pp.330－332; Ritchie Ovendale, *The Origins of the Arab－Israeli Wars*(Longman, 1984), p.84.

직하고 미국에서 유대인을 위한 지원병을 모집하는 등 군사력 증강을 위한 노력을 경주하였다.

이리하여 식민지 지배에 위협을 느낀 영국은 1946년 6월 29일 대규모 군사력을 투입하여 유대인 지도자 3,000명을 체포하여 라파의 군 영내에 구금하고 팔마를 탄압하였으며 불법 이민자를 색출하여 국외로 추방하는 등 강력한 탄압책을 시행하였다. 이에 유대인 지도자들은 전 유대인에게 영국에 대항할 것을 촉구함과 동시에 베긴 지휘하에 데이비드 호텔 습격을 기점으로 폭동을 본격화하였다. 외국 여론도 영국의 탄압을 비난하고 나섬으로써 영국은 유대인 지도자를 석방하고 1947년에는 팔레스타인을 유대와 아랍 및 영국이 지배하는 3개 지역으로 구분하되 향후 4년간은 영국이 통치를 담당한다는 모리슨 – 그래디(Morrison – Grady)안을 제의하나 아랍 측과 유대인들의 반대로 무산되었다.

이렇게 되자 영국은 더 이상 이 지역에 대한 관심을 접고 효과적인 통제가 어렵다는 것을 인지하고 1947년 5월 유엔에 상정하여 문제 해결을 위촉하였다.[135] 그 결과 유엔 팔레스타인 특별위원회에서는 유대인과 아랍인들이 각각의 자치권을 갖는 연방 국가를 형성한다는 연방안과 예루살렘은 국제관리 지역으로 남겨 두고 경

---

135) 영국정부는 제2차 London회의 시 최종 제시된 Bevin Plan에 대하여 A.H.C 의장 Mufti의 사촌인 Zamal Husaini와 Arab 국가들, 특히 이라크의 Fadil Zamali와 시리아의 Faris al – Khuri가 베빈안은 시오니즘에 굴복한 것이라 반대하였고, 유대기관 역시 Bevin 제안을 반대하였다. 특히 유대기관 정치담당 위원장인 Moshe Shertok는 그 계획은 Morrison – Grady 계획보다도 White Paper에 접근한 것이라며 비난하여 실패로 끝나게 되자 당시의 팔레스타인 정책을 놓고 내각은 상당한 논란을 거듭한 끝에 권고 없이 UN에 팔레스타인 문제를 상정키로 결정하였다. Elie Kedourie and Sylvia G. Haim, *Zionism and Arabism in palestine and Israel*(Frank cass, 1982), pp.188 – 191; T. G. Faser, *The Middle East 1914 – 1979*(Edward Arnold, 1980), pp.38 – 39.

제적으로는 상호 연계되나 정치적으로는 완전 별개인 2개국으로 분리한다는 분리안을 제시하게 되자 대부분의 국가가 분리안에 동조하였고 유대인들도 분리안에 지지를 표명하였으나, 아랍인들은 분리안과 연방안을 모두 반대하였다.

그리하여 1947년 11월 29일 유엔 총회에서 찬성 33개국, 반대 13개국, 기권 10개국으로 결의안 181(Ⅱ)이 채택되어[136] 영국의 통치는 종식되었다. 유대인들은 1948년 5월 12일 국민정부로 하여금 영국군의 철수와 동시에 독립을 선언하기로 결정하고 레메즈(David Remez) 등 5명으로 독립선언문을 기초토록 하여 결국 1948년 5월 14일 이스라엘은 독립을 하게 되었다. 이스라엘의 건국은 팔레스타인 지역에서의 산발적이고 무작위적으로 발생하던 그간의 아랍과 유대인들의 충돌이 조직적 국가적 차원의 충돌과 전쟁으로 변모하는 계기가 되었다.

제2장에서 언급한 바와 같이 구약성서에 의하면 유대민족과 아랍민족 간의 투쟁은 일찍이 기원전의 먼 옛날로부터 비롯되었다. 모세(Moses), 솔로몬(Solomon), 다윗(David) 등의 이야기는 모두가 아랍민족과의 싸움에서 유대민족을 보존하고 번영시킨 유대민족 영웅들의 이야기인 것이다. 그러나 기원후 70년에 로마 황제 티투스(Titus)가 예루살렘을 파괴하고 유대민족을 팔레스타인에서 쫓아낸 이후부터

---

136) Fred, J. Khouri, *The Arab - Israeli Dilemma*(syracus University Press, 1976), p.43; W. Thomas Mallison and Sally V. Mallison, *The Palestine Problem in International Law and World Order*(Longman, 1986), pp.152 - 153; Hanry Cattan, Palestine and International Law(Longman, 1976), p.20.
결의안 181(Ⅱ)의 전문은 Walter Laqueur and Barry Rubin, *The Israel - Arab Reader, A Documentary History of the Middle East Conflict*(New York: Facts on File Publication, 2001), pp.113 - 122. 참조.

18세기 후반 시오니즘 운동이 일어날 때까지는 두 민족 간에 심각한 대립이나 커다란 충돌은 없었다.

그 후 제2차 세계대전의 전후 처리 과정에서 팔레스타인에 유대민족의 국가를 건설한다는 국제안과 유대인들의 열망이 부합됨으로써 결과적으로 2,000년 가까이 묻혀 있던 아랍민족과 유대민족 간의 갈등이 다시 시작되었다.

1945년 이후 유대민족과 아랍민족의 적대관계를 다음과 같이 구분할 수 있다.

① 유대인들에 의한 테러 및 게릴라전 시기: 1945 – 1948

② 팔레스타인전쟁(제1차 중동전): 1948 – 1949

③ 시나이 – 수에즈분쟁(제2차 중동전): 1956

④ 6일 전쟁(제3차 중동전): 1967

⑤ 부분적인 충돌 및 보복과 같은 소모전 시기: 1968 – 1970

⑥ 아랍인들에 의한 대규모의 테러 및 게릴라전 시기: 1970 – 1973

⑦ 10월 전쟁(제4차 중동전): 1973

⑧ 이스라엘 – 레바논 침공: 1978 – 1982

⑨ 팔레스타인 게릴라[137]에 의한 테러 및 이스라엘 보복공격 시기: 1982 – 현재

---

137) 대표적인 조직으로 헤즈볼라(Hizbollah)와 하마스(Hamas)가 있는데, 이 중 1982년에 조직된 헤즈볼라는 레바논의 이슬람교 시아파 무장세력으로 이란 정보기관의 배후조정을 받고 있으며 반서방/이스라엘 성향의 이슬람 최대 무장세력으로 약 15,000명의 대원을 보유한 중동 최대의 테러단체이다. 신의당 또는 이슬람 지하드라고 불리고 있으며, 호메이니의 이슬람원리주의를 신조로 하고 활동본부는 레바논 동부쪽 비카에 위치하고 있다. 한편, 하마스는 반이스라엘 팔레스타인 무장저항단체로 아마드 야신(Ahmad Yasin)이 1987년 말에 창설하였으며 이슬람 수니파의 원리주의를 내세우는 조직체로서 팔레스타인의 해방 및 이슬람 교리를 원리원칙대로 준수하는 국가를 건설하는 것을 목표로 하고 있으며 이스라엘과 팔레스타인 자치정부 간의 평화협상을 반대하고 이를 위한 테러활동을 벌이고 있다.

나. 팔레스타인전쟁과 중동분쟁의 촉발

1948년 5월 15일 00시 11분, 영국의 팔레스타인 주재 고등판무관 알란컨닝햄이 해군 구축함으로 하이파 항을 떠남으로써 영국은 오랫동안의 팔레스타인 지배에 종말을 고하였다. 이날 미국의 트루먼 대통령은 이스라엘을 국가로 인정했고, 소련을 비롯한 여러 나라도 이를 승인하였다. 그러나 삶의 터전을 상실한 팔레스타인 지역의 아랍인을 지원하기 위해 주변의 아랍 6개국(이집트, 시리아, 요르단, 레바논, 이라크, 사우디아라비아)은 이스라엘에 대한 공격을 준비하게 되었다.

이스라엘의 군 지도자들은 각종 전사를 탐독하여 뛰어난 전략적 식견을 가지고 있었으나 아랍 동맹국들은 상호 불신과 나태한 전의, 이스라엘에 대한 과소평가 등으로 통합된 전쟁수행체제가 이루어지지 않았고, 이집트를 비롯한 각 나라에는 국내의 복잡한 문제가 야기되어 이스라엘과의 전쟁에 전념할 수 있는 여건이 조성되어 있지 않았다.

이러한 상황 속에서 1948년 5월 15일, 이집트 공군기의 텔아비브 폭격으로 시작하여 6월 11일까지 진행된 초기전투에서 이스라엘은 고전을 면치 못했다. UN의 휴전 강요에 의해 이스라엘과 아랍 양측은 제1차 휴전을 실시하게 되었으며, 이 1개월간의 조건부 휴전 기간에 이스라엘은 급속히 항공기와 전차, 야포 등을 해외로부터 확보[138]하여 전세를 회복하였다.

이렇게 되자 휴전 종료 기간이 임박한 7월 8일부터 실시된 이집

---

138) 이스라엘은 체코로부터 77㎜ 야포, 소형전차, 브렌(Bren)자동소총, 기관총 등을 수입하여 열세한 전력을 보강하였다.

트의 2차 공격은 이스라엘이 사전에 치밀하게 방어를 준비하여 큰 성과를 거둘 수 없었다. 10월에 이르러 이스라엘이 아랍군에 대한 반격작전을 시도하여 파죽지세로 밀어붙이자 1949년 1월 7일 이집트가 제일 먼저 휴전을 요구하여 2월 24일에 이스라엘과 이집트 간에 정전협정이 체결되어 제1차 중동전쟁은 종료되었다.

그 후 레바논과는 3월에, 요르단과는 4월에, 시리아와는 7월에 각각 휴전협정이 체결되었으며, 이라크는 병력만 철수시키고 협정에는 조인하지 않았는데 이는 향후 아랍과 이스라엘 충돌의 또 다른 원인으로도 작용하게 되었다. 먼저 전쟁을 일으킨[139] 아랍인들은 일거에 유대민족을 궤멸시켜 팔레스타인 지역을 장악할 수 있을 것이라고 판단한 당초의 예상과는 달리 이스라엘과 시리아 간의 휴전 조인이 체결된 1949년 7월까지 무려 14개월간(실제 전투기간: 61일)의 장기전을 수행하였다.

이 기간 중에 이스라엘은 4,000여 명의 군인과 2,000여 명의 민간인이 사망하고 전비도 5억 달러가 소비되었지만 전쟁을 통해 전 국민들이 군사적으로 철저히 훈련되었고, 전쟁 이전보다 5,900㎢의 영토를 더 확장하여 20,662㎢의 영토를 확보할 수 있었다. 예루살렘은 이스라엘과 요르단 두 나라의 점령지를 기준으로 둘로 나뉘었고 이스라엘과 이집트, 요르단, 시리아 간에 비무장지대가 설치되었다. 이스라엘은 전쟁이 거의 종료될 시점인 1949년 1월 하순, 78만여 명의 인구 중 유권자 50만 7천여 명이 참가한 총선을 통해 114명의 대의원을 선출하였고 그중 체임와이즈만이 대통령으로, 다

---

139) 물론 군사적 관점에서의 공격을 의미하며, 정치적인 입장에서 ㄱ이스라엘의 독립선포로 말미암아 팔레스타인 정착 아랍인의 생존권위협이라는 이스라엘 측 전쟁 원인 제공 여부는 나중에 다루고자 한다.

비드 벤구리온이 수상으로 추대되었다.

전쟁은 여러 주요한 국제정치적·사회적 문제점[140]이 전혀 해결되지 않은 채 이스라엘이라는 국가 탄생으로 귀결되었다. 바로 이것들이 장차 또 하나의 새로운 분쟁의 근원으로 작용하였다.

다. 제1차 중동전쟁의 후유증 시나이 – 수에즈분쟁

몇 가지 이유에 의해서 1956년에 시나이 – 수에즈분쟁이 발생하게 되었는데 그 첫 번째 이유가 팔레스타인전쟁(제1차 중동전쟁)의 후유증이었다. 이는 1949년 이스라엘과 아랍 사이의 휴전 조약을 통해 1948년 5월 15일 발생한 팔레스타인전쟁이 종결되고 UN 안전보장이사회에서 UN휴전감시단을 조직하여 파견하는 등 중동지역에 평화를 정착시키기 위한 다양한 노력이 경주되었다. 그러나 10만 명의 팔레스타인 난민처리 문제와 패전의 충격으로 인한 전체 아랍인들의 이스라엘에 대한 증오의 감정과 복수심이 극에 달하는 등 후유증이 전쟁 재발의 원인이 되었다.

두 번째는 이스라엘에 대한 보이콧운동과 수에즈운하 봉쇄를 들 수 있다. 휴전 이후 아랍과 이스라엘 간에는 상호대립이 계속되었고 그 일환으로 아랍권에서는 이스라엘을 고립시키기 위한 정책으로 이스라엘 상품에 대한 보이콧운동을 실시하였다. 처음에는 단순

---

140) ① 이스라엘과 각 아랍 국가의 사이에 맺었던 휴전조약은 평화조약이 아니었고 공식적으로는 이스라엘이라는 국가를 인정한 것도 아니라는 점, ② 팔레스타인의 아랍난민 문제였다. 새로이 확정된 이스라엘 국경 안에 살아오던 70여만의 팔레스타인 아랍난민들은 그들의 거주지역이 이스라엘의 영역이 되자 고향을 버리고 유랑하다가 결국에는 요르단에 약 60%, 가자지구에 20%, 그리고 시리아와 레바논에 20%씩 피난민으로 흘러 들어가게 되는데, 이들에 관한 한 아랍 각국과 이스라엘 간의 휴전협정은 의미가 없는 것이었으며, 해결되지 않은 중동의 가장 큰 불씨로 작용하고 있는 것이다.

하게 상품만을 대상으로 했으나 나중에는 정치적, 문화적 활동까지 대상에 포함시켰다. 이스라엘에 대한 보이콧운동과 함께 아랍은 보다 효과적인 봉쇄를 달성하기 위해서 이스라엘의 모든 선박에 대해 수에즈운하 통행을 금지시키는 조치를 취했다.

또한 미소의 대결과 나세르의 등장을 전쟁의 직·간접적인 요인으로 볼 수 있다. 이는 주로 소련의 중동지역에 대한 영향력 확대와 그것에 대응한 미국과 영국의 방어노력, 그리고 그 와중에서 미국과 영국이 1952년 아랍의 새로운 지도자로 등장한 아랍민족주의자인 나세르를 영국과 미국에 대해서 우호적인 인물로 잘못 평가한 데에서 비롯되었다고 볼 수 있다.

그러나 어디까지나 시나이 – 수에즈분쟁의 직접적인 원인은 수에즈운하의 국유화라고 볼 수 있다. 나세르는 1956년 7월 26일을 기해 수에즈운하 국유화를 단행하였고 이에 대한 강대국들의 태도가 미온적이자 9월 중순 아카바 만 봉쇄를 선언함과 동시에 이스라엘 정기항공노선의 아카바 만 상공 통과를 중지시킴으로써 이스라엘과의 피할 수 없는 일전의 분위기를 조성하였다.

1956년 10월 29일 15시 20분, 이스라엘 제202공수여단의 제1대대 395명은 16대의 수송기에 탑승, 4개 편대로 구분하여 수에즈 좌단의 이집트 비행장 일대에 낙하, 불과 5일 만에 수에즈운하 50마일 지점까지 진출하였다.

개전과 동시에 이집트와의 국경선을 돌파한 이스라엘 지상군은 나키브(Nakeb), 쿠세이마(Quseima), 움가타프(Um Gataf), 라파(Rafah), 가자(Gaza) 지역을 차례로 장악한 후 시나이반도의 마지막 격전지이며 전쟁목적의 최우선 목표인 아카바(Aqaba) 만에 대한 공격을 시작하여 1956년 11월 4일 밤, 마침내 샤름엘 셰이크에 도달하였고 다얀 장군은 이를 쉽게 점령하였다.

한편 영국과 프랑스는 1956년 11월 5일 공수부대 2개 대대를 수에즈운하 지역에 투입한 후 전 시나이반도를 장악한 이스라엘에 원래 지역으로의 철수를 요구했다. 그러나 이스라엘은 많은 희생을 치르고 점령한 시나이반도를 반환할 수 없다고 주장하면서 영국과 프랑스의 요구를 거부하였다. 1956년 11월 6일 영국과 프랑스가 유엔의 정전협정 제의에 동의하였고 이스라엘도 유엔의 압력과 위협 속에 동년 11월 8일부로 정전협정에 동의하는 동시에 그때까지 점령한 시나이반도를 반납할 것을 결의하였으며, 1957년 3월 16일까지 시나이반도에서의 전면 철수를 완료함으로써 시나이 – 수에즈 분쟁은 종결되었다.

제2차 중동전쟁을 통해 상대적 군사력의 절대적 우세에도 불구하고 이집트는 전략과 전술 면에서의 과오로 인해 전쟁에서 패배하였다. 반면에 이스라엘은 그들의 군사적 승리를 정치적 승리로까지 귀결시키지는 못했으며, 이러한 결과는 종국에는 나세르에 의한 범아랍민족주의의 열풍이 고양되고 그가 아랍세계의 맹주로 등장하는 계기를 만들어 주어 아랍·이스라엘 간 또 다른 충돌의 기회를 제공하게 되었다.

라. 6일 전쟁과 테러집단의 결속

나세르는 아랍민족주의의 기수가 되어 1958년 1월 21일 시리아와 '통일아랍공화국'을 설립하고 압도적인 지지 속에서 초대 대통령이 되었다. 그가 대통령이 된 후 시리아를 바제하고 이집트의 이익만을 추구하자 통일아랍공화국 가입을 고려 중이었던 요르단과 이라크가 이를 취소하였다. 게다가 1961년 9월 쿠데타로 들어선 시리아의 군부가 1963년에 노골적인 불만을 토로하며 통일아랍공화국으로부터 탈퇴하기에 이르고, 1960년대 후반기에 시작된 제1차 경제 개발 5개년 계획이 실패로 돌아가 1965년 7월부터 시작하기로 된 제2차 5개년 계획이 난관에 부딪히는 등 계속되는 불운이 나세르에게 닥쳐왔다.

이러한 시기에 이스라엘에서는 벤구리온의 후임자 에쉬콜이 과거 이스라엘 중심주의에서 세계 유대인 전체의 이익에 관심을 갖는 정책을 추구함으로써 벤구리온을 지지하는 모세다얀과 에쉬콜을 지지하는 골다메이어 여사 사이에 갈등이 증폭되고 있었다. 또한 아랍게릴라들의 이스라엘에 대한 테러행위가 가속화되었고 군사적 위협이 점점 커지자 이스라엘은 이것을 이용하여 국내의 복잡한 문제를 해결하려는 의도를 가지고 기회를 엿보고 있었다.

국방상에 임명된 모세다얀은 "봉쇄를 풀기 위해 직접적인 군사행동을 보이기에는 너무 이르고 외교적 교섭을 통해 문제를 해결하기에는 사실상 너무 늦으므로 전쟁은 불가피하게 조속한 시일 내에 전개되어야 한다."라고 주장하면서 선제공격을 계획하였다. 다얀이 제시한 선제공격의 이유는 나세르가 티란(Tiran) 해협을 봉쇄하게 될 것이며 이스라엘은 이를 개방하기 위해 전쟁이 불가피하다는 것이었다. 이 전쟁은 이집트가 초기에 우세할 것이므로 선제기습공격만이 이를 해결해 줄 수 있다는 의견을 제시하였다.

1967년 6월 5일 월요일 07시 45분 출근시간을 기해 이스라엘 공군기는 이집트의 공군력을 무력화시켰다. 이집트는 하루 동안 MIG－21기 90대를 포함한 전투기 197대, TU－16기 30대를 포함한 폭격기 57대를 비롯하여 총 410대의 항공기가 파괴되었고 그 후 손실은 증가하였다. 지상 작전은 3개 축선(시나이반도, 요르단, 시리아)으로 나누어 실시되어 전쟁을 시작한 지 6일째 되는 날 이스라엘 측의 일방적인 승리로 종료되었다.

6일 전쟁이라고 불리는 제3차 중동전쟁 초기에 아랍은 이스라엘에 대해 승리하고 있다고 과도한 선전을 하고 있었고, 이스라엘의 진격이 너무나 급속했기 때문에 소련은 UN에 대해 휴전을 통한 정전 압력을 가할 시기를 놓쳐 버렸다. 불과 6일 만에 이스라엘은 본토 넓이의 거의 8배에 달하는 영토를 획득하는 전과를 올렸으며 예루살렘을 완전히 장악함에 따라 정치적, 심리적인 안정을 되찾았다.

그러나 이 6일 전쟁을 통해 아랍－이스라엘 분쟁은 새로운 국면에 접어들게 되는데, 그것은 바로 팔레스타인 지역에서 테러 및 게릴라 활동이 증가한 것이었다. 이렇게 된 이유는 정규전에 의한 이스라엘과의 대결에서는 승산이 없다고 판단한 팔레스타인해방기구와 테러집단이 테러와 게릴라 활동을 통해 그들의 목적을 달성하려 했기 때문이었다. 이 전쟁을 통해 이스라엘은 1948년의 팔레스타인 전쟁 당시보다 약 8배의 영토를 획득하게 된다. 이는 다시 말하면 8배에 해당하는 지역에 거주하던 아랍민족이 그들의 터전을 잃고 난민 신세가 됨을 의미하는 것이다. 이런 이유가 팔레스타인 테러집단의 결속과 그 행동의 과격성을 조장하는 원인으로 작용하였다.

마. 복합전쟁으로서의 10월 전쟁

군사적 측면에서의 10월 전쟁의 특성을 살펴볼 때 모든 것이 6일 전쟁의 영향으로 결정되었다고 할 수 있다. 쌍방 공히 전쟁을 준비하고 수행함에 있어서 6일 전쟁 당시의 경험과 교훈을 최대한 활용함으로써 서로 승리를 확신하고 있었다. 그런데 아이러니한 것은 이 경험과 교훈이 서로 각각의 특성을 보다 강화시키도록 영향을 주었고 그 본질적인 개혁이나 변화는 극히 제한되었던 것이며 그것이 바로 이번 전쟁의 전반적인 흐름과 그 시말을 결정지었다는 점이다.

이 점은 특히 부대 편성과 무기체계라는 면에서 더욱 두드러지게 나타났다. 6일 전쟁에서의 압도적 승리의 결과로 이스라엘 지휘관들은 비행기와 전차만 있으면 승리가 보장될 것이라고 생각하고 있었다. 반면에 이집트군은 이스라엘의 공군력과 전차 및 대포 그리고 뛰어난 동원능력에 대응할 방법을 연구하였고 그 결과로 창출된 방법이 바로 SAM 우산과 대규모의 복합적인 대전차 무기체계를 건설하여 결정적 전투력을 강화한 후 전략적·전술적 기습을 가하고 이에 대응해 오는 이스라엘군을 축차적으로 격파하겠다는 것이었다. 그러나 이스라엘은 이러한 아랍의 의도를 파악하여 대책을 발전시키지 못하고 단지 항공력과 기갑부대가 협조하여 공격하는 형태의 전투능력을 더욱더 보강하는 데 관심을 쏟았다.

전술적 사고방식에 있어서도 그 영향은 적지 않았다. 지나치게 전차와 항공기에만 의존했던 이스라엘군의 고정관념으로 인한 피해는 결코 적지 않았다.[141] 전략적인 측면에서는 이스라엘은 과거

6일 전쟁 당시와는 달리 선제 기습공격을 자제하고 아랍의 제1격을 제1선에 배치된 현역들로 하여금 완충 흡수케 하고 신속히 동원된 예비군들로 반격을 한다는 계획을 세우고 있었으며, 아랍군은 제1격의 이점을 이용하여 선제공격을 감행하되 결정적 공격은 삼가고 장기소모전으로 이끌어 방어형태의 작전으로 승리를 획득한다는 전략을 수립하였다. 그러나 이러한 아랍의 애매한 '전술적 방어작전에 의한 전략적 공세' 전략은 최초 아랍 측이 달성한 선제 기습의 효과를 극대화하지 못하고 지체하는 사이에 이스라엘에 전력을 회복할 수 있는 기회를 제공하여 결국 승기를 이스라엘에 넘겨주는 6일 전쟁 당시의 과오를 다시 범하게 되었다.

저명한 군사평론가들은 10월 전쟁이 근본적으로 아랍민족주의와 미·소 간의 데탕트가 원인이 되어 발발하였다고 설명[142]하고 있는데, 이는 아랍과 이스라엘 간의 민족적 갈등과 중동에 투영된 미·소 등 강대국들의 세계전략이 유기적이고 복합적으로 작용된 10월 전쟁의 특성을 잘 지적해 주는 것이라고 할 수 있다.

강대국들의 영향력은 많은 분야에서 나타났다. 전투 양상을 결정지어 주는 무기체계와 편성장비는 물론이거니와 전략이나 전술도 각각 양 강대국의 특성을 대표하고 있었고, 심지어는 정보 제공과 전쟁의 규모나 범위를 결정하는 일도 미국과 소련의 일이었다. 전쟁이 종결된 후 돌 시온(Dol Zion) 이스라엘군 대변인은 그와 같은

---

141) 골란 고원 전역에서 공수대대가 불과 4명의 부상자를 내는 정도로 경미한 피해 속에 텔삼 공격 시 제7기갑여단은 많은 희생을 내고도 이의 점령에 실패하였던 것이 대표적인 사례라고 할 수 있다.
142) Charles D. Smith, *Palestine and the Arab-Israeli Conflict*(New York: Bedford, 2006), p.329.

승리가 가능한 결정적인 순간에 이스라엘이 휴전에 동의하지 않으면 안 되었던 이유를 묻는 어느 일본 기자의 질문에 대해, 그것은 그들이 미국으로부터 그 이상 더 진격하면 소련이 이 전쟁에 개입하지 않을 수 없다는 통고를 받았기 때문이라고 답변했는데, 이는 이스라엘군의 행동 가능성의 범위를 명확히 설명해 주는 것이었다.

그러나 그렇다고 해서 10월 전쟁이 단순히 디·소의 대리전쟁이었다고 말할 수는 없다. 왜냐하면 흔히 1972년 1월 카이로에서 있었던 반정부폭동이 사다트로 하여금 개전을 결심케 한 동인이었다고 하듯이, 이 전쟁은 미·소 간의 데탕트와 아랍의 민족주의적 열망에 자극된 사다트가 그의 정치적 목적을 성취하기 위하여 사용한 폭력적 수단 중 하나임이 분명하기 때문이다.

이렇게 볼 때 이 전쟁은 결국 상기한 바와 같이 단순한 민족주의적 성격만을 띤 것도 아니었고, 미·소 간의 대리전쟁에 불과하였던 것도 아니었으며, 이 두 가지 요소의 유기적인 복합관계인 셈이었다고 볼 수 있다. 그래서 이 전쟁은 하나의 전쟁을 아랍과 이스라엘, 모스크바와 워싱턴이 동시에 수행한 것이었고, 그 주역은 서전에서는 아랍과 이스라엘이었고 그 이후는 미국과 소련이었다고 말하는 이도 있다.[143]

바. 레바논 전쟁과 새로운 테러리즘의 등장

1982년 6월 6일 시작된 레바논 전쟁은 약 3개월 동안 양측의 치열한 교전으로 이스라엘 측 전사자 300여 명, 시리아와 PLO 전사

---

143) 김희상, 「중동전쟁」(서울: 전광, 1998), pp.848 - 849.

자 약 3,200여 명을 발생시켰다. PLO는 8월 21일 다국적 평화유지군[144]의 일원인 프랑스군 선발대가 도착하자 철수를 개시, 아라파트 의장이 튀니지로 향발한 것을 마지막으로 하여 8월 24일부로 튀니지, 남예멘, 시리아 등 8개국으로 분산 철수하였다.

1948년 아랍 - 이스라엘이 충돌한 이후 팔레스타인 지역에서 발생한 난민의 숫자는 110,000명의 수준을 넘어 기하급수적으로 늘어나게 되었다. 이 난민들은 그들이 살고 있던 고향을 떠나 이스라엘 인근의 레바논에 정착하게 된다. 특히 1964년 결성된 PLO는 팔레스타인 지역에서의 대이스라엘 투쟁을 조직적이고 집단적으로 전개하는 주도적인 역할을 하였다.[145] 더욱이 1972년 뮌헨올림픽에서 PLO가 이스라엘 선수촌을 습격한 것을 시작으로 끊임없는 테러 행위를 계속하였다. 이에 이스라엘에서는 그들의 근거지로서 역할을 하고 있는 레바논에 대해 강경한 조치를 취할 필요성이 대두되었다. 그리고 당시 국제 정세가 이스라엘로 하여금 행동의 자유를 확보할 수 있었던 나름의 이유가 있었다. 그것은 포클랜드 사태와 소련의 소극적 태도를 들 수 있다. 즉 미국은 포클랜드 사태에 관심을 집중하고 있었고 소련은 의외로 소극적인 태도로 일관하고 있었기에 이스라엘은 이 기회를 이용할 수 있었다. 이렇게 레바논 전쟁은 PLO의 결성과 이스라엘의 대레바논 강경조치 등이 맞물려 일어날 수밖에 없었던 필연성을 지니게 된 것이다.

이 전쟁은 이스라엘 입장에서 보면 군사적 개입에는 제한된 성

---

144) 당시 평화유지군은 총 2,100명(미국 800명, 프랑스 800명, 이탈리아 500명)으로 구성되어 활동을 개시하였다.
145) Rabinovich Itamar, *The War for Lebanon 1970 - 1985*(Cornel Univ. Press, 1985), pp.146 - 150.

공을 가져왔으며 남부 레바논 지역에서 PLO세력을 축출하고 그들의 근거지를 파괴하였을 뿐만 아니라 다른 반이스라엘 군사조직들의 증가를 억제하는 역할을 하였다. 반면에 레바논은 20억 달러에 달하는 피해를 입어 국가를 재건하는 데 막대한 예산과 노력이 수반되는 상황에 직면하게 되었다. PLO의 국경선 공격을 제거하기 위해 시작된 이 전쟁은 이스라엘로 하여금 정치적 해결책을 강구해야 하는 짐을 지게 하였다.[146] 한편, 이 전쟁은 이란과 시리아가 지원하는 헤즈볼라 조직의 탄생에 주요 촉매제 역할을 하게 되었다. 이 헤즈볼라라는 조직은 1991년 레바논에서 이스라엘의 지원을 받지 못하는 유일한 시민군 조직이었으며, 2000년도에는 남부 레바논 지역에서 기존의 PLO조직을 완전히 대체한 조직이었다.

이렇게 볼 때 레바논 전쟁은 이스라엘에 대항하는 테러조직의 근거를 소탕하고 그들의 세력을 와해시키기 위한 전쟁으로 기존의 PLO라는 테러조직을 레바논 지역에서 와해시키는 데 성공하게 된다. 그러나 그 지역을 대체하는 새로운 조직의 탄생을 가져왔으며, 새롭게 조직된 헤즈볼라라는 테러조직은 그들이 추구하는 조직의 목적과 행동 양상에 있어서 기존 테러조직과는 대별되는 양상을 보이는 특징을 가지고 있다.

사. 제1차 인티파다와 팔레스타인 독립

이스라엘에 대한 팔레스타인 아랍인의 조직적인 투쟁 활동이 본격화된 것은 1964년 PLO(팔레스타인해방기구)가 결성되면서부터이

---

146) Sayigh, Y, *Armed Struggle and the Search for State: The Palestinian National Movement 1949 - 1993*(Oxford: Oxford Univ. Press, 1999), pp.26 - 57.

다. 1969년 PLO의 의장으로 취임한 아라파트는 무장 투쟁 조직을 결성하고 게릴라전을 통하여 이스라엘에 끊임없이 저항하였다. 그리고 이스라엘의 지배에 반대하는 팔레스타인 아랍인의 집단적인 저항은 1987년 인티파다(intifada)[147)로 나타났다. 가자지구의 피난민 수용소에서 시작된 인티파다는 팔레스타인 전역으로 확산되었고, 이스라엘군의 탄압으로 1,000여 명 이상의 사망자가 발생하였다.

인티파다 이후, PLO는 1988년 11월 15일 이스라엘의 점령지인 동예루살렘을 중심으로 한 요르단 강 서안 지구를 기반으로 팔레스타인 독립 국가를 일방적으로 선언하였다. 그리고 1989년 4월에 아라파트가 초대 대통령으로 취임하였고, 이해에 제네바에서 열린 국제 연합 총회에서는 미국과 이스라엘을 제외한 회원국 다수의 지지를 얻어 독립국가로 인정받았다.

팔레스타인 아랍인의 인구에 대한 정확한 집계는 없으나 팔레스타인에 거주하는 아랍인을 포함하여 대략 650만 명으로 추정되고 있다. 이들 중에서 약 250만 명은 현재 이스라엘과 요르단 강 서안, 가자지구에 거주하고 요르단에 약 220만 명, 레바논과 시리아에 약 80만 명, 이집트, 쿠웨이트, 리비아, 사우디아라비아 등지에 약 36만 명, 이라크 및 주변 국가에 약 10만 명이 거주하고 있다.

---

147) 인티파다란 아랍어로 '반란' 또는 '봉기'를 의미하는 말이다. 1987년 12월 팔레스타인의 아랍인 거주 지역인 가자지구에서 발생한 반이스라엘 투쟁을 '인티파다'라 한다. 인티파다는 가자지구 내에서 발생한 교통사고가 발단이 되었다. 교통사고로 아랍인이 죽자 유대인의 소행으로 생각한 팔레스타인 아랍인들은 가자지구에 거주하고 있는 유대인에 대해 대대적인 보복을 가하였다. 그리고 가자지구에서 시작된 인티파다는 팔레스타인 아랍인의 거주지역 전역으로 급속하게 확산되었다. 인티파다는 1988년 11월 PLO가 팔레스타인 국가의 독립을 선언하게 하는 중요한 계기가 되었다.

아. 팔레스타인 자치협정 체결과 제2차 인티파다

걸프전쟁과 구소련의 붕괴는 팔레스타인 아랍인의 독립국가 건설에 중요한 전환점이 되었다. 걸프전쟁 당시 이라크를 지지했던 PLO는 주변 아랍 국가들로부터 고립되어 심각한 위기를 맞게 되면서 이스라엘과의 평화 공존 방안을 모색하게 되었다. 이스라엘에서도 1992년에 강경파 리쿠드당을 누르고 평화정착을 주장한 대표적인 온건파 정당인 노동당이 집권하여 평화 협상의 돌파구가 열리게 되었다.

이러한 분위기로 말미암아 1993년 1월 노르웨이의 수도 오슬로에서 이스라엘과 PLO 대표 간의 비밀협상이 시작되었다. 이 협상을 시작으로 중동지역의 팔레스타인 문제는 평화적 해결의 가능성이 열리게 되었다. 1월부터 시작된 8개월 동안의 비밀 협상은 1993년 9월 중동 평화협정(오슬로 협정)[148]이 체결됨으로써 완결되었다. 이 협상을 통해 유대인과 팔레스타인 아랍인 사이의 길고 긴 갈등의 역사는 마침내 해결의 실마리를 찾게 되었다. 이 협정의 1단계 사업으로 가자지구와 요르단 강 서안의 예리코에서 팔레스타인 아랍인의 자치가 실시되었다.

---

148) 오슬로 협정의 주요 내용은 다음과 같다. ① 1994년 4월까지 이스라엘군은 가자지구와 요르단 강 서안 예리코에서 철수하고 팔레스타인 자치행정기구에 권한을 이양한다. ② 1994년 7월까지 팔레스타인은 총선거를 실시하고 이스라엘 시민행등기구는 해체하고 요르단 강 서안지대의 여타 팔레스타인 아랍인 지역에 대해서는 최대한 빠른 시일 내에 자치권을 부여한다. ③ 1995년 12월까지 점령지의 항구적인 지위를 확정한다. ④ 자치는 5년 동안 시행되며, 자치지역의 최종 성격을 규명하기 위한 협상은 자치를 실시한 2년 후에 시작한다. ⑤ 예루살렘의 성격 규명 문제는 최종적인 협상에서 다룬다. ⑥ 이스라엘 군대는 팔레스타인 밀집지역에서 철수하여 합의된 지역으로 재배치하지만 이스라엘 정착촌을 보호하기 위한 군대는 계속 주둔한다. 그리고 이집트 및 요르단 국경의 통제권은 이스라엘 군대가 계속 유지한다. ⑦ 팔레스타인 자치위원회 선거는 평화협정 체결 후 최소한 9개월 이내에 실시한다. 전홍찬, 『팔레스타인 분쟁의 어제와 오늘』(부산: 부산대학교출판부, 2003), p.96.

1995년 9월 28일 워싱턴의 백악관에서 체결된 제2차 중동평화협정에서 라빈 이스라엘 총리와 아라파트 PLO 의장은 가자지구와 요르단 강 서안 지역에 팔레스타인 자치 정부를 출범시킨다는 데 최종 서명하였다. 그리고 중동 평화협정에 따라 1996년 1월 20일 팔레스타인 아랍인의 자치 정부 구성을 위한 총선거가 실시되어, 야세르 아라파트 PLO 의장이 초대 대통령으로 선출되었다.

팔레스타인 자치 정부가 출범한 이후, 하마스(Hamas)[149] 등 과격단체들에 의한 테러 행위가 여러 차례 발생하여 중동 평화협정을 위태롭게 하기도 하였다. 그 대표적인 사례가 1996년 3월 4일에 이스라엘의 텔아비브에서 발생한 하마스의 폭탄테러이다. 이러한 테러 행위는 1996년 5월 실시된 이스라엘 총선거에 결정적인 영향을 미쳤다. 라빈 총리의 암살로 1996년 5월 29일 치러진 이스라엘 총선거에서는 팔레스타인 문제와 중동의 아랍 국가에 대해 강경한 입장을 취할 것을 주장하는 우익 리쿠드 당의 네타냐후 당수가 새로운 총리로 선출되었다.

이후 양측은 1998년 10월 25일 '와이리버 협정(Wye River Memorandum)'[150]을 체결하고, 이스라엘은 1967년에 점령한 요르단

---

149) '하마스(Hamas)'는 아랍어 'Harakat al - Muqawama al - Islamiyya'(the Islamic Resistance Movement)의 머리글자 합성어이며, '열심(Zeal)', '열정'의 뜻이다. 하마스는 1980년대 중반 팔레스타인에 있는 무슬림 형제단의 하부 투쟁단체로 출범했다. 요르단 강 서안과 가자의 팔레스타인 점령지역에서 가장 중요한 이슬람 운동단체였던 무슬림 형제단은 1980년대 중반까지만 해도 이스라엘의 점령군 통치에 적극적인 저항운동을 삼갔었다. 이러한 소극적인 태도가 인티파다의 폭발과 함께 갑작스럽게 변하게 된다. 아흐마드 야신(Ahmed Ismil Yassin)이 무슬림 형제단의 하부 투쟁조직으로 하마스란 단체를 결성하면서 팔레스타인 민족운동에서 지배적이었던 PLO에 대항세력의 위치로 부상하였다. 하마스는 팔레스타인 대중들의 대이스라엘 강경 입장을 대변하고 격렬한 대이스라엘 무장 항쟁을 주도하면서 팔레스타인 점령지역 특히 가자지구에서 PLO 내의 최대 정당인 파타(Fatah)와 쌍벽을 이루는 정치적인 운동조직으로 성장했다. 최영철, "하마스의 제도권 진입에 관한 연구", 『한국이슬람학회논총』 제18 - 2집(서울: 한국이슬람학회, 2008).

강 서안을 팔레스타인 정부에 단계적으로 이양하기로 합의하였다. 1998년 12월까지 이스라엘의 1단계 철수가 완료되었으나 이스라엘에 대한 팔레스타인의 적대 행위와 폭력 사태가 계속되자 이스라엘은 철군을 중단하면서 새로운 문제를 야기하였다.

1999년 5월에 새로운 총리로 선출된 온건파인 노동당의 바라크는 평화 공존의 공약을 지키기 위해 팔레스타인의 평화 협상을 재개하여 이스라엘이 점령한 일부 영토를 팔레스타인에 추가 이양할 것임을 합의하였다. 그러나 2000년 8월에 양측 정상의 평화 협상이 실패하였다. 게다가 강경파 리쿠드 당 당수 샤론이 예루살렘의 이슬람교 성지인 알아크사 사원을 방문하여 예루살렘은 변함없는 이스라엘의 땅임을 천명함으로써 팔레스타인과 이스라엘 순례자 간에 충돌이 발생하였다. 그리고 9월 29일부터 아랍인 거주 지역에서 제2차 인티파다가 발생하였다.[151] 이러한 갈등 속에서 이스라엘 측에 민간인 피해가 발생함에 따라 강경 극우파가 득세하고 국내 정치가 불안해지면서 친아랍 온건 성향의 바라크 총리는 불명예 퇴진하였다.

바라크 총리의 후임으로 2001년 2월에 당선된 극우파 성향의 샤

---

150) 워싱턴 교외에 소재한 휴양지 와이밀즈에서 클린턴 대통령이 10월 15일 네탄야후 이스라엘 총리와 아라파트 PLO자치정부 수반을 초청하여 9일간 합숙하며 협상을 진행하였는데, 주요 합의내용은 다음과 같다. ① 이스라엘은 요르단 강 서안 13% 지역에서 향후 3개월에 걸쳐 단계적으로 철군한다. ② 이스라엘 − 팔레스타인 공동위원회를 구성하여 양측의 협정 이행 수준에 따라 추가 철군 문제를 논의한다. ③ 이스라엘은 팔레스타인 정치범 3,500명 중 750명을 한 달에 250명씩 3차례에 걸쳐 석방한다. ④ 팔레스타인 자치정부는 PLO 헌장에 명문화된 '이스라엘 파괴' 조항을 삭제한다. ⑤ 팔레스타인 자치정부는 미국 중앙정보국 감독 아래 테러 용의자를 검거하고 무기를 회수한다.

151) 이러한 충돌이 제2차 인티파다로 발전하게 된 배경에는 당시 선동적인 언론 보도 두 건이 큰 역할을 했다. 9월 30일 12세의 비무장 팔레스타인 소년이 이스라엘군의 총격을 받고 아버지 품에서 숨지는 장면이 전파를 타면서 팔레스타인 아랍인들의 분노에 불을 질렀다. 그리고 10월 12일 팔레스타인 아랍인들이 이스라엘 병사 4명을 폭행, 살인한 장면이 텔레비전에 방영된 것이 이스라엘인들을 분노케 하고 이스라엘군의 시위 진압을 더욱 과격하게 만들었다.

론 총리는 팔레스타인에 대해 초강경 극우 정책을 취하였다. 이런 와중에 이스라엘인을 상대로 한 하마스의 무차별적 테러가 지속되자, 이스라엘은 테러 용의자 색출을 위한 이른바 방어벽 작전을 수행하는 가운데 팔레스타인 영토에 수차례 침입하였고, 그 과정에서 아라파트 수반의 라말라 집무실에 병력을 배치하면서 양측의 긴장이 고조되기도 하였다.

자. 아라파트의 사망과 팔레스타인 문제

2004년 11월 11일 PLO의 정신적 지도자이자 정부 수반인 야세르 아라파트가 사망[152]한 후 팔레스타인의 새 지도자로 마무드 압바스가 선출되고 이스라엘의 샤론 총리가 관계 개선의 의지를 내비치면서 중동지역은 새로운 전기를 맞았다.

2004년 6월 6일 이스라엘 내각은 아리엘 샤론 총리가 제출한 가자지구 철수 수정안을 원칙적으로 승인했다. 2005년 8월 7일 이스라엘 내각은 가자지구 내 21개 정착촌 가운데 팔레스타인 마을에 둘러싸인 크파르 다롬, 네차림, 모라그 등 3곳의 정착촌을 17일까지 1단계로 철수하기로 의결했다. 2005년 8월 8일 이스라엘군 당국은 팔레스타인 가자지구의 유대인들에게 정착촌을 떠나 줄 것을 명령하였으며, 8월 22일 정착촌 철수는 큰 마찰 없이 완료되었다. 이스라엘 내각은 2005년 9월 말까지 4단계에 걸쳐 가자지구의 나

---

152) 그의 사망을 둘러싸고 PLO 내 강경파에 의한 독살설이 제기되고 있는 가운데 의료계에서는 혈소판 부족에 의한 혈액암이나 그와 유사한 원인으로 사망했을 것이라는 추측을 제기했는데 그의 미망인 수하 여사는 텔레비전 인터뷰에서 사망원인에 대해 함구함으로써 의혹을 더욱 가중시키고 있으며, 일부에서는 이스라엘 공작에 의한 사망설을 제기하기도 하였다. 연합뉴스(2004. 11. 20)

머지 정착촌 18곳과 요르단 강 서안 북부 지역 4곳의 철수를 완료할 계획이었으나 현재는 지지부진한 상태이다.

이스라엘 정착촌 철수는 저항과 테러로 치안이 문제가 되는 가자지구를 포기하는 대신 요르단 강 서안의 점령지 대부분을 유지하겠다는 이스라엘의 정책에서 비롯된 것이다. 이스라엘은 가자지구 철수를 향후 협상의 본보기, 즉 철수 후에도 테러가 발생할 경우 요르단 강 서안에서의 추가 철수가 불가하다는 명분으로 삼고 있다. 반면 팔레스타인 자치 정부는 이스라엘이 점령지 전체에서 철수해야 한다는 입장을 견지하고 있어, 앞으로 15배 이상 더 큰 요르단 강 서안 지구 점령지 철수를 놓고 양측의 갈등은 계속될 전망이다.

차. 이스라엘 – 헤즈볼라의 무력충돌과 가자지구 공격

2006년 7월 12일 레바논 내 시아파 무장단체인 헤즈볼라가 국경을 넘어 이스라엘군 병사 2명을 납치하고 7명을 사살한 사건이 발생했다. 이스라엘은 헤즈볼라의 개입이 확인되자 즉각 레바논 내 게릴라 거점과 무기 은닉처 공습을 단행했다. 베이루트 국제공항 폭격과 해상 봉쇄를 통해 레바논과 외부의 교통로도 상당수 차단했다. 이스라엘군은 7월 14일부터 작전 2단계에 돌입해 헤즈볼라의 심장부 격인 발전소와 고층 빌딩을 폭격, 전력을 끊고 세이크 하산 나스랄라 등 최고 지도부를 노렸다. 무너진 건물 지하에 한동안 갇혔던 것으로 전해진 헤즈볼라 지도자 나스랄라는 이스라엘과의 전면전을 공언하였다.

이 충돌은 일차적으로 병사 피살과 납치사건으로 시작되었지만 이스라엘의 궁극적 목표는 납치 병사 석방이나 단순한 응징 수준이 아니라 게릴라 단체 수준을 뛰어넘는 막강한 군사 역량을 가진 헤즈볼라의 무력화에 이스라엘군 행동의 초점이 맞춰져 있다고 할 수 있다.

외교적 해결 노력이 뚜렷한 성과를 거두지 못하고 있는 가운데 이스라엘군은 헤즈볼라 거점인 마룬 알 라스 마을을 점령하는 등 7월 22일부터 본격적인 지상전을 감행하였다. 베니 간츠 육군 소장 등 이스라엘군 관계자는 단순한 폭격과 포병 사격 수준을 넘어서서 지상전을 시작한 이유에 대해 "헤즈볼라의 로켓 공격 능력을 무력화한 뒤 이곳의 통제권을 레바논군이나 다국적군에게 넘기기 위한 것"이라며 "지상전을 대규모로 벌일 의사가 없다."는 것을 대외적으로 언급하였다. 이스라엘군은 리타니 강을 포함한 레바논 남부 10여 개 마을을 장악, 국경으로부터 30여㎞까지를 완충 지대로 설정할 의도로 공격을 실시하였다. 이 무력충돌로 레바논에서 1,200여 명, 이스라엘 측에서는 160여 명이 사망하였다.

한편 하마스가 휴전을 어기고 로켓 공격을 계속함에 따라 이스라엘이 2008년 12월 27일 오전 11시 30분에 하마스의 로켓 공격을 최소화하기 위한 명목으로 가자지구를 공격하였다.

이스라엘의 공격은 2009년 1월 중순까지 계속되어 팔레스타인은 1,380명 사망, 5,380명의 부상자가 발생하였으며, 이스라엘은 13명의 사망자와 523명의 부상자가 생겼다. 이스라엘의 가자지구 침공은 1월 17일 이스라엘의 일방적인 휴전 선언과 1월 18일 하마스 휴전 선언으로 소강상태를 보이고 있으나 이스라엘의 가자지구 철군이 완전히 이루어진 상태에서 선언된 휴전이 아니어서 언제든지 충돌의 가능성은 남아 있으며, 특히 이스라엘은 하마스의 로켓 공격이 있을 경우 가자지구 폭격은 계속될 것이라고 해서 양측의 긴장은 해소되지 않고 있다.

Ⅳ. 중동지역 분쟁의 원인과 시사점

1. 종교적 측면

가. 성서 해석과 관련된 분쟁

중동지역은 세계의 주요 종교 발상지라는 특징을 지니고 있다. 즉, 기독교·이슬람교·유대교가 모두 이 지역에서 발원했으며, 그 종교적 뿌리를 모두 구약성경에 두고 있다. 구약성경을 살펴보면 여호와 하나님의 뜻에 따라 '젖과 꿀이 흐르는 땅 가나안'으로 이주해 온 아브라함은 그의 후손 가운데 만민의 구주가 나올 것이라는 언약153)을 받게 된다. 그런데 이 언약은 기독교나 이슬람교 그리고 유대교 모두에게 그들 종교역사의 근간이고 핵심이 되는 것이었다.

---

153) 언약(Covenant)은 신과 인간 사이의 성약을 말하는 것으로서 구약성경 창세기 3장의 영적 문제를 해결하기 위해 여자의 후손인 메시아 즉 그리스도를 이 세상에 보내시겠다는 하나님의 완벽한 약속을 말한다. 여기서 영적인 문제는 최초의 인간인 아담과 이브가 하나님의 명령을 거부하고 그들의 욕심으로 타락한 천사인 사탄의 말을 듣고 선악과를 따 먹으면서 생겨난 문제를 말한다.

그렇지만 이 언약이 이루어질 수 있는 아브라함의 아들이 누구냐 하는 문제와 그 언약의 주인공인 만민의 구주가 누구냐 하는 두 가지 문제에서 위 세 개의 종교는 의견을 달리하고 있다.[154]

우선 아랍 민족과 이스라엘 민족 간 이견을 낳고 있는 아브라함의 정통이 누구인가 하는 문제에 대하여 확인해 볼 필요가 있다. 아브라함에게는 두 아들이 있었는데, 그중 그의 부인의 여종이었던 하갈에게서 태어난 '이스마엘'과 그의 부인인 사라의 소생 이삭이 있었다. 유대교나 기독교에서는 사라의 아들인 이삭을 하나님의 약속으로 얻은 아들이라고 믿고 있다.[155] 그런데 이슬람교에서는 이스마엘을 약속의 아들로 믿고 있다. 성경에서 말하고 있는 이삭에 관한 약속의 아들로서의 설명이 꾸란에서는 이스마엘로 제시되고 있다. 즉, 이삭이 여종인 하갈의 아들이고 이스마엘이 부인 사라의 아들로 설명되고 있는 것이다.[156] 이렇게 약속의 아들은 본처 소생의 아들이라는 데 3대 종교 모두 동의하고 있으나 그 이름에 있어서는 상반되는 견해를 보이고 있는 것이다.

두 번째는 구약에 나와 있는 만민의 구주가 누구인가 하는 문제인데 이것이 기독교·이슬람교·유대교 간 교리의 차이를 분명하게 보여 주는 중요한 것이다. 구약성경에는 천지만물이 창조되던 과정과 인류의 역사 특히 이스라엘의 역사가 자세하게 기록되어 있는데 그 주제는 한마디로 '하나님의 역사와 앞으로 오실 메시아에 대한 이야기'라고 할 수 있다.

한편 유대인들은 이 구약성경을 하나님께서 자기 민족에게 준

---

154) 김한식 외, 「중동지역연구」(서울: 국방대학원, 1995), pp.13-14.
155) 구약성경 창세기 15:1-16:16, 17:15-22, 18:10-14, 21:1-7.
156) 꾸란 2:133, 2:136, 4:163.

인도와 약속으로 믿고 이 말씀을 통해서 선민으로서의 현세적 인도와 말세적 소망을 갖게 되었다고 할 수 있다. 그들은 예수 그리스도가 메시아임을 인정하지 않기 때문에 오직 구약성경만 믿고 신약성경은 인정하지 않고 있다. 그래서 그들은 아직도 그들을 구원해 줄 메시아를 기다리고 있다고 볼 수 있다.

그런데 기독교인들은 구약성경을 신앙의 원천으로 생각하는 측면에서는 유대교와 별반 차이가 없어 보이지만, 구약성경에 수차례 예언되어 있는 모든 인류를 구원해 줄 메시아가 바로 예수라는 것, 그리고 유대인은 예수 탄생을 위해 잠깐 동안 사용된 민족에 불과하며 유대인만이 아니라 세계 만민이 선택된 민족이라는 점을 강조하면서 메시아인 예수의 가르침, 곧 그의 명령과 약속 그리고 경고에서 신앙의 근거를 찾아야 한다고 하는 면에서 유대교와 근본적인 차이를 나타내고 있다. 기독교인들은 예수께서 신약성경에서 보여 준 분명한 메시지, 많은 기적과 사건들, 그리고 십자가에서의 죽음과 부활, 승천한 것을 보고 그가 바로 구약성경에 약속된 메시아 즉 그리스도임을 확신하는 것이다. 즉 신약성경에서 제시하는 "예수께서 이르시길 내가 곧 길이요, 진리요, 생명이니 나를 통하지 않고는 아버지께로 올 자가 없느니라."[157)]라는 사실을 의심하지 않고 있다.

한편, 이슬람교는 무함마드가 40세 되던 해인 610년부터 632년 그가 죽을 때까지 받은 계시인 꾸란과 순나를 그 종교적 근거로 하고 있다. 무함마드의 계시 역시 대체로 구약성경에 있는 내용과 유사한 면을 보이고 있다. 무함마드 자신도 유대인의 종교와 동일한 뿌리라고 믿고 유대인의 협력을 기대했고 또 노력을 기울였다.[158)]

---

157) 신약성경. 요한복음 14:6 참조.

그러나 신약성경에 대해서는 일부분만을 인정하고 있다. 예를 들면 예수 그리스도께서 동정녀 마리아에게서 태어난 것[159]과 예수께서 많은 기적을 행하고 눈먼 자와 문둥병자들을 고치고 죽은 자를 살렸다는 사실 등 여러 가지 기적들은 믿지만[160] 예수의 십자가 죽음과 부활은 믿지 않고 있으며[161] 예수는 단지 많은 예언자 중 한 사람이었다고만 인정하고 있는 것이다.

이렇게 볼 때 기독교·이슬람교·유대교의 가장 큰 차이점은 두 가지로 요약할 수 있는데 첫째는 아브라함의 정통이 누구인가 하는 문제이고 둘째는 메시아가 누구인가 하는 문제이다. 이 문제에 대해 먼저 유대교에서는 아브라함이 유대인의 조상이며 그로부터 메시아가 태어나 하나님의 선민인 유대인들을 위하여 약속된 왕으로 임할 것이라고 믿으며 지금도 그 메시아를 기다리고 있다. 그러나 기독교에서는 구약성경에서 수차례 예언되어 있던 메시아가 바로 예수 그리스도이며 예수 그리스도만이 하나님께 이르는 유일한 길과 진리라고 믿는다. 또한 그 대상이 유대인들이 주장하는 유대인들만의 메시아가 아니라 유대인을 포함한 만민이라고 주장한다. 반면 이슬람교에서는 아브라함을 신앙의 원천으로 하고 예수 그리스도를 위대한 선지자라고 인정하지만 예수는 단지 선지자에 불과하며 무함마드야말로 예수가 예언한 최후의 선지자라고 믿는다. 한마디로 말해 예수를 그리스도로 보느냐 그렇지 않느냐의 문제라고

---

158) 김한식 외, 「중동지역연구」(서울: 국방대학원, 1995), pp.3 - 5.
159) 구약성경, 이사야 7:14, 신약성경 마태복음 1:18 - 25, 누가복음 1:26 - 2:21, 꾸란 3:42 - 51, 19:16 - 21 참조.
160) 꾸란 3:49, 5:113 참조.
161) 꾸란 4:157 - 159 참조.

볼 수 있다. 즉, 이들 종교의 특징은 예수 그리스도의 문제에 그 기본적인 갈림길이 있는 것이다. 그가 메시아인지 아닌지, 또는 무함마드의 출현을 위한 한 예언자에 불과한 인물이었는지가 중심적인 차이점이 되는 것이다.[162]

나. 종교의 본질에 관한 문제

지금까지 기독교·이슬람교·유대교에서 성경을 어떻게 해석하는가에 대하여 살펴보았다. 그런데 성서 해석상의 차이 외에도 중동에서 시작된 이들 종교의 본질에 관한 실체를 확인하는 작업도 종교적인 분쟁의 원인을 파악하는 데 있어 중요한 요소이다. 각각의 종교는 그 본래의 특성이 정치와 결합되면서 전파된 지역의 여건과 환경에 따라 본질이 왜곡되거나 변질되었다.

유대교는 십계명을 근간으로 한 율법을 중시하는데 중심적인 내용은 '사랑'이라고 할 수 있다. 기독교 역시 '너 이웃을 네 몸같이 사랑하라', '네 원수까지도 사랑하라'라는 것을 통해 사랑의 종교이며 비폭력의 종교라는 것을 알 수 있다. 실질적으로 예수 그리스도는 몸소 실천하여 십자가형을 순수하게 감당하였으며 십자가에서 죽는 순간까지도 자신을 죽이려 하는 유대인들과 로마인들을 위해 기도하였다. 초대교회 사도들도 이러한 비폭력의 모습으로 복음을 전파하다가 순교하였던 것을 보면 기독교 본래의 모습은 비폭력적인 사랑의 종교라고 할 수 있다. 그러나 기독고가 로마의 국교로 공인되고 로마 문화나 정치와 결합되면서 본래의 모습이 변질되기

---

162) 김한식 외, 「중동지역연구」(서울: 국방대학원, 1995), pp.3 - 6.

시작하였다고 할 수 있다. 기독교 세계가 된 유럽의 곳곳에서 유대인에 대한 비난과 학대, 그리고 십자군 전쟁163) 등 하나님 또는 성경의 이름으로 많은 비성경적 행위가 있었음은 부인할 수 없는 사실이다. 종교개혁을 통해 용기 있는 성직자들에 의하여 성경으로 돌아가자는 운동이 있었고 수많은 개혁과 반성이 있었던 것도 사실이다. 그러나 21세기를 살고 있는 현재에도 성경 본래의 모습이 아닌 정치와 결합된 모순은 계속되고 있다.

이슬람도 예외는 아니다. 이슬람은 그 어느 종교보다도 '평화와 형제애'를 강조하고 있으며 이슬람의 역사가 이를 입증해 주고 있다. 이슬람 사상은 극단을 배격하는 중용적인 측면을 강조하는데 이는 꾸란에서 서술되고 있는 것이기도 하다. 하지만 이슬람은 출발부터 정치와 분리하여 생각할 수 없었다. 이슬람 정복전쟁164)을 통하여 수많은 전쟁을 치르게 되었고 그러한 과정에서 이슬람이라는 종교와 아랍어가 전파되어 나갔다. 이슬람의 지하드나 자살폭탄 테러와 같은 테러리즘 등은 이슬람 본래의 모습이 아닌 것이다.

종교와 폭력은 본질적으로 양립할 수 없다. 종교가 종교임을 포기하기 전에는 사랑과 평화를 자기의 이념으로 추구하는 것이 기본이다. 오늘날 이슬람세계에서 대표적인 원리주의 집단으로 간주되고 있는 무슬림 형제단 운동의 사상이론가인 까라다위도 현대 이슬람 부흥운동 가운데서 가장 강력하고 광범위한 조류는 '이슬람적 중용'이라고 지적하였다. 평화와 중용에 바탕을 둔 이슬람에서 무모한 폭력이란 있을 수 없는 것이다.165) 하지만 기독교와 마찬가

---

163) 토머스 F. 매든, 「십자군」, 권영주(역)(서울: 루비박스, 2007).
164) 조상현, "이슬람 정복전쟁에 대한 소고", 「세계전쟁사 디지털북」 중동/아프리카 지역(대전: 육군본부, 2008.)

지로 이슬람에서도 종교 본래의 모습이 정치와 결합하면서 변질되었으며 역사적으로 수많은 급진 폭력사태가 성전이라는 이름으로 행해졌던 것이다.

결국 오늘날 중동지역의 오랜 역사적·종교적 혼란은 B.C. 2000년 이후 아브라함을 둘러싼 역사 해석에서부터 각 종교 간 해결될 수 없는 심각한 갈등 상황으로부터 비롯되었으며, 각각의 종교 본래의 모습은 정치와 결합하면서 점차 변질되어 오늘날과 같은 심각한 문제가 발생한 것이라고 할 수 있다.[166]

2. 영국의 중동정책과 민족문제

가. 제1차 세계대전 발발에 따른 영국의 대중등정책 변화

제1차 세계대전은 1918년 11월 연합국의 승리로 끝났고 전후 처리 문제는 이들의 기만적 외교정책의 결과로 상호 간에 대립과 반목이 속출되는 가운데 강한 자의 의지대로 처리되었다. 영국은 오스만제국의 분할 처리에 관한 협의 등을 중요하게 생각했지만 휴전 후에 이것이 만족할 만한 성과를 보여 주지는 못했다. 그것은 대전의 규모가 예상을 못 할 정도로 거대하였고 휴전 이후의 세계 정세가 크게 달라졌기 때문이었다. 즉 미국 윌슨 대통령이 평화안정의 기본원칙으로 제시한 민족자결, 영토 불합병 등 14개조와 러시아가 국내 혁명으로 인해 연합국 대열에서 이탈한 것은 비밀조

---

165) 이희수·이원삼 외, 「이슬람」(서울: 청아출판사, 2001), pp.202 - 203.
166) 이정희, "아랍 - 이스라엘 분쟁에 관한 연구", 석사학위논문(국방대, 2005), pp.18 - 23.

약의 실현을 어렵게 만들었다. 게다가 더욱 중요한 것은 피압박 민족인 아랍인이나 유대인들이 전쟁 중에 스스로 성장하여 신생의 권리를 주장하는 것을 억제할 수가 없었다는 점이다. 이러한 상황에서 시리아, 이라크, 팔레스타인에서의 유대인의 민족향토 건설은 당초 영국의 정책에 가까운 것들이었다. 그러나 다른 한편으로는 이러한 영국의 제국주의적 정책의 결과가 오늘의 난해한 중동 문제의 근원을 만들게 된 것이다.

1914년에 시작하여 4년 동안 진행된 제1차 세계대전은 연합국과 동맹국 간의 군사적인 충돌이었을 뿐만 아니라 오스만튀르크제국 지배하의 중동 영토의 분할을 놓고 벌어진 영국·프랑스·러시아·이탈리아 간의 교섭과 흥정의 과정이기도 했다. 그중에서도 영국은 특히 인도에 이르는 교통로이자 전진기지로서 중동을 확보하고자 노력하였다.

〈표 4-1〉 제1차 세계대전 발발과 영국의 중동정책 관련 주요일지[167]

발생일시	주요내용	결과
1915. 3~4월	콘스탄티노플 협정(영·프·러)	러시아 포섭을 위한 조치
1915. 4. 26	런던비밀협정 (영·프·러·이)	이탈리아 참전대가 지불(지중해 연안 지역 할양) 이탈리아는 아랍지역 이슬람독립국 승인
1916. 4. 26 ~10. 23	사이크스-피코협정 (영·프·러)	런던비밀협정 구체화
1915. 3. 10 ~1916. 3. 10	맥마흔-후세인 서한	아랍인의 독립 인정
1917. 4. 9	쌩 장 드 모리에느 협정	프·이 간 이해관계 조정(사이크스-피코협정)
1917. 11. 2	발포어 선언	유대인의 민족향토 건설 용인
1918. 1. 4	호가스 메시지	유대인 팔레스타인 정착 허용
1918. 6. 16	7인에 대한 선언	아랍인에 의한 독립국 승인
1918. 10.3	아렌비 사건	영국에 대한 불신감 팽배
1918. 11. 7	영·불 공동선언	아랍인에 무마대책→별 성과 없이 의혹만 증폭

대전이 연합국의 승리로 종결되자 전승국들은 그들의 입장에 따라 오스만튀르크제국의 영토를 분할하여 중동은 서구 제국주의 열강의 각축장이 되었다. 이러한 각축은 대전 중에 서구제국들 간의 중동을 둘러싼 많은 비밀협정 체결로 나타났다. 첫 번째 협정은 1915년 3월과 4월 러시아의 페테르그라드에서 영국·프랑스·러시아 3국 간에 체결된 콘스탄티노플협정(The Constantinople Agreement)[168]이다. 같은 해 4월 26일에는 영국, 프랑스, 러시아, 이탈리아 간에 런던비밀협정(Secret London Agreement)이 체결되었는데, 이 협정을 통해 영국·프랑스·러시아는 이탈리아에 참전의 대가를 지불했다. 특히, 지중해 연안 터키지역, 아나토리아 서남부에 대한 요구를 들어주면서 이탈리아로부터 아랍지역의 이슬람교 독립국을 승인하게 했다.[169] 그런데 이 협정을 구체화시킨 것은 영국, 프랑스, 러시아 간에 1916년 4월 26일에서 10월 23일 사이에 11회에 걸친 상호 비밀 서한 교환으로 이루어진 사이크스-피코협정(Tripartite Sykes-Picot Agreement)[170]이었다.

---

167) 위 도표에서 각 사건의 결과는 사건이 미쳤던 영향을 포함해서 명시한 것이며 이 도표를 통해서 당시 강대국 간의 비밀협정을 통한 중동지역에서의 영향력 향상을 위한 조치들과 영국의 중동지역에 대한 이중적인 태도를 확인할 수 있다.

168) 이 협정의 주요내용은 다음과 같다. ① 콘스탄티노플을 자유항으로 하고 각국 상선의 해협 자유항행을 인정하며 ② 영국·프랑스·러시아 3국 간에 특혜 협정해야 할 아시아·터키에 관하여 영·불 양국의 권리를 인정하며 ③ 이슬람교의 성지를 보호하고 아라비아를 이슬람교의 독립정권하에 둔다는 것. 세부내용은 J. C. Hurewtz, *The Middle East and North Africa in World Politics 1914-1945*, Vol. Ⅱ(New Haven: Yale Unie. Press, 1979), pp.16-21을 참조.

169) 이 비밀협정은 영국과 프랑스의 아랍독립국 승인 주장은 아랍지역에 대한 양국의 기존 이권을 중심으로 독점권 확보를 위한 것이었다고 할 수 있다. 자세한 내용은 George Lenczowiski, *The Middle East in World Affairs*(New York, 1980), p.76을 참조.

170) 이 협정의 주요내용은 ① 에루제룬(Erzeroun), 트레비존(Trebizond), 반(Van), 비틀리스(Bitlis)의 모든 주와 쿠르디스탄(Kurdistan)의 남부지역은 러시아가 영유한다. ② 시리아의 해안지방 아다나(Adana) 및 서부 쿠르디스탄은 프랑스의 영유로 한다. ③ 바그다드를 포함한 남부 이라크 및 시리아의 하이파(Haifa), 아크레(Acre) 두 개 항은 영국의 영유지역으로 한다. ④ 영, 불 양국의 영유로 한 지역 간에 아랍민족연방 또는 아랍 독립국을 건설하고 그때 이 지역에 있어 영불 양국의 세력범위를 결정한다. ⑤ 팔레스타인은 영국, 프랑

사이크스 - 피코협정은 지중해와 페르시아 만 사이의 지역을 5개 지역으로 나누어 팔레스타인을 제외한 영국과 프랑스의 장차 세력 범위를 정한 것이었는데 그것은 영국이 결정적인 시기에 팔레스타인을 확보하려는 의도가 숨어 있었다. 이미 1916년 영국의 후세인 - 맥마흔 서한을 통해 베이루트와 그 연안 지역, 즉 레바논을 제외한 전 아랍지역의 독립을 승인한 것도 결국 사이크스 - 피코협정에서 프랑스의 시리아 지역 합병 승인을 전제로 하였던 것으로, 영국의 계획된 기만정책의 표본이었다.[171] 이러한 영국의 기만정책은 그 후에도 계속되었다. 1917년 4월에서 9월에 있었던 쌩 장 드 모리엔 협정(Tripartite Saint Jean de Maurienne Agreement)[172]에서 런던 비밀협정과 사이크스 - 피코협정으로 프랑스와 이탈리아 간에 발생한 이해관계의 조정과 함께 이탈리아로부터 영국과 프랑스의 아랍지역에서의 기득권을 승인받으면서 이탈리아의 이권을 확인하였다.

서구 제국주의 국가에 의한 오스만제국 분할 계획은 이미 19세기 동방문제의 대두 이래 줄곧 계속된 것으로 제1차 세계대전의 비밀협정을 통하여 보다 구체적으로 실행된 것에 불과하였다. 그런데 이러한 비밀협정은 그 자체가 갖는 특수성 때문에 당사자가 아니면 그 내용을 확인할 수 없고 상황에 따라 변화하는 특성으로 인

스, 러시아 3국의 협정에 의해 특별관리하에 둔다는 것이다. 세부내용은 J. C. Hurewitz, *op. cit.*, pp.94 - 96을 참조.
171) 유공조, "영국의 중동통치와 팔레스타인 문제", 박사학위논문(중앙대, 1988), p.13.
172) 이 협정의 주요내용은 ① 사이크스 - 피코협정에 의해 프랑스 영역으로 내정된 스미르나 (Smyrna) 북부를 동서로 잇는 선 남동부 지역을 제외한 서부를 이탈리아가 영유한다. ② 스미르나의 북, 브루사의 남에 이른 지역에서 영국과 프랑스 양국이 사이크스 - 피코협정에 의하여 아라비아지역에서 갖는 것과 동일한 권리를 이탈리아도 갖는다. ③ 영국, 프랑스 세력권 내에 있어서는 이탈리아는 상업상의 호혜적인 특권을 갖는다. ④ 이상의 터키 분할이 불가능한 경우에는 반드시 지중해의 세력균형을 고려하여 이탈리아의 이해를 존중한다는 것이다. 세부내용은 J. C. Hurewitz, *op. cit.*, pp.94 - 96을 참조.

해 협정에 포함된 국가나 국민은 그들의 의도와는 상관없는 방향으로 민족의 운명이 결정되는 불합리한 과정을 겪게 되었다.

한편 1914년 제1차 세계대전이 발발하자 독일의 빌헬름 II세는 연합국 측의 이슬람교도를 교전자로 보지 않고 포로가 되더라도 칼리프에게 위임하기 위해 오스만제국으로 보낼 것[173]이라는 친아랍정책을 선언하였다. 오스만제국도 1914년 11월 7일 종교성 장관 명의로 성전에의 참전을, 11일에는 술탄이 전군에게 성전 명령을, 23일에는 종교성 장관과 23명의 종교 지도자 명의로 전 세계 이슬람교도에게 성전을 선포하였다.[174] 이에 당황한 영국은 11월 3일 쿠웨이트를,[175] 12월 19일에는 이집트를 자국의 보호령으로 선언[176]하는 한편, 중동에서 오스만제국을 붕괴시키기 위해 아랍인의 독립보장을 내세워 이들 국가들이 연합국 측에 가담하여 반오스만 봉기에 참여할 것을 종용하였다. 이렇게 한동안 연합국과 동맹국의 아랍민족을 이용하려는 술책으로 아랍민족운동은 친오스만 세력과 반오스만 세력으로 양분되는 현상을 보였다.

반오스만 세력의 중심부에는 헤자즈(Hejaz)의 후세인(Hussein)이 있었다. 그는 대전이 발발하자 청년아랍협회와 결속하는 등 아랍민족주의 세력과 접촉하여 세력규합에 나섰으며, 술탄과의 협의를 구실로 아랍지도자와 의견을 교환하기도 하였다. 그런데 그는 아랍민중보다는 영국의 비호 아래 이슬람세계의 최고 권위인 칼리프 자

---

173) George Lenczowiski, *op. cit.*, p.62.
174) Goerge Antonius, *The Arab Awakening, The Story of the Arab National Movement* (London: Hamish Hamilton, 1938), pp.140 – 141.
175) J. C. Hurewitz, *op. cit.*, pp.6 – 7.
176) Ritchie Ovendale, *The Origins of the Arab – Israeli Wars*(London: Longman, 1984), p.18.

리에 오르려고 하는 야심을 가지고 있었으며, 영국도 이를 이용하려는 노련한 제국주의적 책략을 가지고 있었다.

그런데 대전이 발발한 이후 11월에 오스만제국이 아랍 민족들에게 성전에 참가할 것을 종용하고 각지에 사신을 보내 독려한다는 정보를 입수한 영국 총독 키치너는 서둘러 후세인의 둘째 아들 압둘라에게 서신을 보내 이 전쟁에서 아랍 민족이 영국을 지원하면 영국은 아랍 지역의 내정에 간섭하지 않고 아랍인이 메카나 메디나에서 칼리프가 될 수 있도록 도울 것이며 또 메카의 후세인이 영국을 도와준다면 영국은 후세인의 성전을 보호하고 칼리프의 취임을 보장하겠다고 회유하였다.[177] 이리하여 아랍의 독립을 절실하게 바라는 후세인과 당시 영국의 주이집트 고등판무관인 맥마흔 사이에 일련의 서신 교환이 있었는데 이것이 1915년 3월 10일부터 시작된 소위 '후세인–맥마흔 서한(The Hussein–Mcmahon Correspondence)'[178]이다. 이 서한으로 독립 아랍왕국 건설의 약속을 받은 후 1916년 6월 5일 후세인의 장남 알리가 메디나 교외에서 진홍의 깃발을 들고 봉기함으로써 반오스만 항쟁이 시작되었다.[179] 아랍의 반오스만 봉기는 급기야 전 아랍 민족해방전선으로 파급되었고, 1917년 6월에는 요충지 아카바(Aqaba)의 함락, 1918년 10월 1일에는 다마스쿠스에, 18일에는 예루살렘에 입성하였다. 이리하여 독일 항복 2주일 전인 10월 30일 연합국과 오스만제국 간에 무드로스(Mudros)휴전조약[180]이 체결되어 전 아랍지역

---

177) Robert John and Sami Hadawi, *The Palestine Diary*, Vol. Ⅰ(New York: New World Press, 1970), pp.31–32.
178) J. C. Hurewitz, *op. cit.*, pp.46–56.
179) Ritchie Ovendale, *op. cit.*, p.24.
180) J. C. Hurewitz, *op. cit.*, pp.128–130.

은 4세기 동안의 오스만제국 지배로부터 벗어나게 되었다.

한편, 1917년 11월에는 발포어 선언이 공표되었고 12월 초에 러시아 혁명정부에 의하여 과거 제정러시아가 연합국과 체결한 사이크스 −피코협정 등 오스만제국의 영토 분할과 관련된 비밀협정들이 폭로되자 아랍인의 반발과 항의가 높아지게 되었다. 이러한 반발을 무마시키기 위하여 영국은 1918년 1월 4일 호가스 메시지(The Hogarth Message)181)를 발표하여 아랍인과의 약속에 위배되지 않는 범위 내에서만 유대인의 팔레스타인 정착이 허용된다는 점을 밝혔다. 이어서 당시 주이집트 영국 고등판무관 레지날드 윈게이트(Reginald Wingate)도 후세인에게 비밀협정을 맺은 바 없으며 그것은 아랍인의 봉기 전에 잠정적으로 교환한 문서라고 설명하였다.182)

영국은 6월 16일 '7인에 대한 선언(The Declaration to the Seven)'을 발표하였는데 이에 따르면 연합국에 의해 해방된 지역, 즉 이라크와 팔레스타인 지역에 수립된 정부는 '피지배자의 동의를 얻는 원칙'에 입각하여 미해방된 지역으로서 시리아의 대부분과 모술(Mosul) 지역의 주민도 해방되어야 한다는 것이었다. 아랍인들은 이 선언을 크게 환영하였다. 그런데 10월 3일 베이루트에 영, 불 연합군에 앞서 입성한 아랍 봉기군이 아랍 독립국을 선포하고 아랍기를 게양하자 프랑스군이 이에 이의를 제기하고 영국의 아렌비(Allenby) 장군이 깃발을 내리게 하였다.183) 이에 대하여 영·불 양국은 11월 7일 영·불 공동선언(Anglo − French Declaration)184)에서

---

181) 카이로 주재 영국 아랍 사무국 지휘관. Robert John and Sami Hadawi, *op. cit.*, p.111.
182) Goerge Antonius, *op. cit.*, p.257.
183) Ritchie Ovendale, *op. cit.*, p.41.
184) Y. Porath, *The Emergence of the Palestinian Arab National Movement 1918 −*

'피지배자의 동의 원칙'을 재확인함으로써 아랍인을 회유하였으나 근본적인 문제는 해결되지 않은 상태에서 종전을 맞이하게 되었다.

한편 시오니즘 운동은 근대 유럽의 민족국가 성립과정에서 차별과 박해의 피해자였던 유대인들 사이에 공동체 의식의 자각으로 시작되었다. 일반적인 시오니즘을 사상으로 처음 체계화한 사람은 독일의 사회주의자 모세 헤스(Moses Hess)였다. 그는 유대민족을 근대 유럽 제 국가의 주체가 되었던 민족과 동일한 의미의 민족으로 생각하고 있는데 이러한 사상은 그 후 시오니즘 사조의 근간이 되었다.

제1차 세계대전이 발발한 이후 전통적으로 유대인의 대량 이주를 반대해 왔던 오스만튀르크가 독일 측에 가담하자 시오니스트들은 이때를 유대국가를 건설하는 데 유리한 기회로 판단하고 영국과 중점적으로 교섭활동을 전개하였다. 20세기 초에 허즐에 의해 시오니즘 본부가 영국으로 옮겨 온 때에 이미 와이즈만(Chaim Weizmann)은 1904년 영국에 건너갔고 1906년에는 영국 정계의 지도자들인 발포어(Lords Balfour), 미르너(Alfred MilNer), 로이드조지(Lloyd George), 마크 사이크스(Mark Sykes)와 접촉하여 1917년에 가서는 이들 모두가 적극적인 시오니즘 지지자가 되었다.[185]

1916년 말 와이즈만은 처음으로 시오니스트의 요구를 종합한 '정책각서(Memorandum of Policy)'를 작성하기 위해 영국 각계 전문가들의 의견을 수렴하였다. 이 정책각서는 1917년에 접어들면서 로이드조지 수상, 발포어 외상, 초대 팔레스타인 고등판무관 사무엘(Herbert Samuel), 미르너, 사이크스 등의 지지를 얻게 되었다. 1917

1929(London: Frank Cass, 1974), p.71.
185) Fred J. Khouri, *The Arab-Israeli Dilemma*(Syracuse Univ. Press, 1976), p.4.

년 7월 시오니스트안을 영국 시오니스트 회의 의장인 로드차일드 (Baron de Rothschild)가 발포어 외상에게 보냈고 이것은 같은 해 9월 19일에 와이즈만에 의하여 미국의 브란다이스에게도 보내졌다.[186] 이 선언은 민족의 향토를 갈망하는 유대인에게는 커다란 희소식이었지만 민족국가의 독립을 염원하는 아랍인에게는 큰 충격이 아닐 수 없었다. 이것이 오늘의 팔레스타인 문제발생의 근본적인 원인이 되었다고 볼 수 있다.

나. 영국의 팔레스타인 위임통치

영국의 팔레스타인 위임통치는 파리강화회의에서 체결된 베르사유 조약과 국제연맹 규약에 의해서 시작되었다. 특히 국제연맹 규약 제22조 제4항에는 "오스만제국에 속해 있던 특정 민족이 독립국으로 가승인받을 정도로 자립할 수 있는 시기에 도달할 때까지는 정치를 시행함에 있어 수임국의 조언 및 원조를 받는 것으로 한다. 수임국의 선정에 관해서는 해당 민족의 희망을 고려하여 정한다."[187]고 명시되어 있었다. 이 국제연맹 규약은 원래 윌슨 대통령의 민족자결주의 14개조 선언 중 국제연맹에 관한 규정을 강화조약 안에 포함한 것으로 이것이 승인되어 강화조약의 일부가 되었다.

---

186) 최종적인 안은 1917년 10월에 발포어 서신이란 형식으로 발표되었는데 그 주요 요점은 ① 영국 정부는 팔레스타인에 유대인의 민족 향토를 재건한다는 원칙을 승인한다. ② 영국 정부는 이 목적 달성을 위하여 최선의 노력을 경주하고 필요한 수단이나 방법에 관해서는 시오니스트 기구와 협의한다는 것이었다. 세부내용은 Robert John and Sami Hadawi, *op. cit.*, pp.82 – 84. 참조.
187) J. C. Hurewitz, *op. cit.*, pp.179 – 181; Rebert John & Sami Hadawi, *op. cit.*, pp.138.

일자	주요 일지	내용
1920. 2	런던회의·외상급 회담	오스만제국과의 강화조약 협상
1920. 4. 19	연합국 최고회의(영·프·이)	독일배상 문제 토의
1920. 4. 24	연합국 최고회의(2차)	팔레스타인 문제 논의 (팔레스타인·메소 포타미아: 영국, 시리아: 프랑스 위임통치)
1920. 7. 1	팔레스타인 군정 이양	영국의 위임통치 실질적 시행
1920. 12. 23 ~1923. 4. 28	영·불 영토 협정	위임통치 경계선 확정

1920년 2월 런던회의와 그 후의 장관급 회담에서 오스만제국과의 강화조약 협상이 계속되었고 4월 19일부터는 영·불·이 간의 연합국 최고회의가 이탈리아의 산레모에서 개최되었다. 회의는 독일의 배상문제 등을 둘러싸고 영, 불 간의 대립이 계속되었기 때문에 팔레스타인 문제는 4월 24일에야 다루어졌다. 장관급 회담에서 오스만 측에 제시한 강화조약 내용은 이미 토의된 바 있어서 팔레스타인에 관한 위임통치는 발포어 선언과 일치하였다. 그리고 미국 대표가 불참한 상황에서 윌슨의 민족자결원칙이 무시된 가운데 팔레스타인과 메소포타미아는 영국이, 시리아는 프랑스가 위임 통치하기로 결정하였다.[188]

1920년 7월 1일 영국의 팔레스타인 위임통치가 실질적으로 시작되었고 1920년 12월 23일 영·불 영토협정과 1923년 4월 28일 영국 정부의 성명으로 경계선이 확정되었다. 1922년 7월 24일 국제연맹 이사회와 영국 사이에 위임통치협정을 체결[189]하였는데, 이는

---

188) George Lenczowski, op. cit., p.93.
189) 협정의 주요내용은 ① 발포어 선언의 정신을 그대로 반영하고 위임통치국은 '유대인 민족 향토' 건설을 확보하기 위해 정치·경제·행정적 조건을 갖출 책임을 가진다. ② 팔레스타인에 대한 유대인의 역사적 연고를 인정한다. ③ 유대기관을 위임통치기구에 협력할 공적

당시 아랍인에 비해 소수에 불과했던 유대인에게 아주 유리한 내용이었다.

1920년 7월 1일 팔레스타인은 위임통치가 성립되어 군정에서 민정으로 이관되었다. 초대 고등 판무관으로 사무엘(Herbert Samuel)이 부임하자 시오니스트는 일제히 그의 부임을 환영하였다. 실제로 사무엘이 퇴임한 1925년까지 5년간 팔레스타인의 유대사회는 급속한 발전을 이루었다.[190] 하지만 사무엘이나 영국의 대중동정책의 핵심은 아랍·유대 양측을 교묘히 활용하면서 자국의 이익을 강화하는 데 있었다. 그래서 1921년 5월 야파폭동 이후 사무엘은 아랍측이 비난하고 있는 유대이민의 완전 정지를 단행하였다. 그리고 사무엘은 1922년 6월 처칠백서[191]의 초안을 작업하였다. 사실 이 백서를 계기로 팔레스타인 위임 정부와 시오니스트와의 관계는 급격히 냉각되었다.

한편 중동지역에 있어서 트란스요르단 지역은 아랍과 유대 양측에 모두 중요한 지역으로 제1차 세계대전이 종료되었을 때 이 지

기관으로 인정한다. ④ 유대인 이주가 용이하도록 규정한다. ⑤ 아랍사회와 같이 유대사회에도 독자적으로 교육을 행할 권리를 인정한다. 한편, 영국의 위임통치가 실제로 실시된 것은 1923년 7월 24일 연합국과 터키와의 강화조약인 로잔조약(Treaty of Lausanne)이 발효된 후인 1923년 9월 29일 부터이다. 위임통치협정에 관련된 세부내용은 Fred J. Khouri, *op. cit.,* pp.16－17.; Walter Laqueur & Barry Rubin, *The Israel－Arab Reader, A Documentary History of the Middle East Conflict*(New York: Faction File Publication, 1985), pp.34－42 참조. 로잔조약에 관련된 세부내용은 George Lenczowski, *op. cit.,* p.106－107; 전문은 J. C. Hurewitz, *op. cit.,* pp.325－337 참조.

190) 실례로 이민령이 제정된 1920년 9월부터 12월까지 팔레스타인에 도착한 유대 이민수가 5,514명에 달하였으며, 1921년에 9,149명, 1922년에 7,844명의 유대인이 팔레스타인 지역으로 들어왔다. 또한 1920년 당시 유대인이 소유한 토지는 약 65만 두남(Dunam)이었는데 1929년 말에는 51만 4,000두남이 추가되었다(Dunam＝1/4Acre, 약 900㎡)

191) 이 백서에서 영국정부는 팔레스타인 전부를 유대국가로 할 의도가 없으며 발포어 선언에서 말한 유대인의 '민족향토'는 팔레스타인의 일부에 건설하는 것, 팔레스타인의 유대사회는 이민이 증가될 것이나 나라의 경제적 능력을 넘어서면 안 된다는 것 등을 강조하여 시오니스트로부터 불평을 샀다.

역은 시리아와 함께 아랍군의 점령하에 있었다. 그 후 트란스요르단은 파이잘 국왕 지배하의 시리아의 일부가 되었으나 파이잘이 프랑스군에 의해 시리아에서 추방된 후에는 무정부상태로 혼란을 겪게 되었다. 이때 영국은 팔레스타인의 일부로서 트란스요르단의 위임통치권을 갖고 즉각 사무엘로 하여금 트란스요르단에 지방정부의 수립을 지시하였다. 사무엘은 1920년 8월 요르단 주 동안으로 건너가 이 지역의 유력자와 회동하여 행정을 위한 대표평의회를 제안하였다. 그러나 11월 파이잘의 형 압둘라가 다마스쿠스를 회복하기 위해 출병하여 1921년 3월 암만에 도착, 시리아로 진격하기 위해 준비하고 있었다. 이런 과정 속에서 식민성은 1921년 3월 카이로에서 이라크의 반영폭동을 수습하기 위해 회의를 개최하고 시리아에서 추방된 파이잘을 이라크 왕으로 추대하는 것에 관한 협의를 하였다. 이때 압둘라군의 북상 소식이 전해졌다. 처칠 식민상 등 카이로 회담 참석자는 매우 당황한 나머지 긴급히 예루살렘에서 압둘라와 회담을 하였다. 처칠은 압둘라가 시리아에 진격하지 않는다는 약속을 얻는 대신에 1921년 3월 27일 압둘라에게 트란스요르단 수장국의 창설을 발표하였다. 그 후 1923년 4월 28일 영국 정부는 성명을 발표하고 압둘라 지배하의 트란스요르단의 독립을 승인하였다.[192]

영국은 발포어 선언이 트란스요르단에도 적용되며 유대 이민의 요르단강 동안으로의 이주도 인정하였으나 새로운 사태의 발생으로 요르단 강 동안으로 유대인 이민이 불가능하게 되었다. 그래서

---

192) Ritchie Ovendale, *The Origins of the Arab - Israeli Wars*(London: Longman, 1948), p.49; Royal Institute of International Affairs, *Great Britain and Palestine, 1915 - 1945*(Connecticut: Hyperion Press, 1976), pp.15 - 17.

영국은 트란스요르단에도 연장, 적용될 수 있는 팔레스타인 위임통치 협정을 새롭게 수정할 필요가 생겼고 요르단 강 동안까지 유대인에게 적용되었던 규정을 삭제하였다. 수정조항은 1922년 9월 16일 국제연맹 이사회에 각서로 제출되어 승인되었고 트란스요르단의 위임통치는 팔레스타인의 사무엘 고등판무관이 겸임하였다.

시오니스트는 이 트란스요르단 분리에 대하여 격한 항의를 하였으나 영국은 트란스요르단의 독립으로 페르시아 만에서 아카바 만 그리고 지중해를 잇는 지배가 확립되게 되었고 지중해와 페르시아 만이 육로로 접속되어 이곳에 대한 영국의 전략적 중요성을 분명하게 하였다.

영국의 팔레스타인 지역에 대한 전략적 중요성으로 인해 팔레스타인의 영국 위임통치정부는 주민 간의 정치 조직화를 촉진하기 위하여 구체적인 정책을 진행하였다. 그것 중 하나가 주민의 자치정부 수립 구상에 관한 것이었고 최종적으로는 헌법을 제정하여 입법 평의회의를 설치하는 것이었다. 1920년 9월 21일 사무엘은 영국인 10명, 팔레스타인인 10명(이슬람교도 4명, 기독교도 3명, 유대교도 3명)으로 구성된 자문위원회를 설치하여 입법평의회가 구성될 때까지 입법평의회의 기능을 대신하게 하였다. 이어서 1922년 8월 10일 사무엘은 고등판무관령, 즉 팔레스타인 칙령을 발표하였다. 칙령에 의한 첫 번째 선거가 1923년 4월에 실시되었으나 아랍 측이 반대하여 실패로 끝났다. 그러나 사무엘 고등판무관은 그 선거를 무효로 하고 자문위원회를 확대시켜 해체된 입법평의회와 같은 수의 위원회로 만들었다. 아랍 측은 이것에 관심을 나타내고 아랍인 10명이 참가하는 것에 동의하였다. 다만 영국이 시오니스트 정책을 받아들이지 않는다는 것과 정치문제를 토의하지 않는다는 조건이었다.[193] 그러나 이 자문위원회가 입법평의회와 대체할 제헌기관임을 이유로 아랍 집행위원회가 압력을 가하여 이미 동의가 끝난 아랍인 10명 중 7명의 동의를 철회하여 이 계획도 실패로 끝났다. 영국이 다음으로 생각한 것은 아랍인의 기관을 설립하고 이 기관을 통하여 팔레스타인의 아랍인을 영국 위임통치정청에 협력하도록 하는 구상이었다. 그러나 아랍 측은 이 구상 역시 거부하였다.[194]

이렇게 되어 1923년 중에 영국이 목표한 아랍인의 위임통치정청에 대한 협력체제의 구상은 아랍 측의 반대로 실패하였다. 위임통치정청의 정책과 팔레스타인 지도자의 항쟁은 이후 풀기 어려운 것이 되었다. 이후에 영국의 위임통치정청을 주도한 식민성은 팔레스타인 문제의 처리는 팔레스타인인의 요구를 무시하고 어떠한 아랍의 대표기관도 설립하지 않는 것이 유리하다는 판단을 하게 되었다.

그런데 아랍 측에도 자문위원회에 참가한 카셈 알 후세이니와 시민의 지원이 많은 나샤시비 등과 같이 '아랍기관' 방식을 지지한 지도자가 있었다. 또 영국은 하심가의 하지 아민 알 후세이니를 무프트와 최고 무슬림평의회의 의장으로 선임하여 회유하였으나 후세이니는 위임통치정청의 기대에 반하여 광신적 아랍민족 운동을

---

193) William B. Quandt et als. *The Politics of Palestinian Nationalism*(Berkeley : California Univ. Press, 1973), pp.27 - 28.
194) 이를 거부한 이유는 ① 1923년 당시 런던에 파견된 팔레스타인 대표단에 따르면 런던에서 친팔레스타인적 분위기의 고조가 아랍 측에 용기를 주었을 뿐 아니라 별도의 아랍기관의 필요성을 느끼지 않았다는 점. ② 이미 최고 무슬림 평의회가 존재하고 있어 아랍인의 권리를 옹호하고 있다는 점. ③ 아랍기관을 동의하는 것은 압도적 다수인 아랍인의 지위를 소수의 유대인의 그것과 대등하게 함과 동시에 유대기관의 승인으로 이해될 소지가 있다는 점 등이었다. 세부내용은 Y. Porath, *op. cit.*, p.176. 참조.

끝까지 계속하여 영국통치의 고민거리가 되었다.

위임통치정청은 그 후 1926년에도 종교단체법을 만들어 종교별로 자치 정치조직을 만들려고 하였으나 아랍 측의 반대로 실패하였다. 이때 아랍인의 가장 큰 반대 이유가 고등판무관이 유대인 이주문제의 결정권을 갖고 있다는 것이었다. 결국 팔레스타인 아랍 측과 위임통치정청과의 합법적 창구가 없는 데서 아랍인의 교섭력이 상실되었고, 직접 폭력행위에 호소하는 충돌 이외의 다른 방법이 없게 되었다.

이렇게 볼 때 영국의 위임통치 정책의 근간은 아랍이나 유대 양측에 공평하게 처리하는 것이었으나 유대민족의 이민문제와 연관되어 유대 사회에 다소 유리한 방향으로 선회하는 양상을 낳았다고 볼 수 있으며, 이러한 이유가 아랍 측이 영국의 제의를 거절하고 직접적 폭력에 호소하는 계기를 만들었다고 할 수 있다.

다. 제2차 세계대전 시 영국의 중동정책과 시오니스트 운동

제2차 세계대전 시 영국이 팔레스타인과 중동에 관해 취했던 정책의 중점은 처칠이 팔레스타인 분할을 지지하였으나 장래 정책에 관한 어떠한 결정도 전쟁이 종결된 후에 시행된 것이 없고 이러한 입장은 맥도날드 백서의 수정도 없고 결정도 없이 계속되었다는 점이었다. 그런 와중에 시오니스트들은 빌트모어안의 승인, 유대군의 창설에 대한 미국의 설득, 적극적인 선전활동 등을 전개하였다. 반면에 아랍 측은 유대인 이민의 억제, 백서의 변경 반대, 아랍 국가의 수립 등을 주장하고 공동 대처를 취하였으나 실효성 있는 성과를 거두지 못하였다.

　팔레스타인 문제는 제2차 세계대전이 발발하면서 새로운 국면에 접어들게 되었다. 당시 영국의 가장 큰 관심은 아랍제국과 우호관계를 유지하여 전쟁에서 유리한 위치를 확보하는 것이었다. 중동은 지중해의 중요한 교통로인 수에즈운하와 여러 항구를 가진 전략적 요충지였을 뿐 아니라 이곳에서 생산되는 석유 때문에 그 가치는 더욱 커졌다. 그래서 영국은 1939년 런던회의 이후 유대인의 팔레스타인 이주를 대폭 제한하는 '맥도날드 백서(McDonald White Paper)'를 채택[195]하였다. 이러한 백서의 채택은 전쟁이 진행되면서 영국의 팔레스타인 정책을 어렵게 만드는 몇 가지 문제점으로 작용하였다.

〈표 4-3〉 제2차 세계대전 시 영국의 대중동정책 주요일지

일자	주요 일지	내용
1939	맥도날드 백서	유대인 팔레스타인 이주 대폭 제한
1940. 5. 7	맥도날드 백서 재논의	수정불변⇒카이로 주재대사 램프슨 반대
1940. 11. 25	파트리아 충돌사건	불법이주 유대인과 영국경찰 충돌 (유대인 240명, 영국경찰 12명 사망)
1941. 2	식민성 문제 재제기 (백서 재고 부적절)	램프슨 이의 제기
1942~1943. 5	영국의 전세장악 / 독일의 항복	영국 팔레스타인 정책 불변
1943. 5	이든 시오니스트 경고문 내각 제출	시오니스트활동 연합전선 위험 (시오니스트 로비로 영미 내용 취소)
1944. 9	팔레스타인 위원회	팔레스타인 분할안 권고

　첫째, 제2차 세계대전 중 나치의 유대인 박해와 학살로 인해 유

---

195) William Yale, *The Near East, A Modern History*(Michigan: Michigan Univ. Press, 1958), pp.395-396. '맥도날드 백서'로 대변되는 전시 영국의 친아랍정책은 시오니스트의 강력한 반대를 받았음은 물론, 아랍인의 적극적인 지지도 얻지 못하였다. 시오니스트들이 볼 때 팔레스타인으로의 이민규제는 영국의 약속위반이었고, 아랍인이 볼 때에는 미봉책에 불과하였기 때문이다.

럽과 미국에서 유대인 문제에 대한 심각한 논의가 이루어지는 가운데 시오니스트들이 영국의 친아랍정책을 비난하고 또 다른 한편으로는 다각적인 외교활동을 통해 유대국가 건설을 추진하였다는 점이다. 둘째, 영국 행정부 내에서도 이 문제에 대한 의견의 일치를 보지 못했다는 점이다. 셋째, 미국과 소련이 중동에 더욱 깊은 이해관계를 가지게 되었다는 점이다. 중동 석유와 지리적인 전략적 가치와 함께 북아프리카, 그리스 등지에서 진행된 전투에 연합국의 일원으로 참전한 미국과 소련이 중동의 이권에 관심을 표명하기 시작하였던 것이다.

1940년 5월 7일 처칠을 중심으로 한 연립내각이 구성된 후 이 백서내용이 다시 논의되었다. 내각은 백서정책의 재인준을 공식으로 결정하는 것을 피하자는 측과 전쟁 기간에 그 정책의 수정이 불가능하다고 주장하는 측 사이의 타협된 내용으로 최종결정을 하였다. 즉, 내각은 이라크 수상 누리 사이드에게 영국 정부는 "1939년 5월 서명된 팔레스타인에 관한 정책을 변경시킬 이유가 없으며 그것은 변경되지 않은 채 존재한다."라고 표명하기로 결정하였던 것이다.

그러나 카이로 주재대사 램프슨(K. Lampson)은 이 결정에 반대하였다. 그의 주장은 전쟁 기간에는 입헌적 조항을 행하지 않는다는 런던의 결정을 재고하도록 하는 것이었다. 여기에 고등판무관 맥미카엘(McMichael)은 팔레스타인에 관한 한 팔레스타인 내부뿐만 아니라 중동 전체에 대하여 어떠한 입헌적 조치도 반대한다는 자신의 입장을 확고히 하였다.[196] 램프슨의 주장과 계속되는 추축국의 군사적 성공은 그 문제에 대한 재고를 필요로 하였지만 영국이

---

196) Michael J. Cohen, *op. cit.*, p.93.

맥도날드 백서의 내용을 양보하게 되면 후에 증가하게 될 유대나 아랍 측의 요구들을 피할 수 없다고 생각했기 때문에 결국 램프슨은 자기의 주장을 포기하였다. 그러나 1940년 가을 중동으로 추축국이 접근하자 로이드 식민상은 기존정책의 취소를 제안하였다. 그런데 1940년 11월 25일 하이파 항에 도착한 '파트리아(Patria)'라는 피난선에서 불법 이주하던 유대인과 이를 저지하려는 영국경찰이 충돌하여 240명의 난민과 12명의 영국경찰이 죽은 사건이 발생하여 내각의 기존정책 취소 결정은 지연되었다.[197] 1941년 2월 식민성은 다시 그 문제를 제기하였으나 신임장관 안토니 이든(Anthony Eden)이 중동을 방문하고 돌아온 후 외무성은 그것을 재고하는 것이 적합하다고 밝혔다.[198] 이에 대해 카이로 주재 고등판무관 램프슨은 서신을 보내 백서를 계속 수행하고 불법이민자 처리에 실패한다면 런던의 시오니스트 지지자와 미국이 백서의 이행을 방해할 것이고 아랍인들은 영국의 승리가 결국 유대인에 의한 팔레스타인 지배를 의미하게 될 것으로 믿고 있다고 주장하면서 이의를 제기하였다. 이렇듯 본국과 현지 통치자들의 어긋난 대중동정책은 이 지역의 혼란을 가중시켰으며, 아랍과 유대 양측 모두에게 그들 나름의 결속을 다지게 하는 계기를 제공했다고 볼 수 있다. 영국이 이러한 정책을 펴게 되는 중요한 요인 가운데 하나가 중동을 둘러싼 열강의 이해관계로 인해 독자적인 대중동정책을 시행할 수 없었다는 것이다. 따라서 팔레스타인에 대한 열강들의 이해관계에 대하여 살펴보도록 하겠다.

---

197) C. Sykes, *Crossroads to Israel*(London, 1965), p.234.
198) Michael J. Cohen, *op. cit.*, p.95.

1943년 팔레스타인 문제 해결을 위한 영국 정부의 논의는 ① 전쟁 기간 중 중동 석유에 대한 중요성의 증대, ② 미국과 소련의 중동진출에 대한 영국의 염려, ③ 팔레스타인 분할에 대한 영국 정책수립자들의 반대 등의 영향을 받았다.[199] 즉, 중동의 전략적 중요성에 대한 새로운 인식이 당시 영국·미국·소련의 대중동정책 구상에 영향을 미쳤다.

우선 미국은 제2차 세계대전을 통해 사우디아라비아와 팔레스타인에 대한 관심을 가지고 있었으나 그 지역을 영국의 전략적, 정치적 책임 구역으로 간주하는 경향을 가지고 있었다.[200] 그러나 미국이 전쟁에서 능동적인 역할을 하게 되자 미국은 영국의 대중동정책에 의심을 품게 되었다. 양국의 갈등은 우선 영국이 이 지역에서 그들의 제국주의적 이익을 위해 자원을 개발하려 한다는 미국의 의혹이고 다른 하나는 전후 중동 석유와 시장에 대한 문제였다. 양대전 동안 페르시아 만의 석유 개발형태는 급격한 변화를 겪었으며 영국의 지배는 미국 회사들의 도전을 받게 되었다. 영국은 이란 석유산지에 대한 독점권 및 이라크 석유회사에 대한 지배권을 가지고 있었지만 미국회사들도 점차 이라크 석유회사 지배권의 1/4을 획득하였고 쿠웨이트 이권의 1/2과 바레인과 사우디아라비아 이권의 독점소유권도 획득하였다. 이때부터 미국은 점차 중동과 더욱 밀접하게 연결되기 시작하였다. 양국 간의 갈등은 1943년 3월 국

---

199) *Ibid*, p.151.
200) Ritchie Ovendale, *The Origins of Arab Israeli Wars*(London: Longman, 1984), p.74; W. P. Polk, *The United State and the Arab World*(Havard, 1965), p.262; J. C. Hurewitz, *Middle East Dilemmas*(New York, 1953), p.1; Campbell, *Defense of the Middle East*(New York, 1958), p.31.

제석유정책에 관한 미국 주재위원회가 장차 미국의 석유 수요가 미국 국내생산량을 초과할 것이라는 보고서를 내놓자 더욱 증가하였다. 이러한 갈등은 영국 내부에 영향을 미쳐서 중동지역에 대한 위임통치를 미국에 양도하여 영국의 책임을 분담하자는 의견까지 나오게 하였다.[201]

한편 소련 역시 중동의 북단 진출에 관심을 갖고 있었는데, 미국의 경우처럼 전쟁으로 인해 용이하게 진출하였다. 1941년 8월 영국과 소련의 이란 공동 점령, 1942년 1월의 영국·소련·이란의 삼국조약과 처칠, 루스벨트, 스탈린이 1943년 12월에 발표한 테헤란 선언은 소련이 중동에서 세력을 확장하는 데 결정적 역할을 하였다. 전쟁 기간 중 소련은 카이로, 바그다드, 다마스쿠스, 베이루트에 외교사절을 보내어 이 지역에 대한 관심을 표명하였다. 이에 따라 영국의 정책 수립자들은 코카서스석유에 의존하는 소련이 북단에 대한 다른 나라의 관심이나 군사적 접근을 의심하였고, 국내의 석유수요가 급격히 증가할 것을 예상하여 미국과 마찬가지로 자기 영토 내의 석유자원을 전략적으로 보존할 것으로 생각하였다. 그래서 이들은 소련이 전쟁 후 중동의 석유에 관심을 가질 것이며 전쟁 경험을 통하여 페르시아 관통철도와 페르시아 만의 부동항에 지속적인 관심을 가질 것으로 예상하였다. 영국의 전략적 관심에 대한 더 큰 위협은 소련이 터키를 서구권에서 분리시키고 터키를 소련의 영향력하에 두려는 정책을 취할 때 그것이 영국의 중동 석유 공급과 지중해 통로에 대한 위협을 가져오게 된다는 점이었고 또 소련이 강력한 해상세력으로 성장하게 된다는 점이었다. 이러한

---

201) Ritchie Ovendale, *op. cit.*, p.75.

영국의 염려는 구체적인 상황을 조성하게 되었다. 그것은 소련이 중동과 국경을 접하게 되면서 서방에 충분한 경계의 대상이 되었기 때문이다.

결국 1939년의 맥도날드 백서는 전쟁 초기 3년 동안 팔레스타인에서 영국 통치의 기반이 되었다. 1940－1942년 중동에서 발생한 군사적 위기는 다른 대안을 고려할 여유가 없었다. 처칠은 전시내각에 취임한 이래 백서의 이행을 중지시키고자 노력하였지만 뜻대로 되지 않았다. 그가 수상이 되었을 때도 팔레스타인과 직접 관련된 장관들의 반대에 부딪혀 친시오니스트 조치들을 자유로이 수행하지 못하였다. 이는 중동의 군사적 위기에 중동의 민간정부나 군 부당국의 견해를 반대할 수 없었기 때문이다.

1943년 7월 마침내 내각에서는 팔레스타인 문제를 논의하기 시작하였다. 단기적으로 유대인 이민은 백서의 기한이 종료되는 1944년 3월 3일 이후에도 백서의 취지에 따라 75,000명까지 허용되어야 한다고 주장하였고, 장기적으로 처칠내각은 백서에 얽매이지 않고 때가 오면 정부가 유대인 민족향토의 건설을 계속할 것임을 천명하였다. 애틀리 장관은 지금 이 문제를 재개하는 것은 적절치 못하므로 전쟁 후에 논의하자고 주장하였다. 내각은 이 점에 동의하고 팔레스타인을 위한 장기 정책만을 심의하기 위해 전시내각에 소위원회 설치를 결정하였다.[202] 위원회에서 분할안을 가장 분명하게 주장한 사람은 아메리였는데 그는 분할이 1938년 우드헤드위원

---

202) 소위원회는 H. Morrison(Home Secretary) 의장, L. Amery(Secretary of State for India), Col. Stanley(Colonial Secretary), A. Sinclair(Secretary of State for Air), R. K. Law(Parliamentary Under－Secretary at the Foreign Offce)로 구성되었다. Michael J. Cohen, op. cit., p.222.

회에서 잘못된 이유들로 인하여 기각되었다고 주장하였다.

한편 분할안에 반대한 사람은 빅터 카자렛(Victor Cazalet)이었는데 그는 일반적으로 중동 전체에 유대인이 소수이고 아랍인이 다수라는 사실을 바탕으로 두 가지 대안을 제시하였다. 하나는 영국이 미국과 함께 시리아, 레바논, 팔레스타인, 트란스요르단을 무기한 통치한 것으로 유대인, 아랍인, 레바논인이 영국의 도움이 있든 없든 간에 연방 국가를 세울 준비가 될 때까지 무기한으로 통치한다는 것이었으며, 다른 하나는 이것이 불가능할 경우 유대인 피난민을 위해 필위원회 계획보다는 작은 유대 국가를 세운다는 것이었다.

내각위원회 회의는 처음에 식민성이 아랍인과 유대인이 팔레스타인에서 평화적으로 살 수 없다는 사실로부터 논의를 시작하여 이후 4차례에 걸친 토의가 이루어졌다. 4차 회의에서 위원회는 외무성의 반대에도 불구하고 분할안을 다수의 찬성으로 결정하여 수상에게 보고하고 수상은 내각위원회의 보고서를 승인하였다. 다만 독일과의 전쟁에서 승리하기 전에는 발표하지 않기로 내부방침을 정하였다. 그런데 이후에 여러 사람에 의해 분할안을 반대하는 의견이 제시되었다. 특히 카이로의 신임 변리공사였던 에드워드 그리그(Edward Grigg)는 중동이 전략지로 남아 있어야 하며 팔레스타인 문제는 백서의 원칙에 따라야 한다고 주장하였다. 스탠리는 그리그의 제안이 단순히 백서로 돌아가는 것이라고 믿었으나 유대인 이민을 국제기구에 맡기자는 것은 예외였다. 그는 그리그를 런던으로 초청하여 내각위원회에 참석시키고자 하였으나 내각이 팔레스타인 문제를 다시 심의하기 전에 독일과의 전쟁이 승리로 끝나고 처칠이 총선에서 보수당 당수가 되면서 무산되었다.

처칠 수상은 전쟁 중에 일어난 모든 문제에 대해 친시오니스트 정책을 채택하였다. 즉, 유대인 군대를 창설하기 위한 제반 계획으로부터 분할의 논의에 이르기까지 친시오니스트적이었다. 처칠이 백서를 없애는 데 실패한 이유는 그가 시오니즘에 충실하지 않아서가 아니라 전쟁을 지휘하는 데 행정상 군사적 상황이 복잡하였기 때문이었다. 이렇게 처칠 수상이 집권하자 팔레스타인 분할안이 탄력을 받을 것으로 분할안 지지자들은 기대하였으나 1945년 7월 27일 선거에서 노동당이 압도적인 승리를 거두어 애틀리가 팔레스타인 내각위원회[203]를 다시 구성하여 중동과 관계가 있는 부서들에 책임을 주었다. 전쟁 중의 노동당의 친시오니스트 정책에도 불구하고 노동당내각의 팔레스타인 위원회는 연립내각의 전임자들보다도 분할에 호의적이지 못하였다.

당시 영국에서 맥도날드 백서의 수정과 유지가 반복적으로 나타나게 된 배경은 영국 행정부에 대한 시오니스트들의 외교활동 덕분이었다고 할 수 있다. 즉 당시 상황을 이해하기 위해서는 시오니스트들의 외교활동에 대하여 살펴볼 필요가 있다. 제2차 세계대전 동안 영국의 대팔레스타인 정책은 이 지역에서 전쟁을 수행하기 위하여 아랍 측과 우호를 유지하여야 하였고 그러기 위하여 유대인의 이민을 제한하는 등의 친아랍정책인 백서의 수행으로 일관하였다. 팔레스타인의 아랍인들은 이것에 대해 감시하는 입장을 취하였고 대영협력에는 소극적인 태도를 유지하였다. 이에 반하여 시오니스트는 한편으로는 유대인의 적인 히틀러와 싸우기 위하여 영국의 전쟁수행을 적극적으로 지원하였고 다른 한편으로는 영국의 이

---

203) 외상 베빈, 육군장관 로우슨, 공군장관 비스카운트 스탠스케이트로 구성하였음.

민제한 정책의 파기를 위하여 과격하게 투쟁하였다. 이렇게 하여 유대인은 대독일전의 수행을 위해서 군사·경제적으로 영국에 협력하였다. 그중에서 가장 중요한 것은 1944년 유대인이 독자적인 부대로 유대여단을 편성하여 영국군의 북아프리카 이탈리아 작전에 참가한 것과 영국군의 레바논 평정작전에 참가한 것이었다.[204] 또 현지에서 유럽의 선진기술을 익힌 유대인들에 의해서 군수품이 생산되어 영국에 필요한 물자를 조달하였다.

〈표 4-4〉 제2차 세계대전 중 시오니스트 활동 현황

일자	내용
1939. 9	예루살렘 유대기관 집행위원회 군사원조 제의
1940. 9	유대인 사단 계획 협상(와이즈만⇔이든)
1941. 5	유대인 거주지 안전을 위한 보안대 확충계획 지원 건의
1942. 4	유대인 사단 창설 허용 요구(쉐르톡⇒오친렉)
1942. 5	미국 시오니스트 빌트모어 긴급이사회 개최
1942. 6	자체방어를 위한 군대조직 보유허용 요구(이슈브)
1942. 7~1943. 11	시오니스트와 영국 군사 당국자 관계 악화
1943. 9	미국 유대인회의 개최
1944. 1	빌트모어 프로그램 양원에 제안
1944. 9	'유대여단(24,000명) 편성 / 북아전역에 참전

제2차 세계대전이 시작되기 전 와이즈만은 체임벌린 수상에게 모든 지역에서의 전쟁에 유대기관은 유대민족을 참전시키겠다고 서신을 보냈다. 이러한 시오니스트들의 군사원조 제안은 정치적 기대와 연결되어 있었고 영국 정부도 그렇게 이해하였다. 정치적 이

---

204) Michael J. Cohen, op. cit., p.124; Oscar I. Janowsky, *Foundations of Israel, Emergence of a Welfare State*(New York: Van Nostrand Company, INC., 1959), pp.29-31.

해관계와 군사적 필요성 사이의 갈등은 영국의 정책 당사자들 간의 논쟁으로 이어졌다. 일례로 육군성은 식민성에 수에즈운하지대의 방어를 위해 팔레스타인에서 군대를 이동할 경우 그 공백을 메우기 위하여 팔레스타인에서 유대인의 징집을 요청하였는데 그것의 정치적 파급효과로 인해 당국으로부터 거절되었다. 이러한 상황에서 윈게이트는 1939년 10월 처칠에게 팔레스타인에서 유대군대 조직을 위한 계획안205)을 제출하였다. 그러나 처칠은 팔레스타인 지역에서 어느 한쪽의 일방적인 증강에 반대하여 이 제안에 대해 의문을 제기하였다.206)

이후 와이즈만은 처칠과의 회담에서 동률제안에 대한 대안으로서 두 가지를 제안하였다. 이는 아랍과 유대민족 간의 동등배치 문제와 팔레스타인 유대인의 자유로운 징집 보장이었다. 이 제안은 수상에 의해 식민성에 전달되었고 팔레스타인의 시오니스트들과 런던, 미국의 압력에 직면한 식민성은 그 정책을 재고하게 되었다. 결국 식민상 로이드는 1940년 8월 23일 와이즈만과 면담하였으며 중동에서 이탈리아 활동이 증가됨에 따라 런던의 협상이 빨라졌고 결과적으로 그 제안을 승인하게 되었다.

이와 같은 팔레스타인 현지에서의 움직임과 더불어 미국에서는 시오니즘 운동에 중요한 진전이 있었다. 그것은 팔레스타인에 유대

---

205) 이 계획에 따르면 영국 정부가 1,000명의 유대인 장교를 영국에서 훈련시키며 그 장교들이 4개월 후 팔레스타인에서 자체의 안전을 담당할 20,000명의 유대군대를 조직할 수 있게 하자는 것이었다. 또 사막 서부에서 전투할 유대인 사막부대의 조직을 위한 계획과 15,000명의 부대를 이끌 유대장교의 훈련도 제의하였다.
206) 이때 처칠은 아랍인과 유대인이 구성한 각각의 부대가 서로 균형을 이룰 때만이 팔레스타인 내 두 사회 간에 견제가 이루어진다고 생각하였다. 이것이 바르 동률제안(Parity Proposal)의 기원으로 보인다. Michael J. Cohen, *op. cit.*, p.99.

인의 '민족향토건설'을 공공연하게 거론할 수 있게 된 것이다. 이때 시오니스트들은 3가지 방법으로 백서에 대응하였는데, 첫째는 팔레스타인에서 그들의 군사력을 강화시켰고, 둘째는 그들의 정치적 활동무대를 런던에서 워싱턴으로 바꾸었으며, 셋째 미국으로부터 확고한 정치적 언약을 얻기 위한 노력을 강화하였다.

이렇듯 시오니스트들의 활동은 광범위한 선전과 맥도날드 백서의 폐지에 집중되었고 팔레스타인 문제에 어두운 이방인들에게는 백서 폐지의 논리적 수단으로서 빌트모어 프로그램207)의 지지를 설득하였다. 유대기관의 런던사무소의 정보실은 1941년 후반에는 이 운동에 전력을 기울였고 동시에 시오니스트들은 두 가지 행동계획을 채택하였다. 하나는 시오니즘의 지지 세력을 넓히는 것이고 두 번째는 시오니스트를 반대하는 영국 유대인의 영향력 있는 반대를 제거하는 것이었다. 이러한 노력의 결과 그들은 영국에서 그들의 목적을 성공적으로 수행하여 처칠 수상이 빌트모어 프로그램을 지지하도록 하는 데 성공하였다. 이것은 노동당이 1945년 7월에 집권하고 새로운 외상 베빈이 시오니스트들과 비협조적이어서 중요성은 다소 감소되었지만 당시로서는 커다란 성과였음은 부인할 수 없다.

결국 팔레스타인에서는 전쟁 중에 시오니스트들이 유대기관을

---

207) 1942년 5월 미국 시오니스트의 긴급이사회가 뉴욕의 빌트모어 호텔(Biltmore Hotel)에서 열렸다. 여기에는 약 600여 명의 미국의 시오니스트와 와이즈만, 벤구리온을 포함한 다수의 저명한 외국 시오니스트가 참가하였으며 이 회의에서 유대기관 집행위원장 의장 벤구리온이 제출한 팔레스타인 전체를 포함한 유대국가의 설립, 유대인 군대의 창설, 1939년 백서의 파기와 영국인에 의해서가 아닌 유대기관에 의한 팔레스타인의 무제한 이민 등의 계획이 채택되었는데 이것이 바로 빌트모어 프로그램이다. 자세한 내용은 C. H. Dodd & M. E. Sales, *Israel and the Arab World*(London: Routledge & Kegan Paul, 1970), pp.74-79; Robert John and Sami Hadawi, *The Palestine Diary* Vol. I. 1914-1945(New York: New World Press, 1970), p.343 참조.

통해 한 국가 속에 눈에 띄지 않는 또 하나의 국가 정부를 발전시켜 이들로 하여금 유대경제를 관장하고 병원과 사회봉사 기구를 가지고 그들 학교와 정보기관을 운용하였으며 장차 이스라엘 군대의 근간이 된 하가나(Haganah)라는 준군사조직까지도 통솔하였다. 그리고 이들은 특히 미국으로부터의 정치적 지지와 외교적 동의를 받기 위해 부단히 노력하였다. 백악관을 통해 중동문제에 있어서 그들에게 유리한 정책을 이끌어 내도록 하였다. 이렇게 되어 유대국가를 세우려는 시오니스트들에게 미 행정부는 새롭고 중요한 목표가 되었다.

라. 제2차 세계대전 후 난민처리 문제와 영·미의 중동정책

1945년 5월 독일의 항복으로 제2차 세계대전이 끝나자 팔레스타인 문제는 새로운 국면을 맞게 되었다. 제2차 세계대전 당시 유대인들은 연합국에 협력, 나치 독일에 대항하여 싸우면서 군사적으로 영국을 지원하였다. 전쟁이 끝나자 유대인들은 팔레스타인으로의 이민과 유대국가 건설이라는 목적을 달성하기 위해 본격적으로 활동하기 시작하였다. 여기에 아랍인들은 유대인 이민과 유대국가 수립 저지를 위하여 투쟁하였고 영국 또한 유대난민의 입국을 억제하는 정책에 큰 변화가 없었다. 그런데 미국 트루먼 대통령은 유대난민의 팔레스타인 입국 허용을 영국에 종용하는 등 전후 중동문제에 적극 개입하려 하였다.208) 실제로 얄타회담(Yalta Conference)의 실패를 겪으면서 시오니스트들은 주로 미국을 유대국가의 후원

---

208) 유공조, 『중동분쟁사』(서울: 서원, 1994), p.219.

자로 삼고자 하였다.[209] 미국에서는 시오니스트들이 끊임없이 활동한 결과 시오니즘의 지지도가 점차 증가되었다. 언론은 유대인들에게 호의적이었으며 미국의 지도자들은 종종 영국에 백서의 장벽 즉, 유대이민자의 수적 제한을 포기하라는 요구를 하였다.

여기에 맞서 팔레스타인의 아랍인들은 점점 반시오니즘 입장을 강화하고 독립 주장을 확고히 하였다. 백서는 그들이 최대한 양보하여 받아들인 것으로 그것의 어떠한 변경도 저항으로 맞선다는 것을 경고하였다. 시오니즘에 반대한 이웃 아랍 국가들도 이를 지지하였고 아랍연맹은 외교적 압력과 증가하는 시오니스트의 영향력에 대항하였다.[210]

이와 같이 제2차 세계대전 말기에는 팔레스타인을 둘러싸고 빌트모어 프로그램을 추진하는 유대인과 아랍연맹조직 간에 유대국가 설립과 유대인 이민을 반대하는 투쟁이 극에 달하였고 영국이 아랍을 지지하는 한 영국과 유대인과의 대립은 기정사실이 되었다. 이러한 정세하에서 이미 전쟁 중에 시작되었던 유대인 과격분자들의 테러행위가 더욱 강화되었다. 이 단계에 이르면 전쟁 중 테러행위에 참가하지 않았던 하가나(Haganah)도 참가한 것으로 확인이 되었다. 특히 이들 과격분자들의 최대조직인 이르군은 영국 주재관의 암살이나 군사시설의 파괴에 가담하고 2차례에 걸쳐 위임통치정청의 직원들을 납치하였으며 1946년 7월에는 킹 데이비드 호텔(King David Hotel)의 위임통치정청 사무소를 폭파하는 등 테러를 자행하였다.

---

209) Alan R. Taylor, *Prelude to Israel, An Analysis of Zionist Diplomacy 1897-1947* (Beirut: The Institute for Palestine Studies, 1970), p.89.

210) Joseph Jermiah Zasloff, *Great Britain and Palestine, A Study of the Problem before the United Nations*(Connecticut: Hyperion Press, 1976), p.25.

한편 영국에서는 제2차 세계대전이 종료되고 1945년 7월 26일 선거에서 시오니스트를 지지하던 노동당이 정권을 장악하였다.[211] 노동당이 정권을 잡자 유대인의 희망이 커졌다. 1939년 이래 노동 당은 백서에 비판적이었으며 이것을 폐지하겠다고 약속하였기 때 문이다. 그러나 노동당은 1939년 백서정책을 근본적으로 바꾸지는 않았다. 그런데 트루먼이 10만 명을 팔레스타인으로 입국시킬 것을 요구하자 애틀리는 당황하였다. 이에 미국의 국무성과 군부는 영국 의 곤경을 이해하고 트루먼에게 조언하였으며 새 대통령은 아랍인 에 관한 루즈벨트의 확언을 되풀이하면서도 시오니스트의 압력과 선거보복의 위협에 굴복하였다.[212] 그러나 트루먼은 정치적인 동기 에서라기보다는 인도주의적인 입장에서 피난민을 도왔으므로 시오 니스트의 견해와는 일치하지 않았다.[213]

미국과 영국의 중동에 대한 서로 상반된 생각으로 인해 유대인 난민에 대한 모든 문제를 조사하기 위한 영미합동조사위원회(AAIC) 가 만들어졌다.[214] 영미합동조사위원회는 워싱턴을 출발하여 3개월 에 걸친 조사활동을 마치고 팔레스타인 내의 분쟁요소를 다음과 같 이 분석하였다.[215]

---

211) Michael J. Cohen, *Palestine and the Great Power*, 1945–1948, 1982, p.20. 노동 당은 7월 선거에서 종전 154석에서 393석으로 대승하였다. 이때 보수당은 종전 432석에 서 213석으로, 자유당은 21석에서 12석으로 패배를 당하였다.
212) Ritchie Ovendale, *The Origins of the Arab–Israeli Wars*(New York: Longman, 1984), pp.86–87.
213) Elie Kedourie and Sylvia G. Haim, *Zionist and Arabism in Palestine and Israel* (Frank–cass, 1982), p.139.
214) 이 위원회가 조직되자 할리팩스는 다음과 같은 사항을 제안하였다. ① 현재 영국, 미국에 점령된 유럽 내 유대인의 실정을 조사한다. ② 유대인들의 출생국가에 유대인이 재정착할 수 있는지를 조사한다. ③ 유럽의 다른 지방으로 이주함으로써 유럽에서의 구제받을 수 있 는 가능성을 조사한다. ④ 현재의 상황에 대응하기 위한 다른 수단도 조사한다.
215) Arab–Jewish Unity, *Testimony before the Angle–American Inquiry Commission*

〈표 4-5〉 AAIC의 분쟁요소 분석결과

구분	주요 내용
아랍	① 팔레스타인 연고(1000년 이상 거주)에 의한 독립주장 ② 시오니스트에 의해 유입된 서양문화에 대한 혐오감 ③ 이웃 아랍 국가들의 팔레스타인에 대한 과도한 관심 ④ 아랍·팔레스타인의 완전독립 요구
유대	① 위임통치조항에 근거한 유대 민족향토건설 주장 ② 팔레스타인 이주 희망 유럽난민촌 거주 유대인 곤경에 봉착 ③ 유대인은 빌트모어 프로그램 지지 ④ 헤브라이대 총장(마그네스 박사) 복합민족국가 제기

위와 같은 상황 속에서 위원들은 만장일치의 보고서가 필수적이라고 생각하고 합의된 보고서를 아래와 같이 작성하였다.[216] ① 팔레스타인 지역만이 나치스와 파시스트로부터 박해를 당한 유대인 희생자들의 이주 지역이 될 수는 없다. ② 나치스 박해의 희생물이 되었던 유대인의 팔레스타인 지역으로의 입국 허용에 대해 10만 명의 이민 허가증의 즉각적인 공인이 있어야 하고 이 허가증은 조건이 허락하는 한 빠른 이민을 위해 가능한 한 1946년 안에 부여되어야 한다. ③ 팔레스타인은 유대나 아랍 국가가 되어서는 안 된다. 탄생될 궁극적 정부의 형태는 국제적 보장하에서 크리스트계와 이슬람계 그리고 유대교가 공존하는 국가로 신성한 땅의 이익을 완전히 보장하여야 한다. ④ 유대인과 아랍인 간의 적대관계가 해소될 때까지 팔레스타인 정부는 UN의 신탁통치안 집행을 미루고 위임통치하의 현 상태를 유지하도록 한다. ⑤ 위임국은 팔레스타인에서 아랍의 경제, 교육, 정치의 발전 정도를 유대국의 그것과 동

---

by the Inhud Association by Judah Magnes and Martin Buber(Connecticutt: Hyperion Press, 1974).

216) Elie Kedourie and Sylvia G. Haim, *op. cit.*, p.151 ; Michael J. Cohen, *op. cit.*, p.104.

등하게 만든다는 원칙을 선언하여야 하며 즉시 아랍의 생활수준을 유대인의 수준에 버금갈 수 있도록 대책을 마련하여야 한다. ⑥ 위임국은 UN의 신탁통치안을 미루고 인구나 또 다른 구분에 의한 권리부여에 편견이 있어서는 안 되고 적당한 조건하에서의 유대인 이민을 실질화한다는 위임통치안에 따라 팔레스타인을 운영한다. ⑦ 토지 양도 규정을 폐지시켜 인종, 지역사회, 종교에 무관하게 하고 적은 소유자가 소작인의 이익을 보호하는 것을 고려하여 토지를 자유롭게 처분하는 정책에 기초를 둔 규정으로 대체하여야 한다. 특정한 인종과 지역사회, 종교의 구성원관을 고용한다고 규정한 토지에 관련된 협정과 차지에 대한 규정은 금지되어야 한다. ⑧ 팔레스타인에서 광범위한 농업과 공업의 발전계획에 대한 검토와 집행을 유대인 기구뿐만 아니라 직접적으로 영향력 있는 이웃 아랍 국가들의 협조하에 실행하여야 한다. ⑨ 유대국과 아랍국의 교육제도는 적절한 시기에 의무교육을 포함하여 양측 모두 개정되어야 한다. 이 보고서가 채택된 후 이 보고서의 집행을 위하여 폭력, 테러와 불법이민을 억제하고 팔레스타인의 법과 질서유지를 위해서 위임국들과 협력하여야 한다[217]고 명시하였다.

그런데 아랍인들은 영미합동조사위원회의 결과에 대하여 불만을 갖고 그 보고서를 인정하지 않았다. 1946년 5월 3일 아랍고등위원회에 의하여 항의파업이 실시되었고 이웃 아랍 국가들도 시오니스트의 위협 앞에 단결하였다.[218] 미국은 1946년 5월 20일 유대기관과 아랍고등위원회 및 아랍 국가들에 위원회의 권고가 포함된 각

---

217) John North Moore, *The Arab-Israeli Conflict*, Vol. Ⅲ, Documents(New Jersey: Prinston Univ. Press, 1974), pp.244-253.
218) Joseph Jermiah Zasloff, *op. cit.*, p.36.

서를 보냈다. 아랍은 만장일치로 보고서 전체를 거부하고 중재를 한 미국의 권한을 부정하였다.[219]

한편 유대인들도 영국 정부가 유대기관(Irgun, Stern gang, Haganah 등)을 불법기구로 간주하고 해산을 명령한 것과 유대난민 10만 명의 입국을 거부한 것, 그리고 AAIC보고서의 불이행 태도에 분개하였다.[220] 결국 아랍과 유대 양측 모두에게서 영미위원회의 권고는 무시되었던 것이다.

이런 상황이 전개되자 1946년 7월 31일 또 다른 합의안인 그래디 - 모리슨안[221]이 영국과 미국에 의해 제시되었다. 그런데 시오니스트들은 그래디 - 모리슨안에 반대하였고 폭력적인 행동으로 앵글로 시오니스트의 관계가 위기를 맞게 되었다. 이때 유대기관은 1946년 8월 3일 예루살렘의 국제화와 동시에 유대국과 아랍국으로 팔레스타인을 분할하고 유대국에 네게브와 사해의 서부를 포함하는 분할안을 제시하였다. 그들은 종전의 팔레스타인 전체를 요구하던 계획을 포기하고 유대국가가 갈릴리, 해안평원, 네게브를 포함하고 이주와 경제정책에 완전한 지배권을 갖는 자주적 유대정부를 팔레스타인에 수립할 것을 주장하였다.

---

219) D. Acheson, *Present at the Creation*(London, 1970), p.173.
220) Joseph Jermiah Zasloff, *op. cit.*, p.36.
221) 이 안은 팔레스타인을 4개 지역으로 나누는 안으로서 아랍자치주, 유대거주지 및 주변을 포함한 유대자치주, 예루살렘지구, 네게브사막지대였다. 유대주는 이미 유대인이 정착한 그들 정착지 사이의 상당지역을 포함하였고, 예루살렘지역은 예루살렘, 베들레헴 및 그 주변을 포함하였다. 또 네게브지역은 팔레스타인 나머지의 남쪽의 넓은 사막지역을 포함하고 아랍주는 팔레스타인 나머지의 전체를 포함하였다. 유대주와 아랍주는 행정상의 자치 수단을 가질 것이며 다른 두 개 지역은 중앙정부에 의해 통치될 것이다. 그러나 4개 구역의 최고권은 중앙정부에 두도록 하였다. 이민도 지방정부에서 중앙정부에 추천하여 운용될 것이며 그 지방의 경제적 흡수 능력을 초과하지 않는 한도에서 인정한다고 하였다. Joseph Jermiah Zasloff, *op. cit.*, p.76.

중요한 논쟁에서 아랍인과 유대인 간의 동의를 얻는 데 실패한 영국은 1947년 1월 15일 베빈이 내각에 그래디-모리슨안의 개정 가능성을 언급하였다. 2월 6일 베빈과 크리치 존스 식민상은 내각에 베빈안이라고 알려진 합동해결책[222]을 제출하였다. 그런데 이 안도 아랍과 유대 양측의 반대를 받았기 때문에 2월 14일 내각은 그 문제를 해결하기 위해서 아무런 권고 없이 UN에 제출하기로 결정하였다. 이런 와중에 영국 정부의 최후 제안이 발표되었는데 이는 ① 최장 5년간의 신탁통치 ② 유대주와 아랍주로 구성된 단일국가의 수립 ③ 2년간에 10만 명의 유대인 이주 등이었다. 유대인, 아랍인 쌍방 모두가 이 안을 거부하자 그간 모든 방법을 동원하였던 영국 정부는 1947년 4월 2일 UN 사무총장에게 팔레스타인 문제에 관한 특별총회를 요청함으로써 이제 팔레스타인 문제는 영국의 수중을 떠나 UN으로 옮겨지게 되었다.

---

222) 이 새 안은 팔레스타인 독립국가를 준비하는 5년간은 영국의 신탁통치하에 두고 기본적 지방 자치 수단은 각기 주어질 것이고 고등판무관은 이들 지역 내의 소수자의 보호를 위한 책임을 보유할 것이며 중앙정부를 대표하고 입법권과 행정권을 가지며 거부권도 행사한다는 것이다. 또한 대표자 자문회의를 구성할 수 있고 4년이 지나면 입헌의회를 구성한다. 이 회의에서 대다수 아랍인과 유대인이 동의하면 하나의 독립국가가 지체 없이 수립될 것이나, 동의에 이르지 못한 경우에는 UN의 신탁통치이사회에 장차의 과정을 문의하여야 한다. 처음 2년간에 96,000명의 유대인 이주자 중 매월 4,000명씩 입국이 허용될 것이고 그 이후에도 고등판무관이 그 대표자 자문회의와 협의하에 경제적 수용능력에 따라 입국의 비율이 정해진다. 동의에 이르지 못할 경우 최종결정은 UN이 지명한 중재심사부에 넘겨지게 된다는 것이었다. T. G. Fraser, *The Middle East 1914-1979*(Edwad Arnolc, 1980), pp.35-38.

3. 세력균형에 의한 국제정치체제

가. 영국의 팔레스타인 대구상과 아랍민족주의 등장

영국의 팔레스타인에 대한 대구상은 오스만제국의 해체 이후 발생할 수 있는 이 지역 권력의 공백을 자신의 영향권으로 흡수할 수 있도록 하기 위해 영국이 지지하는 아랍인에 의한 새로운 정치체제를 설립하려는 계획이었다.

그리고 아랍민족주의도 오스만제국의 몰락과 아랍인의 정치적 독립 및 단결의 필요성에 의해서 발생하였다는 점에서 영국의 팔레스타인 대구상과 맞물려 이루어졌다고 볼 수 있다. 당시 터키인들과 아랍인은 400년 이상이나 비민족국가였던 오스만제국에서 신앙의 바탕 위에 단합된 이슬람교도 공동체의 일원으로 살아왔다. 지역적 구분은 별로 중요하지 않았으며 공동체적 일체감 속에서 개개인은 신앙을 중심으로 사회적·종교적 공동체인 오스만의 밀레트(Millet)에 속해 있었다. 따라서 종교를 초월해서 제국에 충성하는 사례는 거의 없었다. 이슬람교도, 기독교도, 유대교도들은 동일한 도시에서 공존하며 각자의 사회조직과 법체계에 의해서 생활했다. 이슬람교도는 칼리프(Caliph)에게, 유대인들은 대랍비(The Grand Rabbi)에게, 기독교도들은 페트리아크들(Patriarchs)의 통제를 받고 그들에게 각각 충성을 바쳤다.[223]

따라서 아랍민족주의는 시민참여로 구성된 국민국가의 개념과는 다소 거리가 있다는 측면에서 중동지역에서는 새로운 개념이었다.

---

223) Don Peretz, *The Middle East Today*(New York: Holt Rinehart Wiston, 1978), p.131.

게다가 아랍민족주의가 아랍어와 이슬람문화를 기초로 한 공동체적 일체감에 칼리프를 향한 정치적 충성이 기준이 되었다는 점에서 기존의 민족주의보다는 발전한 것이었다. 그러나 아랍민족주의는 발칸의 민족주의와는 달리 적어도 19세기 말까지는 오스만제국으로부터 분리하거나 제국에 대항할 필요가 없었다. 그 이유는 아랍인의 90%가 이슬람교도였고 이슬람교도가 오스만제국을 대표했기 때문이었다.[224]

오스만제국이 제1차 세계대전에 참전할 때도 술탄 압둘 하미드 2세(Abdul Hamid Ⅱ)는 그의 칼리프적 지위에서 모든 이슬람교도들에게 성전에 참전할 것을 호소했다. 1914년 11월 23일 그가 행한 선언은 콘스탄티노플의 이슬람 수장을 포함하는 최고위 성직자들의 재가를 받았다. 당시 술탄에 의한 성전의 선언은 범이슬람주의의 절정이었다고 할 수 있다.[225] 기독교국가인 독일이 그의 편이었다는 사실도 그가 전 이슬람세계에 성전참여를 요구하는 것의 부당성을 지적하지 못했다.

한편, 영국의 중동지역 신정책구상에서 팔레스타인과 메소포타미아를 대영제국의 안전에 가장 중요한 전제로 삼고 있었고 이집트, 수에즈운하 페르시아 만에 이르는 보다 광범위한 봉쇄가 새로운 정책개념으로 포함되었다. 이것은 중동(페르시아, 아프가니스탄, 티베트)에 있어서 영국·러시아 양국 간의 이해 대립을 조정하고 서로의 세력 범위를 확정하였던 1907년의 영국과 러시아 간의 협

---

224) L. Carl Brown, *International Politics and The Middle East*(Princeton: Princeton Univ. Press, 1984), p.140.
225) George Lenczowski, *The Middle East in World Affairs*(Itaca and London: Cornel Univ. Press, 1980), p.62.

정226)에 대한 근본적인 재편이 요구되고 있음을 뜻하기도 했다. 1917년의 새로운 정책 구상은 인도정청에 의해 수립되었는데 이는 주로 러시아의 약화로 독일과 오스만제국이 아프가니스탄과 투르키스탄으로 진입할 가능성에 위협을 받고 있었기 때문이었다.

1918년 패전으로 오스만제국은 그들이 통제하고 있던 시실리아, 페르시아, 코카서스뿐 아니라 아랍지역으로부터도 철수하게 되었다. 이들 지역에서의 극심한 소요사태는 영국의 정책결정자들에게 지난 2세기 동안 영국 제국주의 정책의 핵심을 이루고 있던 복잡한 문제들에 대해 명확한 결론을 내리도록 만들었다.

따라서 영국에 의한 세계체제 유지를 위한 핵심문제가 대두되었다. 이 문제는 주로 1918년 3월 설립된 전시 내각의 동방위원회에서 주로 다루어졌다. 당시 연립정부 내의 정책결정자들 사이에서는 하나의 공통된 신념이 있었는데 그것은 세계에 있어 영국의 지위는 광대한 해외제국의 소유지들에 기초해야 한다는 것이었다.227) 커존(Lord Curzon)에 의해 주도된 동방위원회는 전후 동방문제 구조 속에서 계속 긴장을 일으켰던 러시아의 갑작스러운 퇴장으로 당시 중동지역에서의 군사적 우위 등이 달성되어 동방문제로부터 근본적인 탈피를 위한 지상 명제를 논의하고 있었다.

당시 영국의 지상 목표는 두 가지였는데 하나는 영국군에 의해 점

---

226) 영국과 러시아 간에 체결된 1907년의 협상내용은 다음과 같다. ① 페르시아는 3등분하여 북부를 러시아, 남동부를 영국의 세력범위로 중부를 중립지대로 정하고 ② 아프가니스탄은 러시아 공격을 위한 전초기지로 사용하지 않는다는 조건하에 영국의 세력범위로 하며, ③ 티베트에 있어서 중국의 종주권을 승인한다.

227) 이러한 의견에 다소 이견이 있었으나 그것은 이 문제의 가능성이나 필요성에 대한 이견이 아니라 그것을 확보할 수단에 관한 문제로 국한되었다. John Darwin, *Britain, Egypt and the Middle East: Imperial Policy in the aftermath of war 1918-1922*(London: The Macmillan Press, 1981), p.23.

령되어 만들어진 지역 협정체제를 보존하는 것이었고 다른 하나는 이집트와 페르시아 만 인접지대로부터 다른 제국주의 경쟁국들을 축출시킴으로써 영국·오스만전쟁 결과로 얻은 항구적·전략적 이익을 보호하는 것이었다. 결국 이것이 오스만제국으로부터 해방된 지역에서 최선의 정치적 해결이 될 수 있다는 것이었다. 이렇게 되기 위한 전제 조건으로 "중동에서 영국의 영향력은 공개적으로 드러나기보다는 잠재적이어야 하고 신중해야 하며 자결의 베일로 위장되어야 한다."를 1918년 7월 커즌이 최초로 제시하였는데,[228] 이것은 1918년 11월 영국·프랑스선언에서 아랍영토에 거주하고 있는 사람들에 대한 정치적 자유의 보장이라는 모습으로 나타나게 되었다.[229]

영국의 이러한 정책 추진에 있어서는 미국의 지지를 이끌어 내기 위한 대책 강구가 필수적이었다. 로이드조지(Lloyd George)는 윌슨의 민족자결주의 14개조 선언에 이은 1918년 1월의 선언을 통해 미국의 지지를 확보하기 위한 조치, 독일의 해체에 대한 묵인 확보, 프랑스 제국주의의 봉쇄 등에 대한 노력을 경주하였다. 그는 미국의 지지에 대한 대가로 ① 병합금지, ② 신탁통치와 관련 없는 외부지배의 강요배제, ③ 지역주민의 확실한 동의가 없는 한 외국제도의 강압적인 부과를 자제할 것 등을 천명하면서 윌슨의 민족자결주의와 유사한 입장에서의 국제문제 처리에 관심을 기울이는 것처럼 행동하였다.

그런데 영국이 추구하고 있던 정책의 핵심은 중동지역 내에 어떤 정부가 세워지더라도 영국의 통제가 실질적이고 효과적으로 작용해

---

228) John Darwin, *op. cit.*, p.155.
229) John Norton Moore(ed.), *The Arab-Israeli Conflict*(New Jersey: Princeton Univ. Press, 1977), pp.886-887.

야 한다는 것이었다. 즉, 대전 간 영국의 대중동정책은 온건한 제민족주의 세력들과의 협상을 통한 조약에 의해 영국의 제국주의적 이해에 결정적인 요소가 아닌 사항에 대해서는 양보를 하며 동시에 그 동일한 조약 속에 독소조항을 포함시킴으로써 결정적 상황이 발생했을 때 자신의 이익을 확고히 지킬 수 있도록 조치하였다.

타협의 정책과 함께 오스만제국의 쇠퇴로 인해 영국에 일시적으로 주어진 헤게모니의 요소들을 필수적인 것과 그렇지 않은 것으로 구분하는 차별적 정책특성은 온건 민족주의자들을 비타협적인 극단주의자들로부터 분리시키는 결과를 가져왔다. 그러나 온건주의자들이 행동의 자유는 인정받았으나 실제로 정보에 어두웠고 영국이 정치적으로 감성적인 지식계층에 대해 무책임한 여론조작을 행함으로써 항상 정보공유가 제한되었다.

오스만제국이 지배하던 아랍지역에 대한 영국의 전략적 중요성이 1918년 시리아, 팔레스타인, 메소포타미아에서 영국세력의 압도적인 우위를 달성하게 했고 이와 함께 동방위원회에 참여했던 각료들의 의견을 하나로 집중시켰다. 다만 문제가 된 것은 영국의 영향력 확산으로 인해 생겨날 외교적인 마찰뿐이었다. 동방위원회는 결국 영국의 중동정책의 중요한 사항들을 이 지역에 확대시켰고 특히 북서 페르시아에 군사개입을 확대하던 시기에는 이란정부와 협의조차 하지 않는 등 외교적인 마찰을 조성하였다.

그러나 이러한 영국의 구상은 극히 제한된 부분에 있어서만 실행이 될 수 있었다. 왜냐하면 전시적 제한 요소들과 영국 내 정책결정자들 간의 의견충돌, 영국이 프랑스와 시오니스트들에게 행한 여러 협정과 약속들이 커다란 걸림돌이 되고 있었기 때문이다.

영국의 중동지역에서 영향력 확대에 대한 문제를 놓고 보수주의자들과 진보주의자들 사이에서 나타났던 여러 가지 갈등의 초점은 중동 내에서 전통적으로 제기되었던 동방문제의 굴레에서 벗어나려는 것과 영국의 현실적인 여건을 고려했을 때 가장 적합한 대안이 어떤 것인가 하는 것이었다. 특히 심각한 대립은 대영제국의 구조 개편에 따른 영국령 인도와 외교부 간의 사고방식 차이에서 나타나고 있었다.

영국의 대중동정책은 프랑스의 입장[230]과 시오니스트의 요구를 옹호하는 측으로부터 부도덕하고 편의주의라는 비난을 받았다. 그러나 전쟁에 몰두한 정부는 전략상 선택의 여지가 거의 없기 때문에 전쟁을 수행하는 정부가 입을 손실이 적은 쪽을 선택할 수밖에 없는 것이었다. 당시 영국의 정책은 이러한 필요원칙에 의해 지배되고 있었다. 즉 온건아랍주의를 선택하고 자유프랑스와 시오니스트를 멀리한 것은 위와 같은 원칙에 의해서 이루어진 것이었다.[231]

영국은 동방문제가 시작된 이래 두 차례에 걸쳐 중동의 재편을 시도했으며 영국이 만들려던 구도는 매우 흡사했다. 첫 번째는 팔머스톤 등에 의해 구상된 오스만 보존정책이었고 두 번째는 에덴 등에 의해 제기되었던 아랍정책, 즉 대구상이었다. 결과는 두 경우 모두 동방문제의 구도를 바꾸어 놓는 데 실패했다. 이후에도 영국의 헤게모니 추구를 위한 또 하나의 시도가 1956년 수에즈분쟁으

---

230) 프랑스의 입장은 연합국들은 아시아에서 오스만제국이 소유하고 있던 지역들에 대한 공평한 분할에 합의한 바 있으며 영국은 이와 같은 약속을 철저히 이행해야 한다는 것이었다.
231) 즉, 온건아랍주의를 선택한 것은 1940－1943년 사이 전쟁의 대전환점에서 중동의 안보를 위태롭게 하지 않게 하기 위해서였다. 반면 자유프랑스와 시오니스트를 멀리한 것은 전쟁의 수행에 어떠한 영향도 미칠 수 없었기 때문이었다. George Kirk, *The Middle East in the war*(London: Oxford Univ. Press, 1954), pp.21－22.

로 나타났지만 이 전쟁 역시 이 지역의 주요 경쟁자가 이제는 미국과 소련이라는 사실만을 판명해 줄 뿐이었다.[232]

나. 아랍민족주의와 동방문제

아랍민족주의는 특수한 중동 외교 측면의 커다란 맥락에서 고찰될 때 두 가지의 일반적 논지를 갖는다.[233] 첫 번째는 오스만제국의 몰락 이후 이 기간 동안 다변적이고 대칭적인 성격을 확고히 한 점이다. 즉, 비옥한 초승달 지역은 전통적 엘리트 간의 투쟁의 장소로서, 영국과 프랑스 간의 경쟁무대로서, 그리고 새롭게 등장하는 제 정치 세력들의 모태로서 대전간 유일하게 아랍주의가 존재했던 19세기의 발칸에 해당되는 지역이었다. 이 지역의 제국주의 세력들은 대개 보수적인 전통적 엘리트와 연합함으로써 가끔은 강력한 반대 세력에 대처했고, 전통적 엘리트들은 새로운 정치그룹들로부터 도전을 받게 되었으나 단기적인 전략적 이해에 따라 이데올로기나 정치 행태와는 관계없이 급격히 부상한 지역 세력들과 연계를 가지기도 하였다. 한편, 새로운 정치세력들은 기존의 전통적 리더십(개량론자, 혁명적 진보주의, 사회주의 등)과 식민기구들이 자신들의 목표실현에 방해가 된다고 여겼지만 가끔은 이들과 타협을 하였다.

아랍민족주의와 관련된 또 하나의 논지는 정치적 이데올로기와 관련된 것이다. 즉 동맹의 전이를 계속하는 복잡한 정치적 세력들

---

232) Nadav Safran, "Dimensions of the Middle East Problem", *Foreign Policy in World Politics*(N. J.: Prentice-Hall INC., 1985), p.360.
233) 최성권, 중동 국제정치체제의 성격에 관한 연구, 박사학위논문(전북대학교, 1990), p.72-74.

의 행태가 두 번째 특징을 만들어 내는 환경을 조성했는데 광범위한 호응을 받을 만한 정치적 신조를 구비한 지배적 토착세력의 부재로 이 지역에 있어서의 모든 정치그룹들은 각각 경쟁적으로 아랍민족주의에 대한 지지를 내세우게 되었다. 따라서 어떤 측도 민족주의의 반대편에 선다든가 혹은 적어도 다른 대안을 제시할 수 없는 과도한 지지가 표출되고 있었다.

아랍민족주의자들에게 제1차 세계대전 이후 비옥한 초승달 지역[234]에 대한 영국과 프랑스의 분할 위임통치는 반가운 일이 아니었다. 전시 중 '대시리아안'이 모호한 채나마 거론되고 있었고 비옥한 초승달 지역의 통일에 대한 논의가 이라크, 시리아, 트랜스요르단의 지도자들 사이에서 제기되었다. 이 양안은 각각 시리아연방의 형태와 아랍연합국 형태로 구상되고 있었기 때문에 아랍민족주의자들은 위임통치보다는 그들 자체의 통치기구를 수립하는 것에 관심이 있었다. 이러한 분위기에 편승하여 1939년-40년 사이에 이라크 수상 누리 사이드는 시리아와 이라크를 연방으로 하는 아랍연맹을 구상하기도 하였다.[235] 이러한 계획에는 장래에 여타의 국가가 참여할 수 있는 장치도 마련되어 있었다.[236] 이라크에서의 라시드 알리와 이집트의 아지즈 알 마스리 장군의 쿠데타 기도로 이

---

234) 비옥한 초승달 지대(Fertile Crescent)는 미국의 역사가 제임스 헨리 브레스테드(Brestead: 1865~1935)에 의해서 발굴된 서아시아의 고대 문명 발생지에 대한 아칭(雅稱)이다. 이 지대의 동쪽 끝은 페르시아 만(灣)의 충적(沖積) 평야인데, 이란 고원, 자그로스 산맥의 서쪽과 티그리스·유프라테스 강을 따라 북상하여, 아르메니아로부터 타우루스 산맥의 동쪽을 포함하며 시리아, 팔레스티나로 연결된다. 브레스테드가 명명할 때에는 이 지역을 지칭하였으나, 나중에는 바다를 건너서 그 서쪽 끝은 나일 강 유역의 충적 평야까지 포함하여 말하게 되었다.

235) Kirk, op. cit., p.9-10.

236) 내용은 J. C. Hurewitz, Diplomacy in the Middle East, Vol. I (Princeton: D. Van Nostrand Co., 1956), p.236. 참조.

두 계획은 실현되지 않았으나 이들 민족주의 운동은 영국에 아랍 민족주의 저변에 깔려 있는 영국에 대한 강한 불신을 체득하게 함으로써 값진 교훈을 주었다.[237]

이런 와중에 아랍 국가들은 서로 정치적 현안에 있어서는 분리되어 있었지만 팔레스타인의 독립과 시오니즘에 대한 저항에 있어서는 공식적인 합일점을 이룰 수 있었다. 국내의 종교적으로 갈라진 분파는 물론이고 일부 서로 경쟁관계에 있는 국가들 간에도 팔레스타인 문제에 관해서는 모두 아랍민족주의에 호소하게 되었다.

그러나 1948년 팔레스타인전쟁은 아랍세력이 그동안 구축해 놓은 대의를 하루아침에 무너뜨리는 결과를 초래했다. 이 전쟁이 이스라엘과 그의 후원자들에게는 아랍의 민족주의에 대항하여, 그리고 이웃 아랍 국가들의 무력에 대항하여 유대인의 독립을 쟁취하는 혁명적 승리였으나 아랍 측에서 보면 서방세계의 속박으로부터 해방을 갈망했고 그것이 실현될 수 있다고 생각했던 순간 자신들이 얼마나 허약하고 쉽게 정복당하는지를 보여 준 것이었다.

중동 정치에 팔레스타인전쟁이 가져온 또 다른 변수는 가자지구, 요르단, 시리아, 레바논 지역에서 발생된 50만여 명의 난민이 이 지역의 복잡한 국제정치 문제에 새로운 정치적 변수를 제공했다는 것이다. 그들 중 일부는 극단적인 민족주의자가 되기도 했으나 이 지역의 주도세력들이 일반적으로 그랬던 것처럼 그들의 기득권을 인정하고 이스라엘로부터 빼앗긴 땅을 되찾는 것을 지원한다면 어떤 이데올로기나 세력들과도 제휴하겠다는 입장을 취하였다. 그러나 미국을 비롯한 영국, 프랑스 등 서방 3국은 그들의 국익을 위해

---

237) Kirk, *op. cit.,* p.334.

이 지역에 대해 현상유지 정책을 견지했다. 이러한 입장은 3국 공동선언(The Tripartite Declaration 1950. 5. 25)을 통해 처음으로 나타나게 되었다.

한편 이후 등장한 나세르와 자유장교단의 출현은 중동의 국제정치에 새로운 의미를 부여했다. 나세르는 1956년부터 1970년까지 그의 정치적인 노력을 통해 이제까지는 시도되지 않았던 노선으로 아랍사회의 재조직을 시도했다. 결국 이집트 혁명을 새로운 민족주의의 상징으로 만든 그의 새로운 이데올로기는 아랍의 패자적 지위에 오를 수 있는 또 다른 가능성을 제시했는데 이는 새로운 동방문제의 초점으로 작용하였다.

나세르는 1956년에서 1970년까지 중동의 정치와 외교를 지배했다. 그러나 이집트의 국력과 아랍민족주의의 정치적 원동력을 이용하여 아랍을 통합하려던 그의 노력은 몇 가지 이유로 인해 성공하지 못했다.

실패원인 중의 하나는 새로운 민족주의 개념 자체에 있었다.[238] 민족주의의 새로운 내용이 일련의 정치적 행동의 타당성을 부여하는 역할을 했던 것은 사실이었지만 이러한 새로운 이념이 그 행동들을 평가하는 정치적 특성이나 개인적 권리들과 일반적인 이념들의 도덕적 가치 기준이 되지는 못했다.

이데올로기적 차원과는 달리 나세리즘의 실패 원인을 정치적이고 정책적인 차원에서 분석해 본다면 몇 가지 입장이 있을 수 있다. 그 중 하나는 나세르의 방식이 너무 강압적이었고 명백하게 이집트의

---

238) Albert Hourani, *The Emergence of the Modern Middle East*(London: The McMillan Press, 1981), pp.190 – 191.

헤게모니에 중점을 두었던 점을 지적할 수 있다. 그러한 주장에 의하면 초강대국으로 등장한 이집트 혹은 통일아랍공화국이 범아랍주의, 범이슬람주의의 명분하에 자신이 가지고 있던 모든 아랍세계의 문화적, 정신적 보고로서 전통적 사명감을 이용하여 다른 나라들의 주권을 침해하고 이스라엘의 존재를 말살시키려 했다는 것이다. 이 경우 이집트 행태의 근본적인 원인을 나세르의 카리스마적 특성과 함께 이집트의 정부구조 자체에서 찾을 수 있다는 것이다.[239]

또 다른 입장은 세계를 양분, 재편하려는 미국과 소련의 냉전적 대결구조가 이 지역의 통합에 결정적인 장애로 등장했다고 보는 것이다. 그러나 이 점 역시 나세리즘의 실패를 설명하는 결정적인 요인이 되지 못했다. 또 하나의 입장은 국제정치 구조적 시각에서 중동의 본질적인 특성으로서의 동방문제적인 구조 속에서 찾는 것이다.

결국 나세르의 아랍통합의 실패는 적대적인 서구 때문만도, 이스라엘과의 갈등 때문만도 아니었다. 혹은 소련이나 그의 대아랍 외교의 서투른 역량 때문만도 아니었다. 그것은 이 모든 것들의 동시다발적인 요인들의 결과로 나타난 것이었다. 이러한 관점에서 나세르는 그의 선조 무함마드 알리와 거의 같은 입장에 있었다고 할 수 있다.

---

239) 이러한 설명은 파루크왕조가 붕괴되고 나기브가 집권하는 과정에서 군장교들은 첨단의 진보적인 장비에 대한 요구뿐 아니라 자신들의 정치적 위신에 대해서까지도 과중한 요구를 하게 되었으며 이는 그대로 통일아랍공화국에 그대로 계승되었다는 것이다. 이 점은 라틴아메리카에서 보이는 바와 같이 개발도상국에서는 흔히 나타나는 현상이라는 것이다.

다. 제2차 세계대전 이후 미소의 중동정책

미국의 중동문제 개입은 소련에 대항하기 우해 주로 '협정을 통한 서구결속'이라는 동맹의 정치적 틀 속에서 이루어졌다. 이 점에서 미국이 가진 장점은 압도적인 경제력, 군사·정치력이었으며 이는 적은 부담으로 많은 이익을 얻는 정책[240])을 의미했다.

초창기 미국은 중동정책을 수립함에 있어서 두 가지 사항을 고려하였다. 첫 번째는 중동지역에서의 서구이익(석유, 전략적인 범세계적 교통·통신망)을 방어하기 위한 대소봉쇄였고, 두 번째는 중동지역 국가들의 독립을 유도한 후 서방진영으로 편입시키는 것이었다.[241]) 이 두 가지 고려사항의 채택은 중동지역에서의 소련의 전략적인 행태로 인한 것이었다. 즉, 중동지역은 정치적으로 권력의 공백상태이기 때문에 국제공산주의의 위협이 우려되어 이에 대한 미국의 효과적인 경제적, 군사적 지원과 같은 대책이 없으면 소련의 영향권으로 흡수될 가능성이 있기 때문이었다.[242])

한편 소련은 아이젠하워 독트린[243]) 발표 직후 타스통신을 통해 미국의 수뇌부가 중동제국들의 독립 강화를 이들 국가의 내부문제

---

240) L. Carl Brown, *International Politics and the Middle East*(Englewood Cliffs N. Y.: Prentice-Hall, 1980), p.117.

241) *Ibid*, p.176.

242) 이것은 양극체제 논리의 기본적 철학이긴 했으나 후에 아랍의 자존심을 심각하게 손상시키는 요인으로 작용하였다. 미국의 입장에서 본다면 이러한 '정치적인 공백상태'는 오히려 아랍 모두에게 환영받을 일이었다. 왜냐하면 그것은 제국주의 국가 영국의 추방을 의미하기 때문이었다. Wilfred Knapp, "The United States and the Middle East: How many special relationship?" Haim Shaked and Itamar Rabinovich(ed), *The Middle East and the United States; Perceptions and Policies*(New Brunswick: Transcation Books, 1980), p.25.

243) 그 내용은 국제공산주의 지배하의 어떤 국가가 공공연하게 침략행위를 자행함으로써 타국가의 영토와 독립이 위협 당하면 이를 보호하기 위하여 미국은 군사적 개입이 필요하다고 인정될 때 미국은 군대를 동원한다는 것이다.

에 있어 미국의 군사적 경제적 개입으로 채워져야 되는 '공백상태'로 규정하고 있음을 지적하였다. 그리고 중동제국들이 식민지의 압제로부터 자신들을 해방시키고 독립적인 국가발전을 이룩하려는 자생적인 노력들을 어떻게 '공백상태'로 규정지을 수 있는가를 반문하면서 미국의 입장을 비난하였다. 이러한 양극적 입장에서가 아니더라도 미국의 주장대로 이 시기에 있어 소련이 자제했던 이유 중의 하나가 자신의 약점 때문이었다는 점은 부인할 수 없다.[244]

한편, 지역 내 국가들은 공산주의에 대한 공포보다는 이스라엘이나 나세르의 패권주의를 더 두려워했음에도 불구하고 레바논을 제외하고는 아랍민족주의에 반기를 들지 않았다. 그러면서 이들은 아이젠하워 독트린이 미국의 군사개입을 정당화하기 위한 그리고 민족해방운동을 반대하는 일부 국가들을 돕기 위한 정책이라고 비난했다. 영국도 아이젠하워 독트린은 중동에서 자신들을 제거하려는 의도가 담긴 것이라고 미국을 비난할 정도였다.[245]

이런 점에서 볼 때 미국이 가정한 몇 가지 사항 즉, ① 이 지역이 독립지원, 경제 및 군사지원을 통한 비공식적 간접 통치방식으로 친서구적 진영으로서의 편입이 가능하다든지, ② 아랍 국가들이 내부 권력투쟁과 아랍·이스라엘 대결에서 느끼는 위협과 소련과 그의 지원을 받는 공산주의로부터 받고 있는 위협이 같을 것이라는 일종의 환상이었다고 할 수 있다. 아랍인들에게 있어 서구의 후견은 주요한 내부의 적이었기 때문에 이를 중화시키기 위해 소련이 필요했으며 이들에게 중요한 관심은 세계적인 문제가 아니라

---

244) R. J. Banate, 「미국의 대외정책과 제3세계」, 홍성우(역)(서울: 형성사, 1981), pp.180 - 181.
245) *Ibid*, p.169.

지역적 문제였으나 아이젠하워 독트린은 이 점을 간과하고 있었다고 할 수 있다.

그 후 레바논 사태(1958년)는 아이젠하워 독트린의 성공 여부에 대한 시험장이 되었다. 이라크 혁명과 레바논 내전에서의 배후가 소련이라는 미국의 인식은 미국의 중동정책의 강조점을 더욱 공산주의 확산을 방지하기 위한 범세계적 전략으로 치중하게 하고 이 지역의 토착적, 민족적, 지역적 요소들의 역할을 무시하였다. 결국 미국과 영국은 레바논 문제를 무력으로 수습하는 데 성공하였으나 서방진영으로부터 이라크의 이탈을 야기하였고 미국의 정치적 비용 소모가 소련의 작은 행동에 의해 효과적으로 견제될 수 있다는 사실만을 확인하는 계기가 되었다.[246] 1958년 이후 얼마 동안은 아랍의 보수적인 국가들(사우디아라비아, 쿠웨이트, 페르시아연안국, 마그레브국가 등)로부터 미국의 존재가 긍정적인 평가를 받기는 했으나 이 경우도 국제공산주의와는 무관한 나세르의 헤게모니 추구에 대한 공포로부터 생겨난 것들이었다.

소련은 미국이 중동에서 효과적으로 정책을 수행하지 못하고 있던 1950년대에 이 지역에 진출했다. 소련의 중동진출은 아랍 내부적 정치역학과 반이스라엘 이데올로기 등과 같은 구조적 맥락에서 파악되어야 한다. 소련은 중동에서 영·불의 제국주의 세력 약화, 서구주도의 동맹체제 편입에 대한 신생독립 아랍 국가들의 저항, 전통적 체제에 대한 급진적 세력의 도전, 아랍·이스라엘 분쟁의 악화 등 이 지역의 불안정과 긴장을 이용하여 진출했다.[247] 이렇게

---

246) Nadaf Safran, *op. cit.*, p.363.
247) Alvin Z. Rubinstein, "The Soviet Union in the Middle East", *Current History*, 1972. p.165.

진출하여 취한 그들의 정책형태는 정치, 경제, 기술, 재정, 군사적 지원이었으며 이는 과거 러시아의 팽창주의 수행과정에서 나타났던 지리적 유형과는 전혀 다른 것이었다. 이러한 정책적 변화는 새로운 시대상황에서 반제국주의, 민족주의로서 절대주의의 전통적 형태에서 벗어났다는 것을 의미한다.[248] 1956년 수에즈 위기의 발생은 소련의 이 지역에 대한 개입의 기본적 형태를 만들어 주는 계기가 되었다. 그것은 아랍의 반서구적 감정을 이용하여 급진 아랍국가들과 PLO의 대이스라엘 투쟁을 지원하고 다양한 아랍 내부 경제체제에 대해서는 선별적으로 개입하는 방식이었다.

그런데 나세르와 소련 간의 접근은 근본적으로 상이한 이해와 목표를 가지고 출발했다. 나세르는 이스라엘에 대한 공포와 자신의 군사적, 정치적, 경제적 포부의 실현을 위한 적절한 서구의 지원확보에 실패함으로써 이에 대한 대안으로 소련에 접근할 필요가 있었으며 소련은 나세르가 서구의 대항력으로 소련을 설정하고 이 양편을 각각 편의에 따라 이용하고 있다는 사실을 알고 있었지만 이 지역에 대한 교두보를 마련하기 위해 나세르에게 보조를 맞추어 줌으로써 아랍의 가장 핵심적 위치에 있는 이집트와의 관계설정이라는 목표를 세워놓고 있었던 것이다. 이 점에서 양국은 중동에서의 서구영향력의 소멸이라는 단기적인 이해의 일치를 볼 수 있었다. 그러나 장기적인 목표에서 이들 양자는 상반되었다. 소련의 궁극적인 목표는 이 지역에 대한 서구의 영향력을 자신의 것으로 대체하는 것이었으나 이집트로서는 72년간 영국의 지배에서 벗

---

248) Hannes Adomeit, "Soviet Policy in the Middle East; Problems of analisis", *Soviet Studies*, Vol. 27, No. 2(April, 1975), p.297.

어난 지금 다시 동서 어느 편에 의해서도 통제된다는 것은 참을 수 없는 것이었다. 나세르의 궁극적인 목표는 아랍의 통합과 단결 그리고 지역의 헤게모니 장악이었다.

국제적인 차원에서 1960, 70년대 이후에 나타난 초강대국들의 '데탕트'와 '이해'는 각각 다양한 정도에 따라 만연되어 있던 양극이론의 경직된 풍조에서 이탈한 후 국제정치에서 나타난 기본적인 특징이 되었다. 데탕트 단계에서의 세계는 현상유지의 확산을 통해서 또는 국제적 문제들과 위기가 어떤 국가들로 하여금 바람직한 사태의 진전으로서 새로이 생겨난 상황 속에서 위협적인 존재가 되지 않도록 타협적인 해결방안의 모색을 통해서 이해와 공존으로 진행되어 나갔다.

1973년 전쟁 후 키신저(Henry Kissinger)의 주도로 나타난 미국의 중동정책은 하나의 강대국에 의한 중동의 재편이라는 환상이 되살아난 것이었다. 미국 입장에서 보면 이것은 아이젠하워 독트린에 이은 두 번째 시도였다. 정책적으로 보면 전반적 지역정책의 구체화 노력과 아랍세계 내에서의 적극적인 친미동맹을 조직하려는 노력에 우선순위를 부여했다. 이러한 정책방향의 변화는 이 지역 분쟁 자체, 그리고 미소 간의 잠재적인 대결 가능성, 석유무기의 등장과 그로 인한 석유가의 폭등 등의 충격 속에서 이루어졌다. 일례로 1978년 9월 소련과 기타 중동국가들을 무시한 채 미국의 일방적인 역할로 이루어진 켐프 데이비드 협정은 새로운 발상의 전환으로서 세계의 놀라움을 불러일으키고 어느 정도 이스라엘과 아랍의 평화를 가져왔으나 이것 역시 사다트의 주도로 시작되었고 이 평화의 구조 속에서 미국이 부담해야 되는 과중한 대가, 이집트를 제외한 여타 아랍 국가들이 이에 심하게 반발하고 나섬으로써 결과는 불확실한 것이 되었다.

이렇게 볼 때, 미·소 어느 쪽도 이 지역에서 대칭적인 균형을 변경시킬 수 있는 주도권을 확보하지 못했다.[249] 중동을 바라보는 하나의 경직된 시각은 이러한 환상 속에서 나타나는 것이다. 열강들은 각각 그들의 피보호자들을 가지고 있었다. 그들 각자는 결정적인 지원을 중단함으로써 현 종속국들이 그들의 목표를 포기하고 전략을 바꾸며 심지어는 다른 보호자를 선택하도록 만들었다. 그러나 이것은 그 이상 의미를 갖는 것은 아니었다. 핵보유국들은 대단히 비탄력적이었다. 그들은 어떤 지역을 말살시킬 것인가를 결정하는 능력은 과도하게 무장되어 있는 반면 아랍과 이스라엘의 정치적 행위들에 영향을 미칠 수 있는 수단은 별다르게 보유하고 있지 못하였다.[250]

결국 중동을 미국과 소련의 세력이 충돌하는 중간지대에 위치하고 있다고 생각하는 것은 잘못이며 외부의 강요가 지역적 요소에 의해 굴절되는 이 지역의 통상적인 특성으로 볼 때 이러한 국제정치의 시각으로는 중동에 관한 제반 문제를 이해하기 어렵다고 할 수 있다.[251]

현재 전 지구적으로 발생하고 있는 각종 분쟁에 있어서 강대국의 개입이 일반화되어 있는 현실을 볼 때 중동에서도 문제해결을

---

249) 어찌 보면 워싱턴과 모스크바의 시각은 자기중심적이라는 면에서 지극히 초보적이라 할 수 있다. 사건들은 권력의 중심부들에 의해 인식되고 그것에 영향을 미칠 때에만 의미를 가지며 권력의 중심부들이 그러한 방식으로 사건들을 바라보고 있는 경우에만 현실의 일부가 된다는 것이다.
250) Reisman, *op. cit.*, p.11.
251) Binder, *op. cit.*, p.356.

위한 여러 가지 활동에 있어서 그들을 배제하고 지역 내 당사국 간의 원만한 해결을 기대하기는 곤란하다. 특히, 이 지역은 지리적·경제적 이유에서 이미 동서남북의 교차로가 되어 왔으며 이들 통로를 따라 접촉을 갖는 모든 국제정치적 실체들과 주요 국가들이 중동문제에 연관되어 있는 것이다. 그래서 이 지역 문제 해결의 커다란 핵심은 이 지역을 둘러싸고 형성되어 있는 국제정치의 체제적 특성을 이해하고 이에 따른 해법을 제시해야 한다는 것이다. 그런데 우리가 유의해야 할 것은 중동의 체제적 특성 때문에 이 지역에 대한 개입은 비교적 다양한 국제정치적 실체들과 많은 비용이 소요되고 보다 신중하면서도 일관된 정책 추진을 통해서만 성공을 기대할 수 있으며, 이 지역의 독특한 체제적 특성을 고려해야 한다는 사실이다.

라. 1980년대 이후 소련과 미국의 중동정책

(1) 소련(러시아)의 대중동정책

소련의 중동정책이 시대적으로 변화된 과정을 살펴보면 다음과 같다. 우선 제2차 세계대전 직후에는 소련이 중동지역에 진출할 수 있는 유리한 여건들이 조성되었으나 스탈린의 이념추구정책과 미소의 대결관계로 인해 접경국가인 터키와 이란과의 분쟁을 일으켰던 것 이외에 뚜렷한 성과를 거두지 못했다. 그러나 흐루쇼프 집권 시절에는 수에즈사태 등을 이용해 중동으로 진출을 적극적으로 모색하였으며 이 지역에서 영국과 프랑스를 견제하고 기타 제3세계의 지지를 둘러싸고 미국과 경쟁하면서 세계국가로의 변신을 도모하였다. 하지만 이러한 중동에서의 영향력 확대는 이 지역의 독특한 특성으로 인해 공산주의 이념의 확대라는 소련 목표에는 아무런 기여가 없었으며 소련이 실질적으로 얻은 성과는 미미한 것이었다.

이후 브레즈네프 서기장의 실익을 위한 외교정책 구현을 위해 평화공존과 이념추구정책이 병행되었으며 재래 및 전략무기의 증강에 의한 미·소 간의 군사적 균형의 조성, 소련의 경제개발을 위한 서방의 지원획득, 마르크스레닌주의 전위당에 의한 집권지원 등을 병행해서 추구하였다. 그러나 그들의 정책 중 이념추구정책은 미국을 비롯한 서방 측의 반발을 불러일으켰으며, 제3차 중동전쟁에서 이집트의 패배, 사다트의 소련 군사고문단의 축출과 제4차 중동전쟁 이후 중동지역 국가들의 미국에 의존한 외교정책 추진 등은 소련이 이 지역에서 수행한 그들의 정책이 실패하였다는 것을 의미하였다.

브레즈네프 후반기 소련은 이란에서의 이슬람혁명에 이은 반미정책에 큰 기대를 걸고 친이란정책을 취하였다. 그러나 이란은 반미정책에 이어 소련에 대해서도 이슬람혁명 정신을 실천하기 위해 비우호적인 정책을 취하였다. 이에 소련도 이란에 대해 보복적인 조치를 취할 수밖에 없었다. 이 밖에 소련은 아프가니스탄 내전에 대한 군사개입으로 소련의 군사상 문제점을 드러냈으며 대미관계에 어려움을 겪었고 이슬람국가들로부터도 반감을 사게 되었다. 또한 이란·이라크 전쟁에 반대하고 이들을 반미공동전선에 묶어 두려 하였으나 실패하자 양면정책을 취하여 전황이 불리한 쪽을 지원, 초기에는 친이란정책 그 이후에는 친이라크 정책을 취함으로써 전쟁이 종결되었을 때는 양측 모두로부터 환영받지 못하는 처지에 놓였다.

고르바초프의 집권 이후 소련은 개방과 개혁 그리고 외교 면에서 화해와 협조정책을 취하여 걸프지역의 온건국가들과의 관계개선, 아프가니스탄에서의 소련군 철수, 이란·이라크 전쟁에서의 중도정책, 이집트와 이스라엘과의 관계 확대 추구 등으로 소련의 중동정책을 정상화하였다. 그러나 이러한 정책변화는 공산주의 이념의 세계적 전파의 관점에서 보면 소련의 영향력의 약화를 의미하는 것이다.

이렇게 되어 1980년대 말 소련의 해체와 동구 공산권의 붕괴는 소련이 중동지역에서 정상적으로 영향력을 행사할 수 있는 여건을 조성하지 못하는 요인으로 작용하였다. 이러한 소련의 입장은 중동지역에서 초강대국 미국의 역할이 지배적으로 이루어지는 상황을 바라볼 수밖에 없는 처지로 만들어 놓았다.

(2) 미국의 대중동정책

중동지역에서 미국의 정책기조는 평화를 추구하는 국가들에 대해서는 협력과 원조를 제공하지만 분쟁을 유발하는 국가들에 대해서는 그 국가들을 봉쇄하고 침략하는 경우에는 반드시 보복한다는 것이다. 미국이 중동지역에서 추구하고 있는 국가이익 혹은 국가목표를 달성함에 있어서 이스라엘의 안전과 번영 및 중동평화를 위해 접촉할 대상은 이스라엘과 팔레스타인, 이집트, 요르단, 레바논 및 시리아 등이며, 테러리즘의 억제, 대량살상무기의 확산방지 및 페르시아 만과 지중해 일대의 안정을 위해서는 주로 이란, 이라크 및 리비아 등을 상대해야 한다. 미국이 이들 국가들을 상대함에 있어서 특징적인 사항 혹은 다른 지역에서 미국이 취하고 있는 태도와 다른 특이사항은 중동지역에서는 합리적인 이해와 설득 및 상업적인 흥정보다는 힘에 바탕을 둔 강요와 협박이 더 빈번하게 사용되고 있다는 점이다.[252]

이와 같은 미국의 전략은 걸프전쟁과 그 후 이라크에 부과된 여러 가지 억제의 강요에서 나타나고 있으며 쿠르드족에 대한 이라크의 공격에 미국이 힘으로 대응하는 예에서 볼 수 있다.

특히 미국은 아랍과 이스라엘 간의 중동평화 달성을 위해 많은 노력을 기울이고 있는데 1993년 9월 이스라엘과 PLO의 대표가 원칙의 선언에 서명한 것과 1994년 10월 요르단과 이스라엘 간의 평화협정의 성취를 중동에서의 미국 전략의 승리로 여기고 있다.

이처럼 중동지역에서의 평화와 안정의 범위를 확대해 나가려는 미국은 이란과 이라크 및 리비아에 대해서는 미국이 지키고자 하는 이익에 도전하거나 장애를 제공하거나 방해하고 있는 것으로 인식하고 있다. 그래서 미국은 평화와 안정 범위의 확대를 추구하면서 이를 방해하는 세력에 대해서는 용인하지 않겠다는 의지를 안보전략에 분명히 밝히고 있다.[253]

이렇게 볼 때 미국의 대중동정책 기조는 첫째, 이스라엘의 안전과 중동평화의 달성, 둘째, 석유자원의 안정적 공급 및 테러에 대한 대응, 셋째, 대량살상무기 확산 및 패권국가의 등장을 방지하는 것이라고 할 수 있다.

---

252) 김수남, "미국의 대중동정책과 한국안보와의 상관성 연구", 「교수논총」 제15집(1999. 3), p.197.
253) White House, *A National Security Strategy of Engagement and Enlargement*(1998), p.25.

앞에서 언급한 바와 같이 중동에서 미국의 제1차적인 관심은 이스라엘의 안전이 확보된 상황하에서 중동평화의 달성이며, 이 지역에서 활동하는 미국인들의 생명을 테러로부터 보호하고 중동지역의 석유자원에 대하여 미국과 미국의 정책을 지지하는 국가들이 자유롭게 접근할 수 있도록 하는 것이다. 또한 대량살상무기의 확산을 방지하고 패권국가의 출현을 방지하며 나아가서는 이 지역 내에 있는 주민들이 자유와 민주주의 원칙에 따라 자기에게 부여된 인권을 누릴 수 있도록 영향력을 행사하는 데 두고 있다. 중동지역의 상당수 국가들이 미국의 이와 같은 정책을 부정적인 시각으로 보고 있다. 특히 이란과 후세인의 이라크는 미국이 취하고 있는 정책에 대하여 반대의 입장을 취할 뿐만 아니라 도전적인 태도를 취해서 미국은 이를 응징하려고 하는 것이다.

미국이 이들 국가들을 용납하지 않으려는 몇 가지 공통된 이유들을 생각할 수 있는데 첫째, 이들 국가들은 미국이 주도하여 이끌어 가고 있는 아랍·이스라엘 평화에 대하여 경백한 반대의 입장을 취하고 있다는 것이다. 둘째, 첫째 이유의 자연적인 산물로서 중동평화를 무산시킬 수 있는 가장 용이하고 효과적인 방법으로서 극단주의자들의 테러행위를 이들 국가들이 지원한다는 점이다. 셋째, 미국은 대량살상무기들이 제3세계에 확산되는 것을 막으려고 노력하고 있는데 이들 국가들은 패권추구 국가들로서 대량살상무기의 잠재적인 보유국들이라는 것이다.

또한 이들 국가들의 공통적인 문제점은 산유국이면서 안정적인 석유가격의 유지 및 석유의 자유로운 유통을 방해할 수 있는 잠재국가라는 점이다. 이라크가 쿠웨이트를 침공했을 때 미국이 그것을 용인할 수 없었던 이유 가운데 하나는 주권국가를 침략했다는 사실 외에도 이라크가 쿠웨이트를 합병할 경우 과격한 이라크에 의해 세계의 석유시장이 흔들리게 되리라는 강한 우려가 있었기 때문이다.

이상에서 살펴본 바와 같이, 미국의 대중동정책은 중동지역의 평화와 안정을 유지하기 위해 팔레스타인 분쟁의 안정적 해결을 위한 적극적인 노력과 더불어 석유의 지속적 공급과 중동지역에서 안정을 해치는 불량국가에 대한 강경정책이 병행하여 이루어지고 있다. 더욱이 세계의 안전과 평화유지에 있어서 주도적인 역할 수행을 추구하고 있는 미국은 이들 지역에서의 영향력 유지와 안전보장에 관련해서 군사개입정책을 지속적으로 적용하고 있는 것이다. 과거 걸프전 사례에서 보았던 것과 같이 걸프지역에서의 패권추구와 지역분쟁 야기 시 단호하게 무력으로 군사개입을 할 것이다. 또한 대량살상무기 확산 방지 및 테러방지에 관해서도 가장 강경한 대응을 구사하고 있다고 할 수 있다.

4. 중동지역 분쟁의 시사점

중동지역 분쟁을 분석해 보면 다음과 같은 시사점을 도출할 수 있다. 첫째, 이스라엘의 건국과 이에 대한 아랍 국가들의 강경한 저항으로 촉발된 이 지역 분쟁은 민족, 영토, 종교, 분리독립, 식민유산 등 다양한 요인이 복잡하게 얽혀 있고 중동지역의 대부분 국가들이 직·간접적으로 관계되어 있기 때문에 이 지역의 안전과 평화를 추구하는 데 있어 핵심 관건이라는 것이다. 특히, 이 분쟁은 4차례의 전쟁과 크고 작은 충돌을 발생시켰으며, 그 과정에서 이스라엘이 주변 아랍 국가들의 영토를 점령하고 팔레스타인 주민을 추방함으로써 이집트 – 이스라엘 간 분쟁, 시리아 – 이스라엘 간 분쟁, 요르단 – 이스라엘 간 분쟁을 파생시켰고, 중동지역을 무장테러의 온상으로 만들어 놓았다.

둘째, 당사자가 상호 실체와 공존을 허용하지 않고 어느 일방의 존재를 위해 다른 일방을 희생시켜야 한다는 극단적 입장과 자세를 고수하고 있어 당사자들끼리는 해결이 불가능하다는 것이다. 따라서 유엔과 미국을 비롯한 국가들의 객관적이고 진지하며 적극적인 중재가 요구된다. 이러한 점에서 이 분쟁은 유엔을 비롯한 국제사회의 평화적 분쟁 관리 및 해결 능력을 시험하는 아주 중요한 선례가 될 것이다. 그리고 과거 아랍 국가들은 이 분쟁의 과정에서 석유를 무기로 활용함으로써 2차례에 걸쳐 세계적인 석유위기를 가져왔다는 점에서 볼 때, 이 분쟁은 미래 세계경제에 엄청난 영향을 파급시킬 잠재력을 가지고 있다고 할 수 있다.

셋째, 중동지역 문제의 근본원인은 상호 실체와 공존을 사실상 원치 않는다는 것이다. 이는 2000년 이상 지속된 양측의 뿌리 깊은 역사적 반목과 종교적 이유에 기인하고 있으며 이 분쟁은 아랍 대이스라엘이라는 대립구도를 항상 유지하고 있다. 이러한 대립각은 이스라엘과 다른 어느 한 아랍 국가가 평화협정을 체결하더라도 다른 아랍 국가와 이스라엘의 대립구도를 생성할 수 있다는 것을 의미한다.

넷째, 이스라엘과 팔레스타인 내부의 강경파와 온건파 간의 대립

문제가 평화 정착에 걸림돌이 되고 있다는 것이다. 즉, 이스라엘의 유대교 원리주의자와 이스라엘 정부의 강경론자들은 팔레스타인과의 공존을 원치 않고 있으며, 팔레스타인도 이스라엘과 협상을 원하는 세력과 독립국가 선포를 주장하는 세력, 그리고 이스라엘과 대화 자체를 거부하는 하마스 등의 세력으로 나뉘어 있다. 결국 문제는 이스라엘과 팔레스타인 모두 문제해결을 위한 통일된 국론이 없다는 점에서 양측이 합의에 도달한다 하더라도 언제든지 일방에 의해 무효화될 수 있으며, 이런 상황이 이 지역의 항구적인 평화를 기대하기 힘들게 만들고 있다.

끝으로 2004년 이스라엘과 팔레스타인 간에 체결된 중동평화 로드맵은 사실상 이행이 불가능해진 상태라는 것이다. 즉, 팔레스타인 독립국가 건설이 요원해졌다는 것이다. 샤론 총리의 가자지구 정착촌 철수로 팔레스타인의 활동 반경이 다소 넓어졌지만 이스라엘의 요르단 강 서안 지역의 정착촌 운용, 팔레스타인 난민의 귀환 반대, 예루살렘 지위권 문제 미해결 등으로 양측의 관계 진전이 어려워 보인다. 더욱이 이스라엘이 보안장벽을 건설하고 하마스 지도자에 대한 표적 공격을 지속하고 있어서 양측의 충돌은 당분간 지속될 것이라는 전망이다.

Ⅴ. 전통적 테러리즘

1. 전통적 테러리즘의 개념

제2장 '용어의 정의'에서 이미 언급한 바와 같이 테러리즘은 개인, 국가 및 준국가 단체가 정치, 사회, 종교, 민족적인 목적을 가지고 의도된 폭력을 사용 혹은 사용에 대한 위협으로 일반 비전투원들(대중)에게 공포 분위기를 조성하는 불법적 폭력행위이다. 그러면서 테러와 테러리즘이 혼용되어 사용됨으로써 상당한 혼란이 발생하고 있는 것이 사실이지만 테러라는 용어가 테러리즘과 동일한 의미로 받아들여지고 있다는 현실적 상황을 반영하여 테러는 개별 행위나 사건을 표현하는 의미로, 테러리즘은 테러를 통한 목적 달성이라는 노선이나 주의를 의미하는 용어로 사용하자는 최진태 박사의 의견254)에 필자가 공감하였다.

이러한 테러리즘은 시대가 변화하면서 그 시대의 상황을 투영하

---

254) 최진태, 전게서, p.24.

는 변천과정을 겪어 왔다. 테러리즘은 인류의 역사와 더불어 존재해 왔으며 생태적으로 가장 일반적인 사회현상으로서 이익추구를 위한 투쟁이라고 할 수 있다. 이런 관점에서 몇 개의 시대적 구분을 통해 테러리즘의 변천과정[255]을 살펴볼 수 있다.

첫 번째 시기에는 정치, 종교적인 테러리즘의 사건들이 발생하였는데 B.C. 43년 로마원로원의 시저 암살사건과 B.C. 66 – 77년 사이에 발생한 팔레스타인 종교집단인 시카리(Sicarri)에 의한 유대인 공격과 11 – 13세기 이슬람 과격 종교단체들이 암살자(Assassins)를 고용하여 기독교 지도자를 암살했던 사례 등 주로 생존권적 이익이나 정치적 대립, 종교적 갈등에서 폭력적 위협이나 암살 등이 이루어졌다.

두 번째 시기에는 민족국가 형성과정에서의 민중해방운동을 위한 폭력적 저항과 국가 형성 후 정치적 대립관계에서 국가권력에 의한 관제 테러리즘으로 변모된 특징을 보이고 있다. 그 예로는 미국 남북전쟁 후 극우 남부인들의 백인 우월주의 KKK단의 테러리즘, 러시아 및 서유럽 무정부주의자들의 정치적 테러리즘으로 제1차 세계대전의 원인이 되었던 세르비아 가브리엘 로프린체프에 의한 오스트리아 페르디난트 살해, 20세기 러시아(레닌, 스탈린), 독일(히틀러), 이탈리아(무솔리니) 등의 민중탄압을 위한 관제 테러리

---

255) ① 고대로부터 테러리즘이라는 용어가 나오게 된 시기인 18세기까지의 시기, ② 그 이후로부터 근대적 민족국가의 형성과 식민지 지배체제하에서의 피지배민족에 의한 테러리즘이 왕성하게 발생하였던 1960년대 이전까지의 시기, ③ 1960년대 팔레스타인해방기구에 의해 테러리즘이 국제화된 때부터 구소련 및 동구권의 해체 등으로 탈냉전시기로 접어드는 1990년대까지의 시기, ④ 그리고 1990후반 이후 시기 등으로 구분할 수 있다. 최기남, "중동지역 테러리즘이 한국 요인경호 환경에 미치는 요소와 대책", 경기대학교 대학원 박사학위논문, 2004의 내용을 참조하여 시기를 구분하는 배경을 추가적으로 명시하여 재작성한 것임.

즘, 제2차 세계대전과 제국주의에 대한 식민지 독립투쟁 등이 해당된다고 할 수 있다.

세 번째 시기에는 테러리즘의 양상이 주권국가가 지원하고, 국제정치상황과 연계되어 대형화, 정치화를 가져오는 변화를 겪었으며 중동지역에서 이스라엘의 형성과 아랍민족주의의 형성, 이슬람원리주의의 표면화 등으로 테러리즘이 국제적 양상으로 변모하였다. 그러다가 1990년대 초반기를 맞이하면서 제2차 세계대전 이후 미국과 구소련을 중심으로 형성된 국제사회의 양극 냉전체제는 소련의 붕괴로 큰 변화를 맞이하였다. 즉 냉전체제의 붕괴로 인한 탈냉전 체제로의 국제질서가 재편되면서 테러리즘의 양상에도 큰 변화를 가져온 것이다. 소련과 동구권의 붕괴는 국제테러리즘에서 큰 역할을 해 오던 지원세력의 소멸을 의미하는 것이었다. 그런데 이념적 상황에서 형성되었던 지원세력이 탈냉전으로 인해 사라짐에 따라 민족, 종교적 대립을 더욱 증가시켰다. 이에 따라 중동지역에서는 팔레스타인 문제를 중심으로 민족주의적 종교이념 대립에 의한 국가지원 테러리즘이 본격화되어 불특정 다수인어 대한 무차별 공격이나 살상무기의 현대화 등을 보이는 형태로 발전하게 되었다.

네 번째 시기에는 종교적 이념대립으로 인하 민족적 종교적 테러리즘이 심화되고 있으며 불특정 다수인에 대한 무차별적인 공격양상은 동경지하철 독가스 테러나 9·11 미 무역센터 항공기 충돌 등과 같이 초대형화되고 있는 특징이 있다. 특히 2000년대 들어서면서부터 테러리즘 발생 건수는 폭발적으로 증가하고 있으며, 지역별로 발생하였던 종교적 민족적 테러리즘은 이제는 전 세계를 무대로 발생하고 있는 특징을 보이고 있는데 그것은 중동지역의 테러리즘이 전 세계를 대상으로 하고 있음을 알 수 있다.

2. 전통적 테러리즘의 패러다임

가. 국가 테러리즘

국가 테러리즘은 정부와 준정부기구 및 그 구성원으로부터 적으로 간주된 자들을 향하여 행해지는 조직적이고 체계적인 불법적 폭력행위라고 규정할 수 있다. 테러리스트 폭력 중 국가에 의해서 자행되는 폭력이 가장 체계화되어 있고, 잠재적으로 가장 널리 영향을 미칠 수 있다. 이는 국가가 폭력에 동원할 수 있는 많은 자원을 관리하고 있기 때문에 폭력을 행사할 수 있는 능력은 그 규모나 지속성에 있어서 다른 테러리스트들의 행위를 훨씬 능가하기 때문이다.

국가에 의한 테러리즘의 대표적 예는 폭력, 억압, 그리고 위협 정책에 대한 공식적인 정부 지원 등이다. 국가는 그들의 이익이나 안보를 위협하는 적으로 간주되는 자들에게 이와 같은 폭력과 강압적 수단을 사용한다. 비록 국가 테러의 주동자들이 대개 정부 관련 주요 정책결정자들로부터 오는 지령을 따르는 정부 인사들이지만 실제로 폭력을 집행하는 자들은 정부가 고용하였거나 묵인된 자발적 참여자 같은 비공식적인 요원들인 경우가 대부분이다.

정부에 의한 테러리즘에 대한 관점은 몇 가지 모델을 통해서 설명할 수 있는데, ① 테러리즘의 후원자, 즉 적극적으로 테러리즘을 촉진하고 미국법256)에 의해 공식적으로 불량국가 또는 테러지원 국가로 지명된 나라, ② 테러리즘을 가능케 하는 국가 또는 "단순히 대테러리즘에 제대로 협조하지 않을 뿐만 아니라 테러가 발생할 수 있도록 지원 행위를 하는 것이 문제가 되는"[257] 환경에서 움직이는 나라, ③ "다른 분야에서의 부적합성에도 불구하고 대테러리즘에의 협력이 종종 가능한"[258] 특별한 안보 환경을 포함한 대테러리즘 노력의 협력자 등이다. 이와 같은 세 가지 모델을 통해서 국가 테러리즘은 활성화되며 촉진되는 현상을 만들어 낸다고 테러전 문가와 학자들은 주장하고 있다. 이러한 국가 테러리즘은 국내정책이나 외교정책으로 활용되어 그 국가의 정치·외교적 목적을 충족시키는 도구가 되기도 하였다.

먼저 국가 테러리즘이 국내정책으로 활용된다는 것은 국가가 그 폭력을 정치적 목적으로 자국 내에서 사용하는 것을 의미한다. 군대와 경찰 그리고 기타 정보 및 보안기관들이 적으로 간주된 대상을 진압하는 데 이용되고 비공식적 준군사조직이나 암살단에 의한 지원을 받기도 한다. 국내정책에 주안을 둔 테러리즘의 실행 목적은 정부의 압도적인 힘을 과시하고 반대파를 협박하거나 제거하는 데에 있다. 그런데 중앙정부가 자신의 권위가 심각하게 위협당한다고 판단할 때 이 폭력은 극단으로 치달아 심각한 상황을 만들 수도 있다.[259]

---

256) Paul R. Pillar, *Terrorism and U.S. Foreign Policy*(Washingtcn, DC: Brooking Institution Press, 2001), p.157.
257) Ibid, p.178.
258) Ibid, p.86.
259) 인종차별제도(아파르트헤이트)를 시행하던 남아프리카공화국의 마지막 몇 년 동안의 상황이 좋은 사례이다. 즉 반아파르트헤이트 개혁주의 운동, 사회불안 그리고 테러리스트 공격에 직면했을 때, 남아프리카 정부는 반아파르트헤이트 지도자들과 지지자들을 뿌리 뽑기 위한 비밀작전을 시작했다. 여기에는 줄루족에 기반을 둔 인카타 자유당(Inkatha Freedom

20세기 동안 국가들은 침략, 정복 그리고 문화적 또는 인종적 말살 정책들을 시행하기 위해 군사력을 사용했다. 특히, 세기의 후반 동안에는 많은 정부들이 외교정책으로서의 테러리즘을 이용하는 경우가 빈번하게 발생했다. 국가 지원을 받는 테러리즘은 국가가 항상 재래식 군대를 배치하여 전략적 목표를 이룰 수 있는 것이 아니기 때문에 정책으로는 의미 있는 선택이라고 할 수 있다. 즉 다시 말해 여러 정부의 현실적인 문제로 인해 논리적, 정치적 또는 군사적으로 적과 직접 대치하는 것이 불가능한 경우가 많기 때문이다. 정부의 입장에서는 전략적 목적들을 이루는 효율적 방법이기 때문에 다른 대립적인 정치 선전과 테러리즘을 활용한다. 테러 및 테러지원 국가의 현실적인 문제로 인해 국제적 영역에서의 국가 테러리즘은 ① 비용이 별로 들지 않는다는 점 ② 그 결과가 한정되어 있다는 점 ③ 성공적일 수 있다는 관점에서 유리하게 평가받고 있다.

나. 반체제 테러리즘

반체제 테러리즘은 반정부 민간운동과 단체들, 소수민족과 인종, 종교집단 또는 다른 적대 세력들이 자행하는 불법적 폭력행위로서 아래로부터의 테러리즘이라고도 한다.

이러한 반체제 테러리즘은 ① 혁명적 반체제 테러리즘, ② 허무주의적 반체제 테러리즘, ③ 민족주의적 반체제 테러리즘 등으로 구분되는데, 먼저 혁명적 반체제 테러리즘은 무력투쟁을 통해서 기

Party)이 다인종, 다민족의 아프리카 민족회의(ANC)에 대해 폭력을 행사하는 것을 지원하는 것도 포함되었다.

존 질서를 파괴하고 비교적 잘 설계된 새로운 사회를 건설하는 것을 목표로 하고 있으며, 이런 구상은 민족주의적 열망, 종교적 원리, 이념적 주장, 또는 여타의 목표에 따른 결과로 나타나기도 하였다. 혁명주의자들은 기존 질서에 대해 극단적인 입장을 취하면서 그것이 퇴행적이고, 부패했으며, 억압적인 것이라고 간주하였다. 이에 반해 자신들이 구상한 새로운 질서는 진보적이고, 정직하며, 정의로운 것이 될 것이라고 믿는다. 혁명적 반체제 테러리스트는 별개의 민족 정체성을 조성하려고 노력하는 것이 아니고 기존 질서의 잔해 위에 새로운 사회를 건설하려는 행동가라고 설명할 수 있다. 그러나 현실적인 문제에 있어서 혁명적 반체제 인사는 기존 질서에 의해 수적으로나 군사력에서 압도당하곤 한다. 승리에 대한 그들의 유일한 대안은 중앙정부를 불안정하게 만들기 위해 재래식 방식과 다른 방식의 전쟁을 수행하는 것이다. 따라서 테러리즘은 정부를 혼란에 빠뜨리려는 실질적인 전술이고 기존 정권의 취약성을 상징적으로 보여 주는 것이기도 하다.

허무주의적 테러리즘은 19세기 러시아의 젊은 반체제 인사들이 주도한 철학적 운동인 허무주의에 바탕을 두고 있다. 이들은 종교, 민족주의와 전통적 가치가 무지의 근원이라고 생각하였다. 허무주의자들은 기존 사회를 받아들일 수 없다고 주장만 했을 뿐 미래 사회를 위한 어떤 구상도 제시하지 않았다. 허무주의의 핵심적 요소는 철저한 부정과 비판의 철학이다. 현대 허무주의적 반체제 인사는 기존 사회질서를 냉소적으로 보고 있고 이 질서를 파괴한 이후에 대해 '정의'라는 목표에 분명한 대안을 제시하지 않고 있다. 현대 허무주의자들은 새로운 사회의 구체적인 모습에 대해 아무런 전망도 없이 무력 투쟁을 통해 기존 질서를 파괴하겠다는 목표만을 가지고 있다.

민족주의적 반체제 테러리즘은 문화, 종교, 부족 혹은 인종으로 구분이 되는 사람들의 민족적 열망을 바탕으로 한다. 민족주의적 반체제 인사들의 추종 세력들은 자신들의 이익이 다른 집단 혹은 정권의 이익에 예속되어 있는 환경에서 일반적으로 살아가고 있다. 이들은 다른 집단과 정부에 대항하기 위해 특정한 집단의 동원을 목적으로 삼는다. 이들의 동기는 민주적 정치통합, 지역 자치권, 민족 독립 등 일정 수준의 민족적 자율성을 얻고자 하는 데 있다. 이러한 민족주의 감정은 19세기와 20세기에 일반적인 현상이 되었고, 여러 사회와 정치적 환경에서 등장하게 되었다. 특히 많은 민족주의적 반체제 인사들이 목표를 달성하기 위해 테러리즘을 활용하고 있는데 이는 적은 군사력으로 압도적인 우위를 점할 수 있고 게릴라전이나 재래식 전투에서 손쉽게 승리할 수 있기 때문인 것으로 판단된다.

이렇게 볼 때 반체제 테러리즘은 새로운 사회를 구축하기 위한 전제조건으로 기존 환경을 혼란시키려는 목적에서 정부와 정치 제도를 직접 겨냥한 테러리즘으로 규정할 수 있다.

다. 종교 테러리즘

종교적 테러리즘은 근대 세계의 정치적 폭력의 지배적인 모델로서 세계 공동체의 중심 이슈가 되고 있다. 근대 이후 종교적 테러리즘은 그 발생빈도, 폭력의 규모, 그리고 지구적 파급효과 면에 있어서 증가하고 있다. 이와 동시에 계급갈등, 반식민주의 해방운동과 민족주의 같은 해묵은 이데올로기는 종파적 이데올로기의 강력한 침투에 의한 도전을 받고 있다.

종교적 신앙의 이름으로 자행된 테러리즘은 오랫동안 인류역사 속에서 이루어졌다. 즉 인류문명, 민족, 그리고 국가의 역사 속에는 자신이 믿는 종교적 신념체계를 강화하기 위해 폭력행위에 적극적으로 참여하는 광신적인 신도들과 추종자들의 종교적 테러리즘의 실례가 반영되어 있다.[260]

종교적 테러리즘의 특징을 이해하기 위해서는 현재 이루어지고 있는 종교적 테러리즘에 대한 연구를 주의 깊게 살펴볼 필요가 있다. 특히 주요 종교적 동기로서의 지하드에 대한 정확한 이해가 필요한데, 우선 지하드의 개념에 대해 살펴보도록 하겠다. 지하드의 개념은 이슬람 교리의 핵심이다. 서양에서는 이것을 '무장투쟁', '광신적인 성전'으로 번역하였으나 이 용어의 뜻은 신성한 투쟁 또는 노력을 의미한다.[261] 비록 지하드라는 단어는 성전을 의미한다 하

---

260) 이러한 사례는 몇 가지로 나누어 볼 수 있는데, ① 유대-기독교에서는 신앙이라는 이름아래 이루어지는 암살과 정복뿐만 아니라 적의 완전한 파괴도 성경에 언급되어 있다(여호수아서 11:1, 4-8, 그리고 하느님은 여호수아에게 말하였다. "그들을 두려워하지 마라 내일 이 시간 즈음에 내가 그들 모두를 죽이고 이스라엘에 넘겨줄 것이다." 그래서 여호수아는… 이스라엘군은 상대편을 한 명도 남지 않을 때까지 그들을 전멸시켰다. … 모든 왕들을 여호수아는 정복하고 그들이 완전히 파괴될 때까지 칼을 휘둘렀다. 그들이 칼로 쓰러뜨린 모든 사람들, 그들이 파괴할 때까지, 그리고 숨 쉬는 누구도 남겨놓지 않았다.). ② 중세시대 서구의 로마가톨릭교회는 이슬람 동쪽에 대한 기독교 십자군 원정을 감행하였다. 최소한 9차례의 원정을 통해 수천 명의 무슬림, 유대인, 기독교 정교호 거주자들을 대량학살하였다(13세기 남부 프랑스에서 있었던 잔인했던 알비주아 십자군(Albigenisian Crusade) 원정 당시 아마우리(Arnaud Amaury) 교황대사는 "그들 모두를 죽여라, 신은 자신의 백성을 아신다."라고 말해 당시의 잔학행위를 짐작할 수 있다.). ③ 11세기에 페르시아에서 알사바(Hasan ibn al-Sabbah)에 의해 조직된 암살단의 활동. ④ 13세기부터 19세기까지 인도에서 힌두교의 신 칼리(Kaki)의 참배자들 사이에서 종교적 암살에 대한 숭배활동. ⑤ 현대 아랍의 이슬람 극단주의 활동 등이 있다.
261) Karen Armstrong, *Islam: A Short History*(New York: Modern Library, 2000),

더라도 보다 정확하게는 '신을 위하여' 개인적으로 노력하는 무슬림들의 의무라 할 수 있다.[262) 이는 꾸란에 사용된 용어의 원래 의미인데, 이슬람 공동체 또는 개인적인 무슬림의 그릇된 관습을 개혁하려는 내부적인 노력을 뜻하기도 한다. 이 용어는 보다 특정적으로 종교의 의식을 위하여 행해지는 전쟁을 나타내는 데 사용되기도 한다. 그런데 무장되고 급진적인 지하드 운동의 현대적인 부활을 촉진하는 대의는 다음의 두 가지로부터 연유한다. 그들은 1979년 이란 혁명에 의한 혁명적 이상과 이념, 그리고 소련의 아프가니스탄 점령에 대항한 지하드의 실질적인 적용이었다.[263)

테러리즘에 대한 정부의 지원은 이념적 또는 인종-민족적 운동에 대한 지원에 제한되어 있지 않다. 그 지원은 종교적 혁명운동에 대한 국가의 지원도 포함된다. <표 5-1>은 국가가 지원한 종교적 테러리즘의 실제 사례를 보여 주고 있다.

---

p.201. 이러한 지하드는 두 가지로 나누어 볼 수 있는데 상위의 지하드는 각 개인이 옳은 것을 스스로 행하기 위한 투쟁을 의미한다. 인간의 존엄성, 이기주의, 원죄 등으로 인해 사람들의 신앙은 자기 자신과 지속적으로 투쟁해야 하고 옳고 선한 것을 행하도록 노력하는 것을 말한다. 한편 하위의 지하드는 외부의 공격으로부터 이슬람을 방어하는 것이다. 무슬림들은 신앙 공동체가 공격 위협에 처했을 때 군사적 방어를 포함하여 이슬람을 방어하려는 준비가 되어 있어야 한다는 것이다.

262) Josh Burke and James Norton, "Q&A: Islamic Fundamentalism: A World-Renowned Scholar Explains Key Points of Islam", *Christian Science Monitor*, October 4, 2001.

263) 특히 일부 급진적인 무슬림 성직자들과 학자들은 아프가니스탄의 지하드들이 소련에 대항한 신의 심판을 도출하였기 때문에 소련이 결국은 붕괴되었다고 결론을 내렸다. 그 결과 급진적인 지하드들은 자신들이 최종적으로 완전히 승리하게 되고 천국이 보장되는 굽히지 않는 힘의 이름으로 싸우고 있다는 열렬한 믿음을 가지게 되었다고 볼 수 있다.

<표 5-1> 국가 지원 종교적 테러리즘의 실제 사례

구분	국가	주요 사례
국가 사례	이란	· 레바논의 헤즈볼라에 대한 이란의 지원 사례
		· 이란의 팔레스타인 이슬람주의자들에 대한 지원
지역분쟁 사례	파키스탄 인도	· 인도의 동파키스탄(방글라데시) 독립전쟁 지원
		· 파키스탄 정보국(ISI)에 의한 잠무카슈미르 지역 이슬람분리주의자 지원

한편, 반체제 종교적 테러리즘은 자신들의 대의가 신성하고 정당한 것이라고 믿는 열렬한 종교적 신도들에 의해 수행되는 정치적 폭력을 의미하는데 <표 5-2>는 주요 사건 사례와 운동, 조직 및 종교 사례를 설명하고 있다.

<표 5-2> 반체제 종교적 테러리즘의 사례

구분	주요 내용
주요 사건 사례	· 사우디아라비아 메카 그랜드 모스크 사건('979. 11)
	· 이스라엘 헤브론 모스크 대량학살 사건(1994. 2)
	· 이스라엘 라빈 총리 암살사건(1995. 11)
	· 이라크 분파주의적 폭력사태(2005. 1)
운동 사례	· 아프간·소련 전쟁기간 국제적 무자헤딘 은동
조직 사례	· 빈라덴의 알카에다 조직
종교 사례	· 옴 진리교의 동경지하철 신경가스 공격(1995. 3)

위와 같은 사례들을 종합해 볼 때 종교는 새로운 테러리즘의 중심적 특징이며, 비대칭 전술, 세포 기반 네트워크, 불특정 다수에 대한 무차별적 공격, 고성능 무기기술의 사용 위협을 활동 방식으로 하고 있다. 알카에다와 급진 이슬람 세력은 이 전략을 개발하였고, 그들의 이념과 신조를 받아들인 개인과 단체의 모델로 활용되고 있다. 종교적 극단주의자들은 이러한 전략을 구사하게 된다면

그들의 주장은 폭넓게 주목을 받게 되고 그 어떤 세력도 대항할 수 없을 것이라고 생각하고 있다. 이렇게 볼 때 종교적 테러리스트들이 머지않은 장래에 위와 같은 전략을 사용할 것이라는 예측은 틀리지 않을 것이다. 특히 이러한 종교적 테러리즘은 다음 장에서 논의하게 될 중동테러리즘의 형성과 태동에 밑거름이 되었다는 점에서 주의 깊게 인식해야 할 부분으로 부각되고 있다.

라. 국제테러리즘

국제테러리즘은 그 파급효과가 국제적으로 영향을 미치는 테러를 말한다. 국제테러의 대상은 주로 국제적 관심을 끄는 상징적 가치와 테러공격을 직접 받은 국가나 이를 지켜본 국가의 국민들에게 주는 충격 때문에 선택된다. 국제무대에서 테러는 정치적 극단주의자들이 혁명투쟁을 국제무대로 확산시키는 것이 선전에 효과적임을 깨닫기 시작한 1960년대 후반 이래 정치적 폭력의 일반적 특징이 되었다. 테러의 규모가 커지면서 혁명운동세력은 그들의 정치적 불만을 국제 쟁점으로 부각시키는 데 성공하였다. 이런 이유로 국제테러는 오늘날 국제정치를 규정하는 핵심 요인 중 하나라는 주장이 설득력을 얻고 있다.[264] 국제테러리즘은 비대칭전의 가장 대표적 사례로 비전통적이고 예측이 거의 불가능한 정치적 폭력행위이다. 테러 자체는 새로운 현상이 아니지만 비대칭전은 오늘날 국제테러리즘의 주요 특징이 되고 있다. 특히 중동테러리즘의 특징으로 규정될 수 있는 여건을 갖추고 있다.

---

264) Carles Kegley, Jr., *An Introduction in International Terrorism: Characteristics, Causes, and Controls*(New York: St. Martin's, 1990), p.3.

국제테러리즘은 세계적 상징성이 큰 목표거나 정치·심리적 파급효과가 국내정치적 차원을 넘어서는 경우에 흔히 발생한다. 외교정책으로서 테러는 보통 반체제운동에 대한 국가 차원의 지원이 특징적이다. 또한 많은 반체제운동이나 극단주의 운동은 계급투쟁이나 민족해방운동 등 국제적 연대하에 이루어지는 경우가 많다. 국내 조직이나 운동단체가 해외에서 자신들의 갈등을 상징하는 인물을 내세우거나 좀 더 큰 국제적 이슈에 관계되는 일이 자주 일어나고 있다. 특히 제2차 세계대전 이후 테러조직들은 자신들이 받는 탄압의 근원과 상징이 연관된 목표를 선정해 왔다.

한편, 역사적으로 많은 혁명운동들이 여타의 운동과 연대를 기도했다. 어떤 경우 혁명운동은 테러 네트워크를 연상시킬 정도로 조직화된 공격과 행동을 보여 주었다. 국제테러리즘 네트워크는 자연적으로 다음과 같은 네 가지 특징을 가지게 되었다. ① 테러조직은 상호 간에 의사소통을 한다. ② 정부가 테러즈직을 지원한다. ③ 테러조직은 상호 간에 지원한다. ④ 국제테러리즘은 기본적으로 공조체제를 갖춘다. 이러한 국제테러리스트 네트워크는 1960년대 이래 국제테러리즘의 한 부분으로 등장했다. 테러 네트워크 모델[265]은 테러 환경의 네트워킹 특징을 이해하는 데 유용하다고 할 수 있으며, 알카에다와 국제 무자헤딘은 현대적 테러 네트워크의 속성을 가장 잘 보여 준 사례라고 볼 수 있다.

---

265) 이러한 국제테러리즘의 네트워크 모델은 몇 가지로 나누어 볼 수 있는데 이는 ① 운동사례(아프간 참전 아랍인들), ② 조직사례(알카에다와 국제테러리즘), ③ 사건사례(마드리드 열차 폭탄테러), ④ 전시사례(이라크의 테러 폭력) 등이다.

3. 전통적 테러리즘의 변화 전망

전통적 테러리즘은 현재 테러리즘의 하나의 요소임에는 틀림없지만 더 이상 테러에 있어서 유일한 모델은 아니라는 것이 지배적인 의견이다. 새롭게 나타난 정치적 환경에 꾸준히 적응해 나간다는 조건이 붙는다면 이런 흐름은 과거의 테러 환경에서도 분석이 가능하다. 테러리즘의 미래는 현재 진행되고 있는 지역분쟁; 신기술, 그리고 상징적인 무방비 목표물에 대한 공격에 의해 정해질 것이다.

이런 관점에서 전통적 테러리즘의 향후 변화 전망에 대해서 앞에서 논의한 패러다임별로 알아보면 다음과 같다. 우선 국가지원 테러리즘은 조만간 사라질 가능성은 없고, 미래의 테러 환경에서도 하나의 특징으로 자리 잡을 것이다. 권위주의 국가는 테러리즘을 국내 정책으로 활용하고 호전적인 국가는 국제테러리즘을 외교정책으로 활용할 여지가 있다. 국내에서 정치적 억압은 인권보다는 국가 권위를 지키는 데 관심이 많은 정권의 일반적인 행태이고, 오랜 관행이었다. 억압의 오래된 수단들은 권위주의 정부의 일반적인 도구로 계속해서 남아 있을 것이다.

1990년대와 2000년대 반체제 테러리즘의 패턴은 이념성이 축소되고 문화적 요소가 증가했다. 종족–민족적 테러리즘은 때론 거대한 규모로 계속 발생하였고, 종교적 테러리즘은 과격한 이슬람 단체들 사이에서 확산되었다. 게다가 무국가 국제테러리즘은 전 지구적인 차원에서 유력한 모델로 부상하기 시작했다. 동서이념 경쟁의 흔적이 종교적 극단주의와 공동체의 끝없는 갈등으로 대치되는 형국에서 이런 경향은 지속될 가능성이 크다. 문명충돌 시나리오는 헌팅턴이 제시한 이후 논의가 광범위하게 이루어지고 있다.

한편 종교적 테러리즘은 세계적인 문제로 발전하고 있다. 종교적 테러리즘은 1980년대에 확산되었고, 1990년대와 2000년대 초반 국제정치와 국내정치의 안정을 위협할 만큼 성장하였다. 종교적 테러 공격의 빈도와 사상자 발생은 이 기간에 급격히 증가하였다. 종교적 테러리스트들은 새로운 조직원을 규합하고 국경선을 벗어나 반자율적인 세포조직 형태로 조직화하는 데 숙달되었다. 20세기 말에 비약적으로 증가한 종교적 폭력은 21세기 테러리즘의 핵심적 요소로 계속될 것임을 시사하고 있다. 국제적으로 여러 국적의 종교적 테러리스트들은 적의 이익을 상징적으로 보여 주는 목표물을 지속적으로 공격하고 있다. 과거 좌파의 국소적 공격과 달리, 종교적 테러리스트들은 살인을 지향하는 경향이 강하게 나타나고 있다.

이데올로기가 원인이 된 소요나 그와 관련된 테러는 2000년대에 들어서서 거의 지속되지 못했다. 이는 그것의 원인이 되었던 자유주의와 공산주의의 양극체제가 1980년대와 90년대에 무너졌기 때문이다. 그럼에도 소수의 마르크스주의 반군들은 여전히 존속하고 있으며, 서구 민주주의 국가들에서는 네오파시즘 혹은 무정부 운동이 신장하고 있음을 목격할 수 있다. 네오파시스트의 폭력은 비교적 낮은 수준의 혐오 범죄, 군중의 소란, 저성능 폭탄을 이용한 형태로 나타나고 있다. 신무정부주의자의 폭력에는 국제회의장에서 경찰과의 다툼, 그리고 인종주의자들과의 대립 등이 있었다. 우익 운동집단의 활동은 계속되고 있고, 가까운 미래에도 성장할 것이다. 네오파시즘 정당들은 유럽에서 성행하면서 재기하는 파시스트

운동의 전위대 또는 무장세력이 될 수도 있을 것이다.

특히 우리가 주목해야 할 사항은 지역적으로는 정치, 종교, 종족, 민족적 분쟁이 중동지역에서 수십 년간 만연했고, 가까운 장래에도 지속될 전망이라는 것이다. 이 지역의 분쟁은 오랫동안 지속되어 왔고, 외견상 해결의 실마리를 쉽게 찾을 수 없을 듯하다. 아랍의 민족주의와 사회주의가 실패한 것으로 인식되면서 이에 불만을 품은 많은 아랍 젊은이들은 근본주의 운동에 관심을 보이고 있다. 미국이 이라크를 침공하면서 많은 외국인 전사들이 종교적 의무감에서 이라크 반군 대열에 합류하였다. 따라서 여러 중요한 국제적 목표물이 중동 전역에서 공격을 받는 결과가 초래되었고, 이런 흐름은 지속될 가능성이 있다. 게다가 이제는 중동지역뿐만 아니라 여타지역에서도 미국과 미국의 정책을 지지하는 국가나 개인에게 위해를 가하는 행태들이 지속적으로 나타나고 있다. 이것은 미래 중동테러리즘이 세계적인 네트워크를 형성해서 위협으로 다가올 것임을 시사하는 것이다. 중동테러리즘은 기존의 일반적인 테러리즘에 지역적 의미를 가미한 개념에서 좀 더 복잡한 모습으로 등장할 것으로 전망된다. 이에 대한 세부적인 특징과 개념 정의는 다음 장에서 논의할 것이다.

Ⅵ. 중동테러리즘

1. 중동테러리즘의 특성

중동테러리즘은 이슬람원리주의에서 정치·이념적 측면을 강조하는 세력들의 영향을 받아 그 성향이 급진적이고 과격한 양상을 띠게 되었다. 그리고 과거 및 현재 중동지역에서 벌어지고 있는 상황[266]이 미국과 서방세계가 이슬람세계를 위협하는 행위로 인식함에 따라 중동테러리즘을 구성하는 구성요원들이 자발적이고 자체적인 증식성향을 갖게 되었다. 이러한 자체 증식성은 이슬람·아랍이라는 공통분모만 있다면 전 세계 어느 곳에서도 테러를 자행할 수 있는 인적 네트워크와 조직의 전산망 체계를 갖추게 하는 주요인으로 작용하였다. 그리고 인적 네트워크와 조직의 전산망은 중동테러리즘이 세계를 무대로 활동할 수 있는 광역성을 확보하게 하

---

[266] 팔레스타인전쟁 이후 발생한 4차례의 중동분쟁과 1991년 걸프전쟁과 다국적군의 활동, 9·11 테러 이후 미국이 수행한 탈레반정권의 와해, 2003년 이라크 침공과 사담 후세인 정부의 붕괴, 이라크에 서구식 민주주의제도 이식 시도 등과 관련된 일련의 상황을 지칭한다.

였다. 이런 관점에서 이 책에서는 중동테러리즘을 '급진적인 성향을 가지고 중동지역에서 자생하거나 중동지역 이슬람원리주의 세력으로부터 영향을 받아 그들의 이념과 신조를 받아들인 개인, 국가, 준국가 단체 및 집단이 아랍과 이슬람세계를 위협하는 행위를 하는 것으로 간주된 미국과 미국의 정책을 지지하는 국가,[267] 준국가 단체 및 개인에게 위해를 가하는 불법적 폭력행위'로 규정하고자 한다.

중동테러리즘의 특성은 중동이 처해 있는 상황과 환경 속에서 살펴볼 수 있다. 우선 중동은 아랍인과 유대인의 갈등, 쿠르드민족의 자치권 문제와 인종, 종파, 정치체제 등 일상적으로 테러리즘의 환경에 노출되어 있다. 또한 미국과 유럽은 이슬람을 테러리즘의 상징으로 여론화하고 있다. 중동테러리즘은 1990년 이전까지는 크게 팔레스타인 문제, 소수민족 분리문제, 세속정부에 대한 일부 이슬람원리주의 단체들의 반정부 활동이 그 주류를 이루고 있었다.

냉전기였던 1979년에 이슬람세계를 외부의 침략으로부터 지키려는 무장활동이 있었다. 구소련의 아프가니스탄 침공 당시, 아프가니스탄에서 소련에 대해 무장활동을 수행했던 무자헤딘은 아프가니스탄뿐만 아니라 이슬람세계의 여러 지역에서 모인 전사들이었다. 냉전체제하에서 미국은 아프가니스탄 반군을 지원하였으며 이

---

267) 물론 "미국과 미국의 정책을 지지하는…"이라는 부분에서 이견이 있을 수 있다. 즉, 1979년 구소련의 아프가니스탄 침공 당시 무자헤딘이 소련에 대항하여 테러활동을 벌였고 미국은 이들을 원조한 사례를 통해 이견을 제시할 수 있다. 그러나 사실은 미국이 전혀 전면에 나서지 않은 가운데 파키스탄의 ISI를 통해 원조함으로써 전쟁이 종결될 때까지 무자헤딘 측에서는 미국의 실체를 파악하지 못했다. 더욱이 전쟁이 끝난 후 미국이 배후에서 반소 지하드를 조종했다는 사실을 알고서 굴욕감을 느꼈으며 이 굴욕감으로 인해 이슬람 무장단체들은 미국에 대해 강한 증오심을 갖게 되었다. 세부내용은 로레타 나폴레오니, 『모던 지하드: 테러, 그 보이지 않는 경제』, 이종인(역)(서울: 시대의창, 2004), pp.187-201. 참조.

슬람권 국가들도 지원을 아끼지 않았다. 소련의 철군과 탈레반정권 수립 후, 이들은 제도권으로 편입하여 활동을 하거나 이들의 전투경험을 필요로 하는 곳으로 흩어지게 되었다. 현재 이슬람세계에서 활동하고 있는 급진 이슬람단체의 조직원들은 대부분 이들의 경험을 전수받아 활동하는 것으로 보인다.

1991년 걸프전쟁과 다국적군의 활동 그리고 9·11 테러 이후 미국이 수행한 탈레반정권의 와해, 2003년 이라크 침공과 사담 후세인 정부의 붕괴, 이라크에 서구식 민주주의제도 이식 시도 등은 무슬림들에게는 이슬람세계를 위협하는 행위로 간주되었다. 이슬람세계의 반발은 지하드 정신을 이끌어 냈고 이 지하드 정신은 급진무장단체들에게 무장활동의 정당성을 부여해 주었다. 중동지역에서 미국의 일방적인 이익추구는 이슬람세계의 위기의식을 불러일으켰고 이후 중동테러리즘은 글로벌화, 대형화, 비대칭적 전쟁의 양상으로 변모하게 되었다.

1964년 창설된 팔레스타인해방기구(Palestine Liberation Organization)가 중동지역에서 활동하기 시작하면서부터 중동테러리즘이 알려지기 시작하였다. 1948년 이스라엘 건국과 아랍 - 이스라엘 간의 연이은 전쟁은 아랍 - 유대인 간의 갈등환경을 조성해 왔다. 1960년대 테러리즘은 중동에서부터 시작하여 유럽, 아시아, 아프리카 지역과 중남미지역으로 급속도로 번져 갔다.

과거의 테러리즘은 한정된 지역 내에서 일어났으나 1960년대에 와서는 세계의 모든 지역이 테러리즘에 노출되었다. 이와 같은 국제테러리즘 환경은 1967년 아랍 - 이스라엘 간의 제3차 전쟁인 '6일 전쟁' 이후부터 조성되고 있다. '6일 전쟁'에서 아랍 국가들이 패전하면서 PLO는 팔레스타인 아랍민족의 문제를 국제정치 문제로 이슈화하겠다는 의지를 표출했고, 전 세계에 있는 미국과 이스라엘의 주권과 재산을 테러공격의 목표로 설정했다. 특히 항공기 납치가 이들의 주요 테러전술이었다.

1970년 요르단을 중심으로 활동한 팔레스타인해방인민전선(Popular Front for the Liberation of Palestine: PELP)에 의해 4대의 항공기가 거의 동시에 피랍되었다. 그중 3대는 요르단의 다슨(Dawson) 공군기지에서 파괴되었고(1970년 9월 3일) 1대는 카이로 공항에서 폭파되었다. 팔레스타인해방인민전선과 일본 적군파가 연계체계를 형성하였으며, 1972년 5월 30일 일본 적군파가 로드공항에서 수류탄과 기관총을 난사하여 28명이 사망하고 78명이 부상당하는 대량살상 테러가 일어났다.[268] 1972년 9월 5일 검은구월단(Black September) 조직에 의해 일어난 뮌헨올림픽 선수촌 테러사건은 로드공항 참사와 함께 전 세계를 경악하게 만들었다. 1972년을 전후하여 테러조직들은 초국가적인 제휴를 통해 협력 체제를 갖추기 시작했다. 테러조직 간 연대의식으로 훈련, 무기 공급, 자금 지원, 피신처 제공 등의 협력관계를 형성하면서 국제테러리즘 환경이 조성된 것이다. 1973년 7월 20일에 발생한 싱가포르에 있는 석유회사 쉘의 유류저장고 습격사건, 1975년 12월 21일에 발생한 빈의 OPEC 각료회의

---

268) 그 이전인 1968년 7월에 팔레스타인해방인민전선의 창설자인 조지 하바시 박사가 로마 발 이스라엘의 로드공항행 엘알 항공기를 납치하여 요르단 다슨 공항에서 폭파시켰으며, 다른 한 대는 이집트 카이로에서 폭파시켰다. 그는 1976년 엔테베 공항사건, 1977년 모가디슈 공항사건에서도 서독적군파와 공조하는 데 주역을 담당하였다. 1972년 5월 30일 로드공항사건은 Eric Morris and Hoe(ed), *Terrorism: Threat and Response*(London: The MaCmillan Press, 1987), pp.22 – 23을 참조하고, 1976년 엔테베 공항사건은 조상현(편집), 「세계전쟁사 디지털북」(대전: 육군군사연구소, 2008)을 참조할 것.

점거사건 등은 팔레스타인해방인민전선 및 일본적군파와 서독의 바더 마인호프 조직과의 협력관계가 만들어 낸 테러였다.

이후 1979년 소련의 아프가니스탄 침공으로 시작된 무자헤딘 등 무슬림 반군의 게릴라활동과 소련군에 대한 테러공격은 아프가니스탄에 새로운 테러리즘 환경을 조성했으며 정치적 이슈가 되었다. 같은 해 이란에 호메이니의 혁명정부가 수립되면서 성직자 중심의 새로운 이슬람원리주의환경이 조성되었다. 호메이니 정권은 PLO 등 이슬람무장단체를 적극적으로 지원하였다. 레바논의 '지하드'와 '헤즈볼라'에 의한 베이루트의 차량 폭탄공격이나 외국인 인질사건은 중동테러리즘의 국제화를 심화시켰다.

1960년대 PLO가 주로 이용한 테러전술은 항공기 납치였으나, 1980년대부터는 자살특공대에 의한 차량폭탄테러공격이 새로운 전술로 부각되었다. 특히 외국인에 대한 인질사건은 오늘날 국제정치의 큰 이슈가 되고 있다. 이에 반하여 유럽 테러단체의 테러전술은 폭파, 납치, 암살 등의 사회범죄적인 성격이 강했다.

중동테러리즘은 국제정치환경으로부터 크게 영향을 받았다. 미·소의 양극체제하에서 소련과 쿠바 등 동구권은 독립을 원하는 대부분의 소수민족 또는 게릴라 조직에게 훈련, 재정, 무기를 공급했다. 더욱이 무기 판매 경쟁, 대중정보매체 발달, 유럽의 국경선 관리 문제, 대량살상무기의 개발 등은 중동테러리즘을 조장하는 요소가 되었으며, 이란·리비아·시리아·이라크·쿠바·니카라과·북한 등 이른바 테러지원국가들에 테러조직 간 합동 테러활동을 할 수 있는 환경을 조성해 주었다.[269]

---

269) Robert B. Oakley, "Terrorism: Overview and Development", US Department of

1982년 6월 이스라엘의 레바논 침공으로 베이루트에 거점을 두고 있던 PLO게릴라 조직이 이스라엘의 압력으로 1983년 아랍 8개국으로 분산 추방당하고 와해되었다. 이후 튀니지로 본부를 옮긴 팔레스타인 저항운동은 좌절감 속에서 새로운 국제테러리즘 환경을 조성했다. 1985년 6월 TWA 874기 피랍사건, 10월 이탈리아 여객선 아켈레 라우로호 피랍사건, 같은 해 12월 로마와 빈 공항 참사사건 등이 그 좋은 예이다.

베이루트에서는 1983년부터 이란의 지원을 받은 테러리스트들이 이스라엘의 레바논 침공과 미국 및 서방유럽의 정책에 대한 불만으로 자살폭탄차량에 의한 미 해병대 막사 공격, 프랑스 군부대 공격, 베이루트와 레바논 주재 미국 및 프랑스 대사관 공격을 시도하여 레바논을 국제테러리즘의 온상으로 만들었다.[270] 한편, 중동의 세속주의 정권에 대한 저항운동과 이에 따른 정부의 탄압은 중동의 일부 급진 이슬람주의자들을 테러리스트로 변모시켰으며, 이슬람원리주의를 테러를 일삼는 급진적인 사상으로 오해하게 만드는 동인으로 작용하였다.

또한 서구 식민 통치의 결과로 형성된 아랍 국가들의 다양한 정체성과 전통과의 단층성은 중동테러리즘 환경으로 작용하고 있다. 팔레스타인 지역의 경우는 시온주의와 아랍민족주의 간의 갈등이

State Bulletin, Vol. 85, No. 2104, November, 1985, p.62. 국제테러리즘을 일으켰고 현재 일으키고 있는 조직으로는 아랍의 PLO, 서독의 적군파, 영국의 북아일랜드 공화군(IRA), 이탈리아의 붉은 여단(BR), 스페인의 ETA, 인도의 시크교도, 스리랑카의 타밀족, 캐나다의 Quebec FLQ 등이 있다. 또한 하마스, 지하드, 헤즈볼라, 쿠르드족, 에리트리안족 등과 같은 소수민족 저항운동 성격을 가진 테러리즘은 그 자체가 국제정치 문제이며 국제테러리즘 환경을 만들고 있는 주요 요인이다. 세부내용은 이재영, 「전쟁」(서울: 대왕사, 2005), pp.230 – 239를 참조할 것.
270) 홍순남, 「뉴욕에서 바그다드까지」(서울: 인간과 자연사, 2003), pp.112 – 115.

오랜 역사성을 갖고 있기 때문에 가장 심각한 테러리즘 환경으로 조성되어 있었다. 특히 영토를 빼앗기고 새로운 정치난민이 된 팔레스타인들은 테러리즘 환경 그 자체가 생존의 가치였다고 할 수 있다.[271]

하나의 문화권이었던 아랍세계가 오스만튀르크제국 말기에 22개 국가행위자로 분열되었으며 이들 아랍 국가들 간의 지역분쟁으로 정치망명 또는 피신 및 테러지원 환경이 조성되었다. 폴리사리오 게릴라 문제는 모로코와 모리타니 및 알제리 간의 잠정적인 테러리즘 환경을 조성했고, 시리아와 이라크의 경합은 이념집권 정당인 '바스당' 간의 경쟁 환경이 되었다. 더욱이 터키와 이라크 및 이란 지역에 광범위하게 거주하고 있는 산악 유목민인 쿠르드족 문제는 걸프전쟁 이후 새로운 테러리즘 환경이 되고 있다. 쿠르드 문제는 팔레스타인 문제와 같은 정도의 정치적 중요성을 가진 국제정치 이슈이며 국제테러리즘 요소이다.[272] 1974년 이후 UN은 PLO를 팔레스타인 아랍인을 대표하는 유일한 합법기구로 인정했다. 그러나 이스라엘과 미국은 이를 인정하지 않고 PLO를 범죄조직인 테러리스트 집단으로 인정하여 새로운 테러리즘 환경이 조성되었다. 또한 쿠르드족 문제도 매우 심각한 중동테러리즘 환경이 되고 있다.

1979년 이란의 호메이니 정권 등장과 그의 이슬람원리주 사상의 수출로 전 이슬람 문화권의 사회적 불안정이 증대되었다. 또 이집트의 무슬림 형제단이 주축이 된 급진 이슬람원리주의자들의 도전

---

271) Helena Cobban, *The Palestinian Liberation Organization*(London: Cambridge Univ. Press, 1984), pp.21 - 35.
272) EUROPA, *The Middle East and North Africa 1991*, 37th ed.(London: Europa Publications Ltd., 1991), pp.475 - 476.

은 결국 사다트 암살 사건으로까지 발전하였다. 더욱이 시아파 무슬림의 영향력 강화는 이집트의 이슬람 보수주의자들을 고무시키고 있다.[273] 레바논 남부지역과 베이루트는 이란의 정신적, 물질적 지원을 받는 시아파 무슬림 무장단체 '지하드'와 '헤즈볼라'가 무장 활동을 하는 중심지역이며, 이 조직들은 자살 특공대와 인질수법이라는 새로운 테러전술들을 개발하여 이행하고 있다.

급진주의 성향의 아랍 국가들과 보수주의 성향의 아랍 국가들 간의 대립도 중동테러리즘 환경을 조성하고 있다. 중동에는 과거 소련과 쿠바 및 동구권의 지원을 받아 반서구적인 국제테러리스트를 양성하는 국가들이 밀집되어 있다.[274] 한편, 중동테러리즘의 대명사였던 PLO는 그들을 지원해 주는 아랍 국가의 대외정책으로부터 큰 영향을 받아 왔다. 이라크가 지원하는 PLFP 조직과 시리아의 지원을 받은 'Saiga' 조직은 반제국주의, 반시온주의 조직이라는 점에서는 일치하지만 서로 대립 관계에 있기도 하다.[275]

특히 1987년에 이스라엘의 아랍 점령지인 동예루살렘과 웨스트 뱅크에서 발생한 '인티파다'는 이스라엘의 강경진압으로 인해 1993년 오슬로 협정 전까지 계속되었다. 전 아랍지역에 반이스라엘, 반미 정서가 고조되어 테러리즘 환경이 조성되었다. 쿠르드족 문제는 터키, 시리아, 이라크, 이란의 경쟁적인 정치변수로 작용하여 지역

---

273) Charles Tripp Roger Owen(ed), *Egypt Under Mubarak*(London: Routledge, 1989), pp.25 – 26.
274) 바더 마인호프 조직은 요르단 내의 PLO 캠프에서 특수군사훈련을 받았고, IRA는 리비아로부터 무기를 공급받았다. 남예멘, 리비아, 베이루트, 시리아, 이라크, 알제리 등은 테러지원 국가가 되었다.
275) Helena Cobban, *The PLO and the Intifada*(Miami: Florida International Univ. Press, 1991), pp.139 – 167.

테러리즘을 유발시킬 수 있다. 또한 쿠르드족 문제와 관련된 지역 테러리즘 환경은 쿠르드족 생존권 문제와 석유 문제, 그리고 주변 국들의 갈등 상황으로 확대되어 국제테러리즘으로 발전할 수 있는 잠재력을 가지고 있다.

이와 같이 중동의 테러리즘 환경은 팔레스타인 문제와 쿠르드족 문제가 해결된다 해도 역 내외 국가 간의 다양한 정치적 이해관계가 얽혀 있기 때문에 쉽게 해소될 수 없을 것으로 판단된다. 팔레스타인과 쿠르드족 문제가 지역적 성격보다 국제적 성격을 더 많이 가지고 있기 때문이다.

이 외에도 중동 내 하부지역에 존재하는 여러 갈등요인으로 인해 중동테러리즘 환경은 계속 조성되고 있다고 할 수 있다. 마그레브 지역, 아프리카 뿔 지역, 오만, 레바논, 리비아, 레반트 지역 등의 작은 분쟁들이 중동테러리즘 환경을 조성하고 있다. 또한 식민지 유산, 석유, 이슬람과 기독교 간의 종교분쟁, 지역분쟁, 소수인종, 강대국의 개입 등도 중동테러리즘 요인으로 작용하고 있다.

테러조직의 보이지 않는 연계로 인해서 중동테러리즘은 점차 '글로벌화' 현상을 보여 왔다. 중동에서의 테러를 지원하기 위한 서독적군파와 일본적군파의 테러리즘뿐만 아니라 이탈리아의 붉은 여단, IRA, 이슬람 급진주의자들의 테러리즘도 중동 정치환경을 악화시키고 있다. 냉전체제의 붕괴 이후 1991년 걸프전쟁으로 미국과 연합군은 이슬람 영토를 밟게 되었다. 냉전체제 이후 무슬림들은, 미국이 걸프전을 통해 패권을 유지하려는 정책을 선택하고 이슬람 세계로부터 일방적인 이익을 추구하고 있다고 보았으며 이를 이슬람세계에 대한 위협으로 받아들였다.

팔레스타인 문제에 대해 미국은 일방적인 친이스라엘정책을 취해 왔으며, 2001년 9 · 11 테러 이후 강력한 대테러정책을 수행해 왔다. 미국은 대테러정책의 일환으로 테러집단을 지원하고 있는 것으로 지목된 아프가니스탄의 탈레반 정권을 붕괴시켰다. 또한 2003년, 대량살상무기를 보유하고 있다는 명분으로 이라크에 대한 군사작전을 실시하여 사담 후세인 정권을 붕괴시켰다. 미국은 이라크를 서구식 민주주의 국가로 변모시켜 중동지역에 민주주의를 확산시키려는 정책을 취하고 있다. 이와 같은 미국의 대중동정책은 이슬람세계의 반발을 불러일으켰다. 이슬람세계를 지키겠다는 지하드정신으로 무장한 이슬람원리주의 단체들의 무장활동 대상은 미국과 미국의 정책을 지지하는 국가들에 집중되었다. 지하드정신을 통해 무슬림들은 반미감정을 갖게 되었고 급진 무장단체들은 지하드정신을 확대 해석하여 무장활동에 대한 정당성을 갖게 되었다.

2. 중동테러리즘의 생성 배경

가. 광신적 종교주의 및 문화적 요소

이슬람 급진주의 테러단체는 중동테러리즘 문화 형성에 있어서 영향력 있는 요소로 인식되고 있지만 문화적인 변화 추이에 의해 테러활동을 하는 유일한 집단은 아니라고 볼 수 있다. 이는 21세기의 시작과 함께 생겨난 많은 종교적 파벌들의 위협이 계속 늘어나고 있기 때문이다. 게다가 종교적 파벌들은 경찰이 그들을 통제했음에도 불구하고 단계적으로 조직을 확대하고 파괴적 목적을 지닌 채 활동하고 있다.

종교적 테러리스트와 종교적 요소를 가지고는 있지만 정치적인 것에 목표를 둔 테러리스트를 구분하는 것은 매우 중요하다. 종교적으로 동기가 부여된 테러리스트는 1980년과 1992년 사이에 6배나 늘어났으며 1990년대에도 지속적으로 늘었다. 호프만(Hoffman)은 "종교적 의무에 의해 테러가 발생하는 것이 오늘날 테러리즘의 가장 중요한 특성이다."라고 단언한다. 이것은 순환하는 테러의 동기로서 그렇게 새로운 현상이 아닐 수도 있다. 민족주의, 무정부주의, 마르크스주의 등 정치적 동기들이 있기 전에는 "종교만이 테러의 정당성을 증명할 수 있었다."[276] 하지만 최근 들어서는 종교가 테러리즘에 있어 이렇게 압도적인 위치에 있지 못하다. 일례로 중동테러리즘이 등장했을 때 확인되었던 테러리스트 단체 중에서 종교적인 곳은 거의 없었다.

민간 여객기를 이용한 2001년 9월 11일의 세계무역센터와 미 국방부 건물 자살테러공격은 세계 역사상 가장 파괴적인 것이었다. 그 공격에서 3,000여 명이 죽기 전까진 한 번의 테러공격으로 가장 많은 사상자를 발생시킨 것은 약 330명의 사망자가 발생하였던 1985년 에어 인디언 항공사 테러사건이었다. 2001년의 대참사는 전문가들이 새천년의 계시와 대량학살에 초점을 두는 새로운 형태의 테러리즘을 정의하고 있을 때 일어났다. 대참사는 그들의 우려를 현실로 만들어 주는 결과를 가져왔다.

미 정부가 2002년에 발행한 '세계 테러리즘의 패턴'에 의하면 최

---

276) David C. Rapoport, "Fear and Trembling: Terrorism in Three Religious Traditions", *American Political Science Review*, 78(September 1984), pp.668 - 672.

근에 테러공격이 사상자는 늘었지만 일어난 횟수는 줄어들었다고 한다.[277]1980년대 후반은 테러공격이 가장 많이 일어나던 때이며 1985 - 1988년에는 매년 600회가 넘는 테러공격이 있었다. 1991년을 제외하고는 1988년 이후로 테러공격은 매년 450회 미만이었고 공격이 가장 적었던 1996 - 1998년에는 300회 정도였다. 1998년에는 공격이 약간 늘어 274회의 공격이 있었지만 1980년대의 테러 횟수에는 미치지 못했다. 이 보고서가 테러공격이 숫자적으로는 줄어들고 있다는 것을 보여 준다. 그러나 테러의 빈도는 줄었지만 그 위험은 줄지 않았다는 것을 알려 주었다.

오사마 빈 라덴과 전 세계 알카에다 테러리스트 네트워크는 신 테러리즘을 대표한다고 할 수 있지만 이슬람의 급진주의만이 종말론적이고 재앙적인 테러리즘의 형태는 아니라고 할 수 있다. 이렇게 바라보는 시각은 옴 진리교라는 일본 종파가 첫 주요 테러공격으로 1995년에 동경의 지하철에 화학무기를 사용하였던 점과 오클라호마의 무라 연방 건물의 폭파로 우익 과격분자들이 극단주의를 보여 준 점, 그리고 기독교 원리주의 테러리스트들도 비슷한 대량학살 경향을 보였던 점 등을 들어 설명할 수 있다.

나딘 구르(Nadine Gurr)와 벤자민 콜(Benjamin Cole)은 화생방 테러리즘을 '세 번째 위험의 물결'이라고 부른다. 미국은 1995년부터 이를 경험하기 시작했다(처음의 두 물결은 소비에트의 1949년 핵 폭탄 실험과 그 뒤를 이었던 핵무기 경쟁이었다.[278]). 데이비드 라

---

277) US Department of State, *Patterns of Global Terrorism 2001*(Washington: GPO, 2002), p.171.
278) Nadine Gurr and Benjamin Cole, *The New Face of Terrorism: Threats from Weapons of Mass Destruction*(New York: I. B. Tauris, 2002).

포포르트(David Rapoport)도 종교적인 동기를 가진 현대적인 테러리즘은 테러리즘의 진화에서 제국의 해체, 비식민지화, 반서구주의에 이은 '네 번째 물결'에 해당한다고 한다.[279]

국가 테러리즘 위원회는 최근 테러의 동기가 정치적 이익보다 종교적 광신에서 비롯되고 있으며 테러리스트들이 사용하는 방법도 과거 어느 때보다 통제에서 벗어나 있다고 한다.[280] 다른 학술 자료들도 비슷한 결론을 낸다.[281] 종전과는 다른 테러리즘에 대한 경고는 2001년 이전의 문헌에 자주 나타나 있다.[282] 그 예로, 에슈턴 카터(Ashton Carter), 존 도치(John Deutch), 필립 젤리코우(Philip Zelikow)는 '국제 관계'에서 1998년에 새로운 재앙인 테러리즘의 위협이 일어나고 있다고 밝혔다.[283] 예전과 같이 일정한 사람들을 격리시키는 것은 최근의 테러리스트에겐 관심의 대상이 아니다. 과거의 정치적, 종교적 활동의 목적과는 달리, 오늘의 테러리스트는 파괴와 혼란이 그들의 목적이다. 요세프 보단스키(Yossef Bodansky)의 '빈 라덴'은

---

279) David C. Rapoport, "The Fouth Wave: September 11 and the History of Terrorism", *Current History*, December 2001, pp.419 - 424.
280) National Commission on Terrorism, *Countering the Changing Threat of International Terrorism: Report of the National Commission on Terrorism*(Washington: GPO, 2000).
281) Walter Laqueur, "Terror's New Face", *Harvard International Review*, 20(Fall 1998), pp.48 - 51.
282) Richard A. Falkenrath, Robert D. Newman, and Bradley A. Thayer, *America's Achilles Heel: Nuclear, Biological, and Chemical Terrorism and Covert Attack* (Cambridge, Mass.: MIT Press, 1998); Philip B. Heymann, *Terrorism and America: A Commonsense Strategy for a Democratic Society*(Cambridge, Mass.: MIT Press, 1998); Bruce Hoffman, *Inside Terrorism*(New York: Columbia Univ. Press, 1998); Brad Roberts, ed., *Terrorism with Chemical and Biological Weapons: Calibrating Risks and Responses*(Alexandria, Va.: Chemical and Biological Arms Control Institute, 1997); and Jessica Stern, *The Ultimate Terrorists*(Cambridge, Mass.: Havard Univ. Press, 1999)
283) Ashton Carter, John Deutch, and Philip Zelikow, "Catastrophic Terrorism", *Foreign Affairs*, 77(November/December 1998), pp.80 - 94.

말릭(S. K. Malik)의 '꾸란에 나와 있는 전쟁개념'을 인용한다.

> *적에게 공포심을 유발시키는 것은 하나의 수단일 뿐만 아니라 목적이다. 공*
> *포심을 유발시키기만 하면 더 이상 달성할 것도 없는 것이다. 테러는 적에*
> *게 결정을 강요하는 게 아니라 우리가 원하는 결정을 강요하는 것이다.*[284]

오늘날의 테러리스트들은 결론적으로 견해와 방식에 있어서 종
말론적으로 변해 가고 있다. 많은 폭력과 과격 단체에게 테러는 끝
을 부르는 것에서 그 자체가 끝이 되었다. 국가 테러리즘 위원회는
울시(R. James Woolsey)의 말을 인용했다. *"오늘의 테러리스트는 식*
탁의 한 자리를 원하는 게 아니라 식탁과 그곳에 앉아 있는 모든
이를 파괴하려고 한다."[285]

테러 전문가들은 테러리즘의 진화는 변화보다는 연속에 가깝다
고 한다. 대량살상 폭파형태들은 오래전부터 테러의 수단으로 사용
되어 왔으며 극도의 과격주의가 테러 동기에 있어 항상 지배적인
요인으로 작용했다고 주장한다.[286] 발터 라쿼(Walter Laqueur)의 가
장 최근의 책은 테러리즘을 분류하거나 정의하는 것에 대해 우려
를 표명하였는데 이는 '여러 가지의 테러리즘'이 있기 때문이며 다
양한 테러활동과 접근의 다양성이 강조되고 있기에 하나의 정의나
분류로 단정 지을 수 없음을 시사한 것이다.[287]

브루스 호프만(Bruce Hoffman)은 1998년에 발행된 자신의 책

---

284) S. K. Malik, *The Quranic Concept of War*(Lahore, India: Wajidalis, 1979).
285) National Commission on Terrorism, *Countering the Changing Theat*, p.2.
286) Chris Quillen, "A Historical Analysis of Mass Casualty Bombers", *Studies in Conflict and Terrorism*, 25(September/October 2002), pp.279－92.
287) Walter Laqueur, *No End to War: Terrorism in the Twenty－First Century*(New York: Continuum, 2003).

『*Inside Terrorism*』에서 테러리즘의 정의에 대해 길게 설명하고 있으며 '정치적 변화'를 테러활동의 최종 목적 중 하나로 포함시키고 있다.[288] 이것은 과거의 전통적인 형태의 어떠한 결과를 위한 테러리즘과 매우 일치한다고 볼 수 있다. 리차드 팔켄라스(Richard Falkenrath)는 9·11 이전에 쓴 논문에서 대량학살 테러리즘은 정도를 아주 벗어난 행위라고 지적한다. 최근의 한 테러리즘 조사는 중동테러리즘의 광적인 파시즘은 20세기의 전체주의 운동과 연관이 있다고 시사하며 변화보다는 연속에 가깝다고 주장하였다.[289]

하지만 최근의 학자들은 중동테러리즘은 과거와 비교해서 상당한 변화를 거쳤다는 견해를 가지고 있다. 여러 가지 요인이 이러한 새로운 테러리즘의 생성에 기여했다고 볼 수 있다. 특히, 폴 윌킨슨(Paul Wilkinson)은 급증하는 테러리스트들의 무차별적 폭력성에 대해 몇 가지 가능성 있는 이유를 제시하고 있다.[290] 첫째, 매스컴이 테러리스트의 잔학행위를 담은 영상과 사진들로 포화상태가 되면서 이들의 행위가 일반대중들에게 그대로 학습되고 대중들을 무감각한 상태로 만들면서 그 파괴의 정도가 증가되었다는 것이다. 둘째, 무방비상태에 놓인 일반 대중을 대상으로 하는 테러행위가 테러리스트들에게 보다 적은 위험성을 초래한다는 것을 깨닫게 하였다. 마지막으로 정치적인 테러리스트에서 맹목적이고 광신론적인 테러리스트로 전환하면서 무차별적 폭력성이 더욱 증가되고 있다.

---

288) Bruce Hoffman, *Inside Terrorism*(New York: Columbia Univ. Press, 1998).

289) Paul Beuman, Terror and Liberalism(New York: W. W. Norton, 2003).

290) Paul Wilkinson, *Terrorist Tagets and Tactics: New Risks to World Order*, Conflict Study 236(Washington: Research Institute for the Study of Conflict and Terrorism, December 1990), p.7.

월킨슨(Wilkinson)이 제시한 요인들이 테러리스트들의 전략과 작전을 정확하게 설명하고 있지만 더 근본적인 요인들이 있다. 세계는 여러 단계에 거쳐 많은 변화를 겪었다. 모든 사회적 변화들을 오늘의 테러리즘과 연관시킬 수는 없지만, 위협의 정도에 있어 전례가 없는 새로운 형태의 테러리즘을 만들어 낸 몇 가지의 요인을 문화적, 정치적, 기술적 요소로 구분하여 고찰할 수 있다.

오늘날의 테러리스트들은 자살폭탄테러를 통한 파괴가 종말론과 종교적 관점에서 볼 때 신성하며 초자연적인 것이라고 생각한다. 정치적인 테러리스트들[291]이 가지고 있는 실질적인 염려들을 종교적인 테러리스트들은 가지고 있지 않다. 정치적인 테러리스트들은 무차별적인 폭력을 부도덕하다고 보고 있다. 하지만 종교적 테러리스트들은 무차별적 폭력이 정당할 뿐만 아니라 종교의 발전을 위해 올바르고 필요한 역할이라고 받아들인다. 더욱이 정치적인 테러리스트의 목표는 여론에 맞추어져 있기 때문에 분별없는 폭력은 역효과를 내므로 바람직하지 못하고 생각한다. 호프만(Hoffman)이 지적했듯이 정치적인 테러리스트와 종교적인 테러리스트는 지지층이 다르다. 정치적인 테러리스트들은 해방되지 않은 주민을 보호하거나 선동하여 지지자나 예비 지지자의 호응을 얻으려고 노력한다. 종교적인 테러리스트들은 주로 자신들이 지지층이기 때문에 파괴행위와 관련된 외부의 추종자가 없는 것이 특징이다.[292]

옴 진리교는 테러리즘의 유형에서 이슬람 급진주의자들과 같이 분류되고 종교적으로 동기가 부여되어 현대 사회를 상징하는 것들

---

291) Braian M. Jenkins, *The Likelihood of Nuclear Terrorism*, P-7119(Santa Monica, Calif.: RAND, July 1985).
292) Hoffman, "Holy Terror", p.273.

을 파괴하였다.293) 여러 가지로 보아 옴 진리교 같은 종파를 추종하는 것은 여러 종파와 관습을 가진 종교 테러리스트만큼이나 위험하다고 할 수 있다. 왜냐하면 과격한 단체와 뜻을 같이하는 좀 더 절제된 지지층이 없고 견제를 위한 영향력도 행사하지 못하기 때문이다. 다만 종교적으로 권위 있는 자들이 이슬람근본주의자나 기독교 과격분자의 극단적인 폭력을 규탄하거나 그들의 행동을 불법으로 간주할 수는 있다.

사이비교가 매우 위험한 또 다른 이유는 한 인물에게 조종되는 성격을 가지고 있기 때문이다. 사이비교가 한 지도자만을 따를 때에 추종자들은 자신의 도덕에 관한 결정을 스스로 내리지 못하고 추론을 위해 다른 출처를 참고하지 않게 된다. 지도자가 감정적, 정신적으로 불안정한 경우에는 큰 파멸을 초래할 수도 있다. 전통적인 종교294)를 믿는 위험한 테러단체들도 비슷한 특징을 가지고 있다.

많은 전문가의 의견에 따르면 옴 진리교는 동경 지하철 사린 공격을 통해 자신들의 위협적인 잠재력을 증명했다고 한다. 브렉켓 (D. W. Brackett)은 "끔찍한 벨이 동경 지하철에서 울렸다. ······테러리스트들은 자신들의 작전을 수행할 때 규칙을 따르지 않지만 성공적으로 폭력을 행사한 후에는 교훈을 얻는다."295)고 말했다. 타인들에게 해가 된 것을 통해 옴 진리교는 테러집단 중에서 악명이

---

293) Mark Juergensmeyer, "Terror Mandated by God", *Terrorism and Political Violence*, 9(Summer 1997), pp.16 - 23.
294) 전통적인 종교라는 것은 사회적인 규범이나 사고수준과 가치관 내에서 인정하고 있는 종교로서 기독교, 가톨릭, 유대교, 이슬람교, 불교 등으로 구분할 수 있다. 그런데 이들 전통적인 종교를 믿는 테러단체들도 그 지도자의 성향에 따라 사이비교가 갖는 특징을 나타내기도 한다.
295) D. W. Brackett, *Holy Terror: Armageddon in Tokyo*(New York: Weatherhill, 1996), pp.5 - 7.

높아졌다. 지도층의 구속에도 불구하고 이 단체는 미래의 위협이 되고 있다. 고학력자와 기술적인 지식이 많은 인원을 모집하는 옴 진리교의 능력은 위협의 큰 부분이다.[296]

과거에는 사이비교가 국가 안보에 위협이 되지 못했고 단지 의지가 약한 부주의한 개개인에게 더욱 위험했다. 사이비교의 집단자살 행위도 국가 안보 위협보다는 개개인의 부주의를 강조하는 인식을 바꾸지 못했다. 하지만 최근 정치적 파괴를 목적으로 하는 사이비교들의 등장으로 이들에 대한 온화한 시선은 바뀌었다. 많은 사이비교들은 근본적으로 억압폭력에 중점을 두기 때문에 테러 방법의 사고 방식에도 익숙해질 수 있다. 사이비교들은 주로 심리학적 조종과 극도의 사생활 침해를 통한 정신적 폭행을 하지만 종종 육체적 학대를 할 때도 있다. 가장 위험한 사이비교들은 세상의 끝에 대한 환상에 매료되어 있으며 다른 주류 종교들의 과격론자들과 같이 사이비교들도 자신들이 해내는 데 도움이 된다고 생각한다. 사이비교의 신화적 인물의 자질은 위협의 척도가 될 수 있다. 복수심에 불타는 신은 수난당하는 구세주보다 위협적이다. 사이비교들이 상황에 따라 주요한 전설들을 바꿀 수 있기 때문에 이러한 조짐들은 예측하기 어려울 수 있다.[297] 요약하자면, 사이비교는 경고 없이 빠르게 출현하고 합리적인 목표가 없으며 사회의 불안과 반대에 의해 동요될 수 있기 때문에 종교적 테러리즘의 매우 위험한 형태이다.

사이비교도건 일반 종교의 과격론자에 의해서건 종교적 테러리스트의 폭력은 과거의 정치적 테러리스트의 폭력보다 현저히 위험

---

296) David Kaplan and Andrew Marshall, *The Cult at the End of the World*(New York: Crown Publishers, 1996), p.74.
297) Stern, *The Ultimate Terrorists*, p.72.

할 수 있다. 호프만(Hoffman)은 "*종교적 테러리스트에게 폭력은 신*
성한 의무이다. 직접적인 신의에 기초하여 실행되는 것이다. 그리
고 성서에 의해 정당화된다."라고 하였다.[298] 종교는 정당한 세력으
로서 제한 없는 종류의 적에게 대규모 폭력을 행사할 뿐만 아니라
강요할 수도 있다.[299] 테러리스트의 폭력은 그 자체가 신성한 영감
에 의한 것이라고 보일 수 있다. 폭력적 이슬람 과격주의에 대한
하나의 해석은 복수를 테러리스트들의 주요 독표라고 본다.[300] 이
러한 추론은 정치적 변화나 기존의 정치적 목적과는 무관하며, 폭
력 그 자체가 목적이라는 의견과 일치한다. 이슬람원리주의는 "*공*
존이나 정치적 타협을 이해하지 못한다. 신성한 테러(Holy Terror)의
옹호자들에겐 이슬람은 지배하거나 지배되어야 한다."[301]고 주장하
고 있으며, 이슬람의 신학적 교리를 중세 때까지 조사한 최근의 연
구는 근래의 철학적 진전이 이슬람 신봉자들의 대량학살 테러리즘
의 우위를 설명한다고 지적한다.[302]

놀랍게도, 분쟁과 테러리즘의 연구에 나온 빈 라덴의 파트와에
대해 "혁신적이지도 독특하지도 않으며 이슬람세계의 광대한 감정
들을 요약하고 있으며 특히 이슬람은 외국의 세속적 세력들과 현
대화에 방어적 자세를 취해야 된다는 사실이 그렇다."[303]라는 것이

---

298) Hoffman, *Inside Terrorism*, p.20.
299) Hoffman, "Holy Terror", p.280.
300) Gavin Cameron, *Nuclear Terrorism*(Basingstoke, Eng.: Macmillan, 1999), p.139.
301) Amir Taheri *Holy Terror: The Inside Story of Islamic Terrorism*(London: Hutchinson, 1987), p.192.
302) Daniel Benjamin and Steven Simon, *The Age of Sacred Terror*(New York: Random House, 2002).
303) Magnus Ranstorp *Studies in Conflic & Terrorism*, 21(October – December 1998), pp.321 – 332.

최근의 분석이다. 하지만 파트와의 몇 가지 내용들은 현대 종교적 테러리즘의 범례에 직접적으로 포함된다. 다음의 부분을 주목할 필요가 있다.

> *책을 계시하고, 구름을 조종하고 파벌주의를 패배시키는 신을 숭배하라. 그는 그의 책에서 이렇게 말한다. "금단의 달들이 지나면 이교도들을 찾을 때마다 싸우고 살해하라⋯⋯."*
> *그것에 의거하고 신의 명령에 추종하는 의미로, 우리는 모든 이슬람교도에게 이 파트와를 선언한다.*
> *미국인과 동맹국들의 군인과 민간인을 살해하라는 명령은 그렇게 할 수 있는 곳에 있는 이슬람교도의 개인적 사명이다.*

9·11이 조금 지난 시점에서 발행된 논문에서, 스티븐 사이먼(Steven Simon)과 데이비드 벤저민(David Benjamin)은 9·11 준비 단계를 포함한 많은 알카에다 공격은 팔레스타인인들의 평화 정책에 유리한 시점에 일어났으며 미국 정부의 어떠한 정책변경도 빈 라덴의 과격주의를 달래지 못했을 거라고 지적한다.[304]

이슬람 테러리스트들이 오늘의 폭력적 과격주의자들 중에서 가장 악명이 높지만, 기독교의 급진주의자들도 새로운 테러리즘의 많은 특징을 보이고 있다. 마크 유겐스마이어(Mark Juergensmeyer)는 그의 책 『Terror in the Mind of God: The Global Rise of Religious Violence』에서 이슬람인과 급진주의적 기독교인, 다른 종교적 테러리스트들이 공유하는 요소들을 정의한다. 그들은 자신들의 기본 주체성과 긍지 보호를 목적으로 삼고 있으며, 투쟁에서 패배하는 것은 상상할 수 없는 일이고, 투쟁은 교착 상태에 빠져서 실제의 시간이

---

304) Steven Simon and Daniel Benjamin, "The Terror", *Survival*, 43(Winter 2001), p.12.

나 용어로는 이길 수 없다고 하였다.305)

과거에는 우파의 기독교 테러리스트들이 식별된 희생자를 상대로 인종적, 종교적인 동기로 폭력을 가했으며, 국가와의 충돌은 테러리스트 집단의 정치적, 종교적 안건에 국가가 간섭할 때만 일어났다.306) 오늘날 그런 집단들은 정부에 대해 직접적인 적의를 가지고 있으며 신봉자들은 정부가 광범위한 음모로 '백인 기독교인의 삶의 방식'을 위협하고 있다고 믿는다. 자국의 테러리즘 가능성에 대한 최근의 FBI 전략 평가는 기독교의 정체와 같은 정통파 기독교와 관련된 극단적 보수주의 단체들에 집중한다.307) 이 중 가장 극단적인 광신자들은 유색 인종들을 인간 이하로 취급하며 그런 사람들을 해치는 것에 대해 양심의 가책을 느끼지 않는다. 추가적으로 그들은 자신들이 악의 세력과 맞서 영구적인 싸움을 하고 있다고 믿고 있으며 요한 계시록이 암시하듯이 종말론적인 난국으로 끝나야 한다고 믿는다. 기독교 테러리스트들은 이 신성한 계획의 실현을 촉진하는 게 자신의 임무라고 판단하며 이것은 보다 강한 수준의 폭력을 허가할 뿐만 아니라 권고한다. 이러한 폭력은 현존하는 사회적 체계들과 정부를 향하고 있으며 유대민족과 재벌, 국제적 기관과 함께 '새로운 세계질서'를 형성하려는 '어둠의 세력'으로 간주된다.

미국의 기독교 폭력이 수십 년간 소수인종과 '부도덕한' 대상에

---

305) Mark Juergensmeyer, *Terror in the Mind of God: The Global Rise of Religious Violence*(Berkeley: Calif. Univ. Press, 2000).

306) Gurr and Cole, *The New Face of Terrorism*, p.144.

307) Federal Bureau of Investigation, *Project Megiddo*(Washington: GPO, 20 October 1999). http://permanent.access.gpo.gov/ips3578/www.fbi.gov/library/megiddo/megiddo.pdf.

집중됐던 반면, 최근에는 폭탄공격을 하고 도시의 물 공급체계에 독을 넣는 등 무분별한 공격으로 확대되고 있다. 이것은 대량학살을 위해 더 심한 부수적 희생도 묵인하겠다는 것을 입증한다. 오클라호마 시의 무라 연방 빌딩폭파는 이러한 동향의 정점이었으며 티모시 맥베이(Timothy McVeigh)가 책임을 인정했지만, 어떠한 이들은 보수적인 시민군이나 기독교 테러리스트들이 연루되어 있다고 추측한다. 미국 경찰관들은 광범위한 폭력 사태를 효과적으로 막을 수 있었고, 오클라호마시티의 사건은 미연에 방지한 수많은 사건 중에서 제외된 비극적인 사건으로 남았다.

해외 이슬람과 미국 내의 기독교 과거분자의 협력이 없는 건 확실하지만, 견해에 있어 그들은 동요할 만한 공통점들을 가지고 있다. 준군사 조직 포세 코미타투스(Posse Comitatus)의 어거스트 크라이스(August Kreis)는 세계 무역센터의 붕괴에 대해 폭언을 하였다. "전쟁을 시작해라! 그의 적에게는 죽음을, 세계 무역센터여 전소하라!" 제시카 스턴 (Jessica Stern)의 최근의 책 『Terror in the Name of God: Why Religious Militants Kill』은 세계의 테러리스트를 5년 넘게 인터뷰한 내용이 담겨 있고 관타나모 베이(Guantanamo Bay) 유치소나 중동의 길거리에서 시작되지 않는다.[308] 그녀가 제시한 첫 예는 한때 텍사스의 트레일러 파크에 있던 기독교 테러리스트이다. 이슬람의 테러리즘이 미국의 가장 두드러진 위협인 건 사실이나, 종교적 폭력과 과격주의의 새로운 추세의 유일한 위험은 아니다.

새로운 테러리스트 단체의 몇 가지 문화적 특징들이 매우 강도

---

308) Jessica Stern, *Terror in the Name of God: Why Religious Militants Kill*(New York: Harper Collins, 2003).

높은 테러 자행을 암시하고 있다. 이러한 것에는 치료를 가장한 의학적 살인, 궁극적인 사회정화를 위한 완전한 사회적 파괴, 대량살상무기에 대한 편견과 한 지도자가 자신을 추종하는 꼭두각시를 지배하는 것 등이 있다.[309] 이러한 양상들은 과거의 테러리스트 집단들과 많은 차이를 보이며, 이러한 특징들을 가지고 있는 집단들은 문명화된 세계에 상당한 위협을 주고 있다.

나. 정치적 · 사회 구조적 요소

세계화가 초래한 중대한 영향 중 하나는 국가 권력의 억제라고 할 수 있다. 비정부조직, 지역적 협력, 세계적 기구의 기하급수적 증가는 이러한 추세에 일조했다. 전통적인 인도주의 비정부조직들인 적십자사나 국경 없는 의사회는 그렇지 않지만, 알카에다는 개인의 자금으로 세계적 이슈를 일으킨 가장 '성공적인' 비정부조직이다. 테러리스트 사이에서 국가 후원자와 직접적 관계를 피하는 추세는 모험적인 강경론자에게 여러 가지 이점이 있다. 테러리스트 집단들은 극단적인 수단을 사용한 후에도 정치적 지지의 하락을 걱정할 필요가 없는 '무조직의 지지자'들을 선호할 가능성이 많다. 하비 쿠스너(Harvey Kushner)는 이러한 전개를 직접적인 국가 지원 축소에 따른 '아마추어' 집단의 증가라고 말한다.[310] 로렌스 프리드만(Lawrence Freedman)은 탈레반 지배하의 아프가니스탄은 테러리즘의 국가적

---

309) Robert J. Lifton, *Destroying the World to Save It: Aum Shinrikyo, Apocalyptic Violence, and the New Global Terrorism*(New York: Metropolitan Books, 1999).
310) Harvey W. Kushner(ed), *The Future of Terrorism: Violence in the New Millennium* (Thousan Oaks, Calif.,: Sage Publications, 1998).

지원보다는 '테러리스트 지원 국가'에 가깝다고 말한다.[311]

국제무대의 몇 가지 발전들은 대량학살 테러리즘을 위한 숙성된 조건을 제공해 왔다. 경제적 자원과 지역에 따른 생활수준의 심한 불평등은 현대 테러리스트의 열렬함과 사악함을 설명할 수 있는 흔한 이유이지만,[312] '불량국가'의 정부 붕괴가 테러리스트의 번식지 역할을 한다는 것이 더 설득력 있는 논리이다.[313] 하지만 가난이 테러를 초래한다는 문서상의 구체적인 설명은 없으며 둘의 관계가 입증이 된 것도 아니다.[314] 자유 무역과 세계화를 통한 이슬람세계로의 서구적 가치와 제도의 침입도 테러리즘 증가의 또 다른 이유이며, 세력이 약한 국가나 집단이 반문하기 위해 이 논리를 이용한다. 세계화의 진행은 기술적·정치적·경제적·문화적인 장벽의 축소를 수반하며, 이기적이고 냉혹하며 부패된 시장 문화를 전통적인 공동체 속으로 전파한다. 많은 이들은 세계화의 주된 요인과 세력이 자신들의 생활방식을 위협한다고 본다. 그런데 세계화가 테러리즘을 유도했던 것과 동시에 테러리즘의 해법 또한 제시하고 있음을 간과해서는 안 된다.

한편 테러리스트들은 계속해서 간접적인 국가 지원의 이익을 누

---

311) Lawrence Freedman, "The Third World War?", *Survival*, 43(Winter 2001), pp.61 - 88.

312) James D. Wolfensohn, "Making the World a Better and Safer Place: The Time for Action in Now", *Politics*, 22(May 2002), pp.118 - 123; Andrew S. Furber, "Don't Drink the Water…" *British Medical Journal*, 326(22 March 2003), p.667; Jan Nederveen Pieterse, "Global Inequality: Bringing Politics Back In", *Third World Quarterly*, 23(December 2002), pp.1023 - 1046.

313) Karin von Hippel, "The Roots of Terrorism: Probing the Myths", *Political Quarterly*, 73(August 2002), pp.25 - 39.

314) Michael Mousseau, "Market Civilization and Its Clash with Terror", *International Security*, 27(Winter 2003), p.6.

린다. 9·11 공격 이후로 부시 정부의 테러에 대한 전쟁에 의해 국가적 차원의 지원 기회가 줄어든 것은 사실이지만, 아직도 대폭적인 국가 지원이 이루어지고 있다. 대테러리스트 활동의 발전은 새로운 테러리즘의 위험한 경향을 퍼트릴 수 있다. 그런데 테러리스트 단체가 직접적으로 국가 지원을 받을 수 없게 되면, 국가는 그들에 대한 추적이 어려워지고 테러리스트 단체는 국가에 책임을 회피할 수 있다. 국가들은 과격한 테러리스트 간체들에 대한 미국의 간섭을 줄이기 위해 보다 적은 통제를 해야 하며 단체에 대한 정확한 정보를 가지고 있어서는 안 된다. 많은 국가들이 미국 정부의 테러지원 국가 목록에 10년 이상 포함돼 있는데 쿠바, 이란, 이라크, 북한, 리비아와 시리아가 이들 국가이다. 최근에는 수단과 아프가니스탄이 테러지원 국가에 포함되었다. 많은 테러지원 국가들은 서로 테러리스트 폭력을 조장하기 위해 훝동하며 테러리스트 활동을 상호 지원하고 협력하고 있다. 일례로 이란은 수단의 테러리스트 양성 훈련장에 투자했으며 팔레스타인의 지하드는 이란과 시리아의 지지를 얻고 있다.[315]

　문제를 더욱 악화시키는 것은 책임을 물을 수 없는 자금 조달에 있다. 이란의 테러단체 지원은 아무런 대상을 도함하지 않을 수 있으며, 이것은 자금이 사라지고 아무런 테러공격이 일어나지 않는 경우가 될 때도 종종 있다. 이러한 예측 불허는 파괴적 보상과 국가와 테러리스트 간의 유착관계에 대한 증거가 불충분하기 때문에 일어난다. 이란은 이러한 이점들 때문에 의식적으로 분산된 명령체계를 만들었다. 무기의 범위를 유지하는 또 다른 장점은 과격주

315) James Adams, *The New Spies*(London: Hutchinson, 1994), pp.180 - 184.

의자들이 조작을 통한 자기 방위를 유지하는 것이다. 수단의 정부 정보 조직은 자신들의 강경 정부의 피해 방지를 위해 분명히 오사마 빈 라덴을 감시했다.[316]

미국의 아프가니스탄과 이라크의 군사행동이 이들 국가의 위협을 감쇄시킨 동안, 다른 테러지원국들은 정치적 이유 때문에 목록에서 제외됐을 수 있다(테러리즘 지원국의 목록은 미국과의 관계를 반영한다는 주장이 빈번히 있었다.[317]). 들리는 바에 의하면 파키스탄의 정보기관은 아프가니스탄과 논쟁 중인 카슈미르(Kashmir)의 극단적인 테러리스트를 후원했다. 추가적으로 사우디아라비아 왕국은 급진주의와 폭력의 후원과 확산에 대해 논쟁의 대상이 되고 있다. RAND 연구소의 분석가 로렌트 무라윅(Laurent Murawiec)은 2002년의 방위 정책 위원회의 보고에서 사우디가 급진적 이슬람인을 원조하는 것과 특히 오사마 빈 라덴의 위험성을 지적함으로써 관심을 받게 되었다. RAND 연구소의 공식 문서에 이러한 분석이 포함되어 있지는 않지만 무라윅(Murawiec)은 교육 지원과 재정적 후원으로 이슬람 안건을 원조하고 있다는 증거를 강조했다.

세계화가 국가적인 테러지원에 많은 제지를 한 것이 사실이나, 테러리스트들은 아직도 많은 자금 조달과 보호를 받을 수 있다. 세계화는 테러리스트들이 목표물을 지정하는 데 도움을 준다. 세계화가 이루어지는 오늘날에는 테러리스트가 목표물에 더 쉽게 도달할

---

316) Frank Smyth, "Culture Clash, Bin Laden, Khartoum and the War Against the West", *Jane's Intelligence Review*, October 1998, p.22.

317) Adrian Guelke, *The Age of Terrorism*(London: I. B. Tauris, 1998), p.148. 이런 관점에서 볼 때 2008. 10. 13에 있었던 북한의 테러지원국 해제 사례 또한 그들의 주장을 일면 반영하는 것이라고 할 수 있다.

수 있으며 목표물이 보다 많은 곳에 노출돼 있으며 사람들을 테러리즘에 의지하도록 자극하는 뉴스와 의견들이 과거보다 더 넓고 빠르게 퍼지고 있다.[318) 이것을 돕는 요인에는 국경의 보안 완화와 새로운 요원의 모집, 자금 조달, 원자재의 이동 등을 수반하는 전 세계적인 산업 기반이 있다.

세계적인 정치적 변화와 더불어 조직의 기량 향상이 테러리스트가 자행한 테러행위에 있어서 치사성을 높였다. 일반 기업들과 같이 테러단체들도 조직적으로 진화했다. 테러단체들은 계급제도와 수직적 조직구조에서 보다 수평적이고 명령에 덜 의존하는 자의적인 구조로 변화하였다. 존 아퀼라(John Arquilla), 데이비드 론펠트(David Ronfeldt)와 미켈레 자니니(Michele Zanini)는 "테러리스트 지도부가 조직원들이 계급제도에 의존하지 않고 스스로 알아서 결정과 행동을 할 수 있는 지침과 같은 원칙으로 이루어져 있다."고 주장했으며, '때로는 지도부가 없거나 또는 무수히 많은 지도부'로 이루어진 조직체라고 설명하였다.[319) 그리고 폴 스미스(Paul Smith)는 알카에다의 다세포적인 구조가 조직적 민첩성을 제공했고 하나의 주요 장점 중 하나라고 말한다.[320) 이러한 융통성은 알카에다가 전 세계적인 네트워크를 통해 그들의 기지를 만들 수 있게 해 주었으며 이들은 작전의 은폐를 위해 이슬람의 비정부조직에 침투하기도

318) Paul R. Pillar, "Terrorism Goes Global: Extremist Groups Extend their Reach Worldwide", *The Brookings Review*, 19(Fall 2001), pp.34 - 37.
319) John Arquilla, David Ronfeldt, and Michele Zanini, "Networks, Netwar, and Information - Age Terrorism", in *Countering the New Terrorism*, ed. Ian O. Lesser et al., MR - 989 - AF(Santa Monica, Calif.: RAND, 1999), p.51.
320) Paul J. Smith, "Transnational Terrorism and the al Qaeda Model: Confronting New Realities", *Parameters*, 32(Summer 2002), p.37.

하였다.[321] 제시카 스턴(Jessica Stern)은 최근에 맹공격에도 아랑곳하지 않고 작전을 수행하는 알카에다의 능력에 대해 설명하였는데, 조직의 놀랍도록 변화무쌍한 특성이 이것을 가능하게 해 주었다고 하였다. 알카에다의 역사를 보면 이들은 놀라울 만큼 임무에 적응하려는 강한 의지를 보였다. 이러한 변화 수용능력은 새로 모집된 대원에게 항상 더 매력적이었고 새로운 협력자들의 흥미를 끌기에 충분했다. 그러나 서구적 관점에서 가장 염려스러운 것은 테러조직을 발견하고 파괴하기 어렵게 되었다는 것이다.[322]

다. 테러수행 기술의 변화

문화적, 종교적 동기들과 정치적, 조직적 요인들과 더불어 기술은 테러리스트들에게 전례가 없는 기회를 제공할 수 있을 정도로 진화하였다. 소련의 붕괴와 비국가 사용자들의 핵무기 확산은 핵테러리즘의 위험을 증가시킨 근본적인 요인이다. 하지만 대량살상무기와 정보통신기술을 이용한 테러행위는 그 실현 가능성이 더 높기 때문에 핵무기 테러리즘보다 더 위협적이다.[323]

일부 학자들은 테러리스트들이 최근 같은 변화의 시대에도 불구하고 대량살상무기는 사용할 수 없을 것이라고 주장한다. 특히 스턴(Stern)은 "대다수의 테러리스트는 다양한 이유 때문에 대량살상무기(WMD)를 사용할 수 없을 것이고 총과 폭탄을 선호할 것"이라

---

321) *Ibid.*, p.38.
322) Jessica Stern, "The Protean Enemy", *Foreign Affairs*, 82(July/August 2003).
323) Brian M. Jenkins, "Will Terrorists Go Nuclear? A Reappraisal", in Kushner, *The Future of Terrorism*, pp.225 – 249.

고 주장한다.[324] 브라이언 젠킨스(Brian Jenkins)는 대부분의 테러리스트 집단이 기술적인 측면에서 보수적인 것에는 동의하지만 테러 행동을 제어하는 스스로 이루어졌던 도덕적 자제는 사라져 가고 있다고 말한다.[325]

발터 라쿼(Walter Laqueur)의 『New Terrorism』은 매우 강력한 대량살상무기의 이용 가능성이 최근 산업사회의 주요 위험이라고 강조한다.[326] 핵을 사용하는 대량살상무기 외에도 화생무기들은 심각한 위험을 초래한다. 생물무기는 인간의 접촉이 있어야만 전염이 가능하지만, 아시아에 퍼졌던 사스(SARS)가 증명했듯이, 이와 연관된 공황과 불확실성은 큰 경제적, 정치적 대가를 치를 수 있으며 병원체에 감염된지 모른 채 받는 인간의 고통은 이루 말할 수도 없다. 생물무기는 여러 가지 형태를 가지고 있으며, 바이러스, 박테리아, 리케차(바이러스와 같이 숙주 안에서 생존할 수 있는 박테리아)가 있다.

화학 독소들은 피해자의 직접적 감염이 필요하다는 것과 살아 있지 않은 병원체라는 것이 생물무기와의 차이점이다. 이것은 무기의 계속적인 전파를 부정하지만, 보다 직접적이고 때로는 더 파괴적인 효과를 수반한다. 화학 병원체에는 여러 가지 종류가 있다. 폐 조직을 손상시키는 질식 병원체와 주요 기관의 작동을 중단시키는 혈액 병원체, 피부를 손상시키는 수포 병원체(발포제), 그리고 가장 치명적인 신경 병원체가 있다. 병원체는 흡입, 피부흡수, 소화

---

324) Stern, *The Ultimate Terrorist*, p.70.
325) Brian M. Jenkins, *op. cit.*, p.234.
326) Walter Laqueur, *The New Terrorism: Fanaticism and the Arms of Mass Destruction* (New York: Oxford Press, 2000).

기관으로의 섭취를 통해 피해자가 감염될 수 있다. 위험을 더하게 하는 것은 많은 치명적인 화학물질들이나 구성성분들을 상업적으로 구입 가능하다는 것이다.

매년 발행되는 미 국무부의 테러리즘 보고서는 2001년 9월 11의 사건은 테러리스트 집단의 대량학살을 계획하고 수행하는 의도와 역량을 증명했다. 또한 이 보고서에 의하면 이러한 전례가 없는 공격들은 화생방 테러리즘의 단계적 확대로 이어질 수 있다고 한다.[327] 보고서에는 아프간 테러 시설의 급습을 통해 찾아낸 증거들과, 하마스(Hamas)의 폭발물의 독 코팅, 이태리에서 체포된 이름 없는 단체의 미국 대사관 지도 소유와 시안화수소 제작이 가능한 화합물 소유를 언급하고 있다. 옴 진리교와 같은 이교도와 미국 테러리스트의 도시 수도 설비의 독사용 계획은 대량살상무기 위협의 증거가 되고 있다.

또 하나 중요한 것은 최근의 통신 장비 발달과 정보 기술의 발달이다. 산업화된 사회들은 정보 시설에 많이 의존하기 때문에 이 기술은 목표 지정의 기회를 제공하며 테러리스트들을 돕는다. 테러리스트들은 자신들의 연락과 선전 활동을 위해 필요하기 때문에 인터넷의 설비 파괴는 피할 것이다. 그러므로 테러리스트들은 정보 네트워크의 전체적 파괴보다는 '조직의 붕괴'에 관심을 보일 것이다.[328] 미국 또는 세계적인 정보 시설의 붕괴는 금융과 사회대변동의 결과를 가져오지만 테러리스트들은 이 영역에 큰 공격을 가할

---

327) US Department of State, *Patterns of Global Terrorism*, p.66.
328) John Arquilla, David Ronfeldt, and Michele Zanini, "Networks, Netwar, and Information-Age Terrorism", in *Countering the New Terrorism*, ed. Ian O. Lesser et al., MR-989-AF(Santa Monica, Calif.: RAND, 1999), p.84.

경향이나 역량을 보이지 않고 있다. 이 분야에 한정된 공격이 있었지만, 정보 기술의 주된 용도는 활동의 표적보다는 테러리스트를 원조하는 데 있다. 세계무역센터와 미 국방부 공격 때 보고된 알카에다의 인터넷과 이메일 사용은 단적인 예가 될 수 있다. 폴 필라(Paul Pillar)가 지적했듯이 정보 기술은 테러리스트의 공격 방법보다 일상의 조직과 통신에 큰 영향을 끼쳤다.[329]

정보 기술의 발달은 테러리스트의 대량학살 능력도 향상시켰다. 앞에서 지적했듯이 9 · 11 이전 최악의 테러리스트 공격은 330명의 목숨을 앗아간 1985년 에어 인디언 항공사 테러사건이었다. 세계무역센터와 미 국방부에 대한 공격은 지난 10년간 발생했던 공격들은 최신 화생방 무기의 파괴력과 그 피해 정드를 작아 보이게 할 수 있다는 것을 보여 주었다. 기술적 발전과 세계화된 시장경제의 발달로 21세기의 위험 증가는 피할 수 없게 되었다.

3. 중동분쟁의 중동테러리즘 형성 역할

팔레스타인전쟁에서 이스라엘은 팔레스타인 지역의 약 80%를 차지하는 전과를 성취하였다. 팔레스타인인 70간 명 이상이 난민으로 전락함으로써 훗날 중동지역의 분쟁요인으로 남게 되었다. 또한 아랍 측의 패배는 일부의 아랍국민들에게 정치적 각성을 일으키게 하는 촉매역할을 하였는데, 그중에 특히 아랍민족주의를 주창한 이

---

329) Paul R. Pillar, "Terrorism Goes Global: Extremist Groups Extend their Reach Worldwide", *The Brookings Review*, 19(Fall 2001), p.36.

집트의 나세르가 등장하는 계기가 되었다. 그리고 이때부터 팔레스타인 사람들은 그들의 문제를 아랍 국가들에 위임하게 되었는데, 이는 아랍 국가들이 팔레스타인 문제를 팔레스타인 아랍인의 문제로 국한시키지 않고 전 아랍인들의 문제로 간주하였기 때문이다.

중동테러리즘 형성에 있어서 팔레스타인전쟁이 갖는 의미는 크게 두 가지 측면으로 살펴볼 수 있다. 첫 번째는 이스라엘의 건국사적인 측면에서 볼 때 이 전쟁을 통하여 이스라엘의 국경선이 최초로 확정되었고, 전 세계에 흩어져 2천여 년에 걸친 유랑경험을 했던 유대인들이 마침내 자신들의 조국을 가지게 되었다는 것이다. 유대인들이 이 전쟁을 독립전쟁이라고 부르는 이유가 바로 여기에 있다. 그것은 유대인들에게는 절박한 생존의 문제였던 것이다. 두 번째는 이러한 유대인들의 삶의 공간의 이념이 독일에 의한 Holocaust로 증폭된 민족생존의 전략이라는 점을 고려하더라도 그것은 그들이 얻은 만큼의 팔레스타인 아랍인들의 희생을 강요하였다는 점이다. 특히, 두 번째 사항은 중동테러리즘이 형성되는 시발점이 되었다는 것에 대해서는 의심의 여지가 없다.

수에즈분쟁으로 불리는 두 번째 전쟁을 계기로 이스라엘은 비록 완전한 승리를 거두지는 못했지만 이후 외교정책이 비교적 안정적으로 전개되었고, 군사적 패배를 정치적 승리로 간주하려는 이집트 등의 아랍 국가들과 '상호 공존의 시대'를 맞게 되었다. 한편 제2차 세계대전 종전 이후에도 이 지역에 대한 상당한 영향력을 행사하던 영국과 프랑스가 전면에서 물러나면서 미국과 소련이 그 자리를 완전히 대체하게 되었다. 이 전쟁은 단순히 이스라엘과 아랍 간의 갈등이 재현된 것 이상의 의미를 갖는 것이다. 즉 이 전쟁을 계기로 동서진영 간의 냉전체제가 중동지역에 하나의 국제적 질서로서 정착됨에 따라 중동분쟁은 여러 수준의 갈등이 중첩되는 복합적인 양상을 띠게 되었다.

특히 두 번에 걸친 전쟁에서 이스라엘이 완승을 거두자 팔레스타인 과격파들 사이에는 새로운 움직임이 나타나기 시작하였다. 정규 전쟁으로는 승산이 없다고 판단한 이들은 대이스라엘 투쟁의 방법으로 테러를 감행하는 무력단체를 구성한 것이다. 즉, 나세르 대통령의 주선에 의해 1964년 1월 제1차 아랍정상회담에서 팔레스타인해방기구(PLO)가 결성되었는데, 이것은 주지하는 바와 같이 테러라는 수단을 통해 궁극적으로 이스라엘을 괴멸시키겠다는 목표를 가진 테러조직이었다.

또한 6일 전쟁으로 이스라엘은 요르단으로부터 동예루살렘을 포함한 요르단 강 서안 지역을, 이집트로부터는 가자지구와 시나이반도를, 시리아로부터는 골란 고원을 획득함으로써 독립 초기의 8배가 되는 영토를 확보하였다. 이러한 점령지의 획득으로 이스라엘은 주변 아랍 국가로부터의 안보위협에서 어느 정도 벗어날 수 있었고 점령지를 하나의 군사적 완충지대이자 평화협상을 위한 용도로 활용할 수 있게 되었다. 그러나 이 전쟁으로 약 30만 명의 팔레스타인인이 요르단 강 서안과 골란 고원을 떠나 난민화되었다.[330] 그리고 팔레스타인 지역에 남아 있는 팔레스타인인들도 점령군의 지배를 받아야 하는 고통 속에 놓이게 되었다. 게다가 6일 전쟁을 통해 아랍-이스라엘 분쟁은 새로운 국면에 접어들게 되는데, 그것은 바로

---

330) Don Peretz, *Palestinians and the Middle East Peace Process*(Washington D.C.: US Institute of Peace Press, 1993), p.13.

팔레스타인 지역에서의 테러 및 게릴라 활동의 증가를 들 수 있다. 이 전쟁을 통해 이스라엘은 1948년의 팔레스타인전쟁 당시보다 약 8배의 영토를 획득하게 된다. 이는 다시 말하면 8배에 해당하는 지역에 거주하던 아랍민족이 그들의 터전을 잃고 난민 신세가 됨을 의미하는 것이다. 이런 이유가 팔레스타인 테러집단의 결속과 그 행동의 과격성을 조장하는 원인으로 작용하였다고 볼 수 있다.

10월 전쟁은 결과적으로 전투에서는 이스라엘이 승리하였고 전쟁에서는 아랍 측이 승리하였다고 볼 수 있다. 이 전쟁은 중동 정치와 중동테러리즘 형성에 있어서 큰 변화를 초래하였는데, 전쟁의 와중에서 산유국들의 석유무기화가 이루어져 강대국들의 중동문제 개입을 정당화시키는 요소로 작용했으며 아랍정치에서 PLO의 존재가 정착되었다는 것이다. 즉 전쟁 중 산유국들은 발언권을 강화하여 이때까지 석유재벌들이 결정하던 석유가격을 산유국들의 연합체인 OPEC의 일방적인 결의로 결정한다는 일대변혁을 일으켰던 것이다. 이러한 결과 10월 전쟁이 발생한 1973년 한 해 동안 석유가가 무려 4배나 폭등하였고 이에 비례하여 중동 산유국들의 정치, 경제적 비중이 크게 상승하였다. 아랍 산유국들의 위상이 강화되면서 그동안 소외되었던 PLO의 정치적 비중이 커지게 되었다. 또한 1973년 11월 알제리에서 열린 아랍정상회담과 제4차 라바트 아랍정상회담에서 PLO가 팔레스타인의 유일하고 합법적인 대표로 승인됨으로써 아랍정치에 있어서 PLO의 존재가 공인받게 되었다. 그리고 유엔 역시 총회 결의로써 팔레스타인 주민에 대하여 외부로부터 간섭받지 않는 자결권, 민족 독립과 주권을 가질 수 있는 권리를 인정하였고, 팔레스타인 주민이 중동의 평화달성을 위한 중요 당사자임을 인정하였다. 이러한 결과로 팔레스타인 민족주의가 국제적으로 정착되었으며, PLO가 지금까지 유지해 온 테러집단으로서의 모습이 아니라 정치적 실체로 국제사회의 일원임을 증명하였다.

한편, 레바논 전쟁은 이스라엘 입장에서 보던 군사적 개입은 제한된 성공을 가져왔는데, 그것은 남부 레바논 지역에서 PLO 세력을 축출하고 그들의 근거지를 파괴하였으며, 뿐만 아니라 다른 반이스라엘 군사조직들의 증가를 억제하는 역할을 하였다. 반면에 레바논은 20억 달러에 달하는 피해를 입어 국가를 재건하는 데 막대한 예산과 노력이 수반되는 상황에 직면하게 되었다. PLO의 국경선 공격을 제거하기 위해 시작된 이번 전쟁은 이스라엘로 하여금 정치적 해결책을 강구해야 하는 짐을 지우게 되었다.[331] 한편, 이 전쟁은 이란과 시리아가 지원하는 헤즈볼라 조직의 탄생에 주요 촉매제적인 역할을 하게 되었는데, 이 헤즈볼라라는 조직은 1991년 레바논에서 이스라엘의 지원을 받지 못하는 유일한 시민군 조직이었으며, 2000년도에는 남부 레바논 지역에서 기존의 PLO조직을 완전히 대체한 조직이었다.

이렇듯 레바논 전쟁은 이스라엘에 대항하는 테러조직의 근거를 소탕하고 그들의 세력을 와해시키기 위해 시작하였으나 기존의 PLO라는 테러조직을 레바논 지역에서 와해시키는 데는 성공하였으나 그 지역을 대체하는 새로운 조직의 탄생을 가져왔으며, 새롭게 조직된 헤즈볼라라는 테러조직은 그들이 추구하는 조직의 목적과 행동 양상에 있어서 기존 테러조직과는 대별되는 양상을 보이

---

331) Sayigh, Y, *Armed Struggle and the Search for State: The Palestinian National Movement 1949－1993*(Oxford: Oxford Univ. Press, 1999), pp.26－57.

기 시작하였다.

이후 발생한 두 차례의 민중봉기(인티파다)는 전 팔레스타인 사람들이 참여함으로써 그들의 마음에 민족적 자긍심과 일체감이 형성되었고 하마스와 같은 강력한 이슬람 저항 단체가 결성되는 여건을 조성하기도 하였다. 이러한 민중봉기는 팔레스타인 분쟁 해결의 계기가 된 동시에 이를 반대하는 이슬람원리주의 조직들을 형성시키는 결과를 가져왔다. 이러한 조직들은 현재 중동지역에서 이루어지고 있는 급진적인 테러리즘 형성에 많은 부분을 담당하고 있다.

4. 중동지역 테러조직 활동 실태

중동지역의 테러리즘은 팔레스타인 문제, 이스라엘의 대아랍정책, 그리고 주변 아랍 국가들의 테러리즘에 대한 접근 방법과 관련되어 있다. 또한 아랍 국가들이 권력 핵심 국가로 부상하기 위하여 테러리즘을 교묘하게 이용 내지 조장하고 있으며, 테러리스트 조직에 대한 주권 국가의 직접적인 지원이 테러리즘의 발생을 촉진하고 있다. 특히 시리아와 이란은 서구의 중동에 대한 영향권을 약화시키기 위하여 테러리즘을 이용하고 있다. 그리고 팔레스타인 테러리스트 조직 중 가장 잘 알려진 팔레스타인해방기구를 지원하고 있는 아랍 국가들인 시리아, 이라크, 이란 등 국가 간의 갈등은 팔레스타인해방기구가 주도하고 있는 테러리즘 사건을 억제하는 데 큰 장애요인으로 대두되고 있다.[332]

중동지역에서는 1948년 5월 이스라엘의 팔레스타인 지역에서 독립하면서 테러리즘의 확산이 태동되었다고 할 수 있다. 1964년 팔레스타인 난민들이 탄생시킨 팔레스타인해방기구는 이 지역에서 발생하는 과격 행동주의 테러리즘 조직을 지도해 가는 중심적인 역할을 하였다. 과격행동과 테러리즘 조직들은 그 후 수없이 생겨났으며 이들은 주변의 정치상황에 편승, 폭력행사의 정도를 변화시키고 있다. 1970년대 이후 중동지역에서 테러리즘 활동을 전개하고 있는 조직은 국가별로 아래와 같이 184개 조직이 활동을 하고 있으며 이 중 극렬한 활동을 벌이고 있는 조직은 다음과 같다.

〈표 6-1〉 중동지역 테러조직 현황[333]

국가	조직	국가	조직
레바논	34	이라크	38
바레인	1	이란	11
사우디아라비아	4	이스라엘	20
서안/가자지구	24	카타르	1
시리아	13	쿠웨이트	2
아랍에미리트	1	터키	25
예멘	3	합계	184
요르단	7		

(1) 아부니달(Abu Nidal Organization)

이 조직은 1974년 사브리 알 바나(Sabri Al Banna)라는 자가 만든 조직으로 세계적으로 가장 위험한 팔레스타인 테러리즘 조직으

---

332) 홍호남, "소수민족 분권주의 운동과 국제테러리즘 전략", 「대테러연구」, 서울: 치안본부, 1990. 6. p.385.
333) 최진태, 『테러리즘의 이론과 실제』, p.83.

로 알려져 있다. 아부니달의 주요 정치적 목표는 시온주의 유대인에 대한 무장 투쟁, 친PLO 고위 인사들에 대한 공격을 통해 이스라엘과 팔레스타인 간의 평화 협상 무산, 팔레스타인 문제에 부정적인 아랍 국가들에 대한 공격 등이다. 이 조직은 이스라엘 국가의 파괴와 아랍이나 이스라엘 국가와 어떠한 화합이나 협력을 하려는 정치, 외교적 노력을 무력화시키는 것을 창설 배경으로 삼고 있다. 팔레스타인해방기구 산하 모든 테러리즘 조직들의 이념 및 활동목표가 그러하듯이 이 조직도 이스라엘의 파괴를 제1의 활동목표로 하고 있다.

현재 아부니달의 대원은 약 500여 명 정도로 알려지고 있으며 이라크, 시리아 등의 지원을 받으며 창설 이후 지금까지 아부니달은 20여 개국에서 테러리즘을 자행하여 1,000명 이상의 사람을 살상하였다. 이들이 행한 주요 테러리즘 사건으로는 1985년 로마와 비엔나 공항에 대한 무차별 공격, 1986년의 팬암 항공기 납치 등이 있다.

(2) 헤즈볼라(Hezballah)

헤즈볼라는 이란 호메이니의 무슬림 군국주 노선에 크게 영향을 받아 1983년에 조직된 정치·군사 조직으로, 행동요원을 포함하여 약 5,000여 명의 대원을 가지고 있는 중동지역 최대 테러리스트 조직이다.

이 조직은 이스라엘의 타도와 팔레스타인에 영원한 왕국을 건설하려는 활동 목표를 위하여 테러리즘을 전술로 활용하고 있다. 정치·군사 이념적으로 이란과 매우 가까운 관계를 유지하고 있으며,

이란의 혁명군이 훈련과 교육은 물론 물적 지원까지 하고 있다. 그리고 테러리즘 수행에 있어서도 이란과 상호 긴밀한 협조 아래 작전을 수행하고 있다.

헤즈볼라는 주로 미국과 미국인에 대한 공격을 자행하고 있으며 이 조직이 행한 주요 사건으로는 1983년의 베이루트 미 해병대 사령부 차량 폭탄공격, 그리고 1992년의 아르헨티나 이스라엘 대사관 폭탄공격 등이 있다.

이후에도 전 세계 지역의 유대인과 미국인 관련 시설이나 인물들에 대한 테러를 자행하였으며, 특히 2005년 11월 21일에는 레바논과 이스라엘의 영유권 분쟁지역인 세바농장 내 이스라엘군 진지에 집중적인 공격을 감행하여 이스라엘과 전면전 직전까지 가는 상황을 조성하기도 하였다.

(3) 하마스(HAMAS)

이스라엘이 점령하고 있는 가지지구와 웨스트 뱅크 지역에서 활동하고 있는 팔레스타인 과격 테러리스트 단체로서 1987년에 무슬림 형제당에서 분리되어 창설되었다. 하마스를 조직한 사람은 무슬림 형제당에서 활발히 활동했던 아마드 야신(Ahmad Yasin)이며, 1987년 인티파다라고 불리는 팔레스타인 민중봉기가 발생한 후 모습을 나타냈다. 하마스는 이슬람 전통과 혁명사상을 강조하면서 지지세력의 기반을 적극적인 조직활동을 통해서 확대하고 있으며 실제로 고도로 발달된 행정조직과 같은 형태를 취하고 있다. 하마스는 중앙의 지도부인 3개의 위원회와 조직의 활동분야별로 독립조직형태로서 4개의 하위조직을 두고 있다. 즉 하마스는 웨스트 뱅크 지역에 3명의 지역 책임자를 두고 있으며 가자지구에 1명의 책임자를 두고 있다. 각 지역마다 지역 책임자의 리더십하에 계속적인 세분화된 세포조직 체제를 갖추고 있다. 하마스는 군사조직으로 에즈 에딘 알 까사미(Ezz Eddin Al-Qassam)를 두고 있는데 하마스의 모든 테러리즘을 계획하고 자행하는 행동조직이다. 1992년 한 해 동안 14회의 테러리즘을 자행하였으며 초기에는 칼 등을 이용한 원시적인 방법을 사용했으나 최근에는 정밀한 무기를 사용하거나 차량을 이용한 폭탄공격, 그리고 자살폭탄공격 등을 이용한 테러리즘을 저지르고 있다. 이스라엘 지역에 이슬람 팔레스타인 국가 건설이라는 정치적 목표달성을 추구하고 있는 하마스는 1991년 마드리드 중동평화회담을 시발점으로 1993년 워싱턴 중동평화조약 등 모든 정치적 협상을 반대하고 있고 협상에 적극적인 PLO 지도자에 대한 공격도 실시하고 있다.

2000년대 들어 하마스와 이스라엘 간에 발생한 충돌사건은 다음과 같다. 2005년 2월 10일 하마스가 이스라엘 가자지구 남부 유대인 정착촌에 박격포 공격을 실시하여 수 미상의 사상자가 발생하였다. 2006년 6월 9일에 이스라엘이 팔레스타인 주민 공격을 이유로 하마스가 이스라엘 영토에 로켓포 공격을 실시하였으며, 2007년 3월 22일에는 팔레스타인 가자지구에서 파타 무장 지휘관을 대상으로 한 무장공격이 발생하여 미상의 인원들이 사망하였다. 이후 이스라엘과 하마스는 휴전을 맺게 되었다. 그런데 하마스는 계속된 로켓공격으로, 이스라엘은 분리장벽의 계속운용 등으로 휴전을 어기게 되자, 이스라엘이 2008년 12월 27일에 하마스의 로켓공격을 최소화하기 위한 명목으로 가자지구를 공습한 사건으로 인하여 이스라엘 - 하마스 무력충돌이 시작되었다. 이 충돌로 발생한 사상자는 팔레스타인 측이 사망 1,380명, 부상 5,380명, 이스라엘 측이 사망 13명, 부상 523명에 달하였다.

(4) 팔레스타인해방인민전선(PFLP)

팔레스타인해방인민전선은 아랍민족주의 운동에 관련된 몇몇 소수 게릴라 집단에 의하여 이스라엘과 6일 전쟁의 참패 직후인 1967년 12월에 결성되었다. 이 조직은 이스라엘의 파멸이라는 목표달성을 위해서는 무자비한 테러리즘이 가장 효과적이라고 보고 극도의 공포 조성을 위해 비전투원인 민간인들도 공격 목표로 삼고 있다.

팔레스타인해방인민전선은 이념적으로 민족주의와 마르크스주의를 표방하면서 이스라엘과는 어떠한 화해도 반대하고 있다. 이들의 제1차적인 목표는 팔레스타인의 완전한 해방이다. 그러나 이들의 궁극적 목표는 중동의 모든 국가에 아랍혁명을 야기한 후 여타 혁명집단들과 합세하여 세계혁명을 달성하는 것이다. 이들의 투쟁 대상은 이스라엘과 제국주의 및 자본주의이다.

비행기의 납치는 이들의 전문적 테러리즘 공격방법이다. 1968년 7월 로마에서 이스라엘의 텔아비브로 가던 비행기를 납치함으로써 하이재킹의 선구자적인 역할을 하였다. 그 후 1976년 6월에는 엔테베 공항 사건을 주도함으로써 악명을 높였다.[334] 또한 1988년 4

---

334) 구광모, 「테러와 국제사회」(서울: 고려원, 1982), p.146.

월에는 쿠웨이트 항공사 소속 K-422편을 공중납치, 16일간이나 승객들을 억류하여 세계인을 놀라게 하였다.

이 조직은 결성 초창기에는 상당히 많은 조직원들을 보유하고 있었으나, 이데올로기의 비유연성에 따른 내부 갈등으로 조직이 와해되어 현재는 약 1,000여 명의 대원들로 구성되어 있다. 이들의 무자비한 테러리즘 전술은 전 세계적 비난과 반발을 사기도 했다. 팔레스타인해방인민전선은 국제테러리즘조직과 긴밀한 연계를 유지하고 있는데, 아르메니아 해방군 등에게 테러리즘 전술을 전파하기도 하였다. 대원은 주로 이스라엘 점령지인 서안 지구에 거주하고 있는 팔레스타인들을 모집하여 훈련시킨 후 이스라엘 공격에 투입하고 있다.

(5) 알카에다(Al-Qaida)

알카에다는 1980년대에 구소련 침공 당시 아프가니스탄 전쟁에 참여했던 아랍인들 간의 협력을 이루기 위해 오사마 빈 라덴이 설립하였다. 이 단체는 아프가니스탄 저항세력을 위한 수니 이슬람 극단주의자들을 징집, 수송, 훈련시키고 경제적 지원을 제공하고 있는 것으로 알려져 있다. 이 단체의 목표는 이슬람 극단주의 단체와 협력하여 이슬람이 아닌 체제들을 타도하고, 이슬람교 국가에서 서방인들 및 비이슬람교도들을 추방함으로써 세계적인 범이슬람 칼리프 지위를 구축하는 것이다. 모든 미국 시민 및 군인 그리고 미국과 동맹을 유지하고 있는 이들을 살해하는 것이 이슬람교도들의 임무라고 주장하며, 1998년 '세계 이슬람 전선의 반유태인 및 반십자군 지하드' 기치하에 성명을 발표하고 테러리즘 캠페인을 시작했다. 이 단체가 자행한 사건으로는 1998년 8월 301명의 사망자와 5,000명 이상의 부상자를 발생시킨 나이로비, 케냐, 다르 에스 살람, 탄자니아 주재 미국 대사관 폭격 사건이 있고 2001년 9·11 테러 사건도 이들 단체의 소행으로 알려지고 있다. 아울러 1995년 초 필리핀 방문 당시 클린턴 전 대통령 암살을 계획한 것으로도 알려져 있다. 이 단체는 동일한 목적을 가진 테러리스트들에 대한 훈련, 재정, 병참 등을 지속적으로 제공해 왔으며 규모는 수백에서 수천 명에 이르는 조직원을 보유하고 있고, 이집트 이슬람 지하드, 알-가미앗 알-이 스라미야, 우즈베키스탄 이슬람운동, 그리고 하타캇 울-무야히딘과 같은 수니 이슬람 과격단체들과 긴밀한 협조관계를 유지하고 있다. 알카에다는 전 세계에 걸쳐 세력을 뻗치고 있으며 많은 국가에 조직 세포를 가지고 있으며 수니 과격단체 조직망과 유대 관계를 갖고 있으며 이들로부터 대원을 지원받고 있다.

2000년대 들어 알카에다와 관련된 주요 테러사건은 아래와 같다. 2004년 10월 23일에는 이라크 바쿠바 시 인근 지역에서 폭탄테러를 자행하여 49명이 사망하였으며, 2005년 4월부터 11월 사이에 이라크 지역에서 수회의 폭탄테러를 자행하여 약 250여 명의 사망자가 발생하였고, 특히 11월 9일에는 요르단 소재 라디슨 등 3개 호텔에 대해 동시 다발적 자살폭탄테러를 가해 67명이 사망하고 300여 명이 부상당하는 사건이 발생하기도 하였다. 그러다가 2006년에는 파키스탄(3.21), 필리핀(9.6) 등지에서 폭탄테러를 자행하였다. 2007년에는 3월 19일 파키스탄 와지리스탄 지역에서 교전이 발생하여 160여 명이 사망하였고, 6월 5일 이라크 팔루자 폭탄테러로 18명 사망, 10월 28일 이라크에서 반알카에다 인사 납치사건 등이 발생하였다. '08년과 '09년 전반기에도 알카에다와 연관이 되어 있을 것으로 짐작되는 사건들이 발생하였으나 현재 그 관련 여부에 대한 확인 작업이 이루어지고 있다.

Ⅶ. 중동테러리즘
급진주의로의 발전

1. 이슬람원리주의의 등장

'이슬람원리주의'라는 용어는 이슬람원리주의자나 무슬림세계에서 나온 것이 아니라 서방에서 기원된 용어이다.[335] 이슬람원리주의의 본 의미는 이슬람의 기본적인 원리원칙으로 복귀하는 것과 이슬람의 순수한 도덕과 윤리의 시대로 되돌아가는 것, 그리고 신과 인간, 사회와 인간 사이의 공정한 균형 관계로 복원하는 것을 의미한다. 이슬람원리주의에 대한 실천은 종교부흥 측면, 사회개혁 측면, 그리고 지하드정신의 영향으로 초기 이슬람으로의 회귀와 이슬람정신의 전 세계적 구현이라는 구호 아래 급진적이고 과격한 행동을 수행하는 정치 이념적 측면으로 나타나고 있다.

---

335) 이 용어는 미국의 복음주의자들 가운데 과격한 일파를 지칭한 것이었다. 이들은 현대 신학 뿐만 아니라 문화의 세속화 동향에 반대하여 싸우는 것이 기독교도의 임무라고 생각했다. 이들은 조직을 구성하여 사회변화에 정면도전도 서슴지 않았기 때문에 복음주의자들과는 구별된다. 김정위, "이슬람원리주의", 한국이슬람학회논총, 제3집(1993), pp.101 - 102.

1400여 년에 걸쳐 이슬람은 종교로서뿐만 아니라 정치, 경제, 사회, 문화 등 인간 생활의 모든 분야를 포괄하는 보편적 이론이자 삶의 방식으로 인식되어 왔다. 아랍민족에게 가장 기본적인 공동체 의식으로 자리 잡아 온 이슬람은 그 역사 초기에는 정교일치의 지도이념으로서 이슬람공동체 움마(Ummah)라는 강력한 정치체제의 근간이 되어 왔다. 그러나 서구의 진출과 이에 따른 서구 사상의 유입으로 아랍·이슬람세계는 종교와 정치가 분리되는 경향을 나타냈으며, 서구의 가치를 따르는 정치이념이나 아랍민족주의와 같은 세속적 정치이념이 큰 영향력을 갖게 되었다. 그 후 이슬람세계는 초기 이슬람시대의 정교일치 이데올로기에서 벗어나 서구식 정치체제를 유지하며 점차 정치와 종교 간의 구분이 생겨나게 되었다.

서구식 정체체제를 유지하는 아랍정권들이 점차 부패하고 무슬림의 열망에 못 미치는 정책들을 수행하자 통치 이데올로기로서의 아랍민족주의는 더 이상 무슬림의 지지를 받지 못하게 되었다. 이렇게 아랍민족주의, 사회주의, 공산주의 등으로 인해 이념의 공백상태가 발생하자, 이슬람은 새로운 지도 이념으로 자리 잡았고 급격히 정치화되기 시작하였다. 이슬람원리주의가 그 대체 이념으로 등장하게 된 것이다. 이슬람원리주의의 기본적인 구호는 '초기 이슬람으로의 회귀'이다.

전통 이슬람이 정치 현실에서 동떨어져 무관심해지고, 이슬람 사회가 서구화되고 부패하면서 무슬림 공동체가 점차 쇠락의 길을 걷게 되자, 이에 대한 반발로서 이슬람원리주의가 등장하게 된 것이다. 중동지역의 이슬람국가들이 서구 열강의 침투와 압력에 적절하게 대응하지 못하였고, 종국에는 그 대부분이 제국주의 세력의

식민지가 되거나 그 영향권에 속하게 되자 이슬람원리주의 운동은 더욱 거세어지고 강화되었다.[336]

이슬람원리주의의 배경에는 이분법적 세계관[337]이 작용하였다. 이슬람원리주의자들은 내부 위기와 외부 위협이 이슬람의 본질을 위협하기 시작했고 특히 세속화의 물결이 급격히 무슬림 공동체로 밀려들면서 이상세계로서의 이슬람세계에 대한 열망과 관심은 소멸되어 가고 있다고 보았다. 이러한 추세는 이슬람세계를 이교도의 세계를 동경하는 새로운 무지의 세계로 몰아가고 있다는 위기의식을 낳게 하였다. 이러한 관점에서 현실의 모순 구조를 타파하고 이슬람의 본질적 가치가 구현되는 초기 이슬람시대의 이상적인 사회를 건설하기 위한 방법으로 모든 무슬림의 이슬람원리주의 운동이 요구되었고 구체적인 실천논리로서 정치와 종고가 일치하는 이슬람 가치에 입각한 정치운동이 발전하게 되었다.

아랍의 통합 이념으로 제시되었던 민족주의 이념의 한계를 지적하며 새롭게 등장한 이슬람원리주의 운동의 본질적인 목표는 인종, 문화, 역사, 언어를 초월한 종교 공동체인 이슬람 움마의 건설이다. 이 공동체는 상반된 이해관계로 인하여 분쟁이 빈발하는 사회에서 나타나는 갈등과 반목을 제거하여 사회 구성원 간의 타협과 화해를 지향하는 사회이다. 또한 움마는 분배의 정의를 완성하여 빈부

---

336) 김정위, "이슬람원리주의 사상과 이론", 「국제정치와 이슬람권리주의 운동」(서울: 민맥, 1994), p.65.
337) 이슬람원리주의의 전통적 관점에 의하면 세계와 인류는 둘로 나뉘는데, 하나는 이슬람의 법률과 신앙이 지배하는 이슬람세계이고 또 다른 하나는 이교도가 지배하는 전쟁의 세계인 비이슬람 영역이다. 따라서 무슬림들의 궁극적인 목표는 후자의 세계에 속하는 민중들을 이슬람세계로 이끄는 데 있다고 보았다. 최재훈, "중동테러리즘과 급진 이슬람원리주의의 역학관계 연구", 박사학위논문(한국외대, 2006), p.72.

의 격차가 거의 없고 동등한 기회를 보장받는 경제적인 평등상태를 지향하는 사회이다. 정치적으로는 독선과 부패가 소멸되고 거짓이 없는 정의의 국가를 지향하는 사회인 것이다.[338]

이슬람원리주의자들은 이슬람 공동체의 건설 여부가 '무슬림들이 이슬람의 가르침에 얼마나 충실하는가'에 달려 있다고 보고 있다. 신의 가르침인 꾸란은 신성한 것이며, 본질적으로 그 가르침을 따르는 모든 인류는 정치, 경제, 문화 등의 영역에서 평화와 번영을 보장받을 수 있다는 것이다. 또한 이들은 이슬람 교의에서 나온 강령들은 단순히 종교의 실천 강령이 아닌 삶의 전 영역으로 승화될 수 있다고 믿고 있다. 이러한 신념으로 이슬람원리주의자들은 이슬람의 본질적 원리와 가치가 실현되는 움마의 건설을 위하여 적극적인 투쟁을 시작했다.

이슬람사회를 개혁하고 보완하려는 이슬람원리주의자들은 이슬람의 정교일치의 지배이데올로기는 개혁의 대상으로 여기지 않았다. 오히려 이슬람 통치이데올로기를 완벽한 것으로 보았고 서구식 정치체제를 도입한 정권을 비이슬람적인 정권으로 여기게 되었다. 이슬람원리주의자들은 비이슬람적 요소를 지닌 정권과 그 정책을 반대하였고, 정권과의 대립으로 이슬람원리주의는 정치 이념적 특성을 갖는 급진사상으로 변모하게 되었다.

이슬람원리주의의 정치 이념적 급진사상은 집권층의 세속적 정책운용과 서구 편향적 행태에 반대하며 발생하였다. 이슬람 부흥운동이 이슬람의 종교적 측면을 내세웠고 개혁운동이 토착적이며 전

---

338) Wilfred C. Smith, *Islam in Modern History*(Princeton: Princeton Univ. Press, 1977), p.27.

통적인 이슬람 요소와 서구의 문화적 요소와의 혼합에서 나왔다면, 정치 이념적 급진사상은 근대 서구식 민족국가의 출현에 대한 대응책으로 나온 것이다. 이에 따라 급진사상은 배타적, 전통 수호적 측면을 지니게 되었다. 즉 이슬람원리주의의 급진사상은 외세를 배격하고 이슬람의 부흥운동과 개혁운동을 창조적으로 수용하며 이슬람의 지하드 개념으로 무장해 이슬람의 원리적 정치를 구현해 보려는 정치 이념적 특성이 강했다.

이러한 사상의 시발점은 영국보호령이었던 인도였다. 지하드를 표방한 정통적인 이슬람원리주의 사상이 세속에 물든 민족주의에 대한 반발로 등장하였다. 그 대표적 주창자는 마우두디(Abu Ala' Maududi)였다. 그에 의하면, 민족주의는 인류를 민족별 또는 언어별로 갈라놓아 인류의 단합을 깨뜨리는 불합리한 사상이며 예언자 무함마드가 제거하려 애썼던 부족주의의 재현이라는 것이다. 이슬람에서 투쟁의 대상은 무신론, 다신론 및 우상숭배이지만, 민족주의와 인종주의 역시 투쟁 대상으로 삼아야 한다는 것이다. 따라서 인류는 충성심을 영토, 인종 또는 언어에 바치기보다 정신적 측면을 우위에 두고 물질적 측면을 다스리는 정치적 체계에 충실해야 한다는 것이다. 그의 사상은 급진적 성향 이론의 원형으로 간주된다.[339]

이슬람 급진사상을 보다 정화한 이는 무슬림형제단의 사이드 꾸뜹(Sayyid Qutb)이다. 특히 그는 자힐리야(Jahiliyya)의 개념을 20세기의 상황에 맞게 확대 해석한 점이 독창적이다. 그는 이슬람 이전의 아라비아반도 상황에 대해 초창기 무슬림들이 '자힐리야'라고

---

339) 김정위, "이슬람원리주의 사상과 이론", 『국제정치와 이슬람원리주의 운동』(서울: 민맥, 1994), p.110.

규정한 것을 현대의 무신론적 실태에도 적용한 것이다. 즉 '자힐리야'란 시간과 장소에 관계없이 절대 신의 계시가 인간의 의식과 생활을 지배하지 못할 때는 언제나 다양한 모습으로 고개를 든다고 보았다. 그의 이론에 의하면 현대의 사상 체계인 자본주의, 공산주의 및 민족주의는 자힐리야의 재현 형태인 것이다. 그는 오늘날의 수많은 무슬림 공동체가 절대 신의 유일성을 믿고 있기는 하지만 신에게 부여받은 통치권의 행사를 세속주의자들에게 넘기고 있다고 보았다. 이슬람이 신으로부터 부여받은 이 권위를 지키지 못한 점은 무슬림 공동체의 정체성에 손상이 간 것을 의미했다.

꾸뜹의 이론에 바탕을 둔 급진성향의 원리주의 운동은 1979년 이란에서 이슬람혁명이 성공하자 더욱 기세를 올리게 되었다. 이란의 이슬람원리주의 혁명은 현대 무슬림 국가 중 최초로 정권을 획득한 사건으로 다른 수니파 무슬림국가의 원리주의자들에게 충격과 희망을 동시에 제공한 사건이었다. 이란의 이슬람 혁명에 고무된 이슬람원리주의자들은 정치체계 내의 정치행위 수행과 더불어 탄압을 받는 정치환경하에서는 급진적이고 과격한 정치활동을 통해 자신들의 의지를 표출하려 하고 있다. 이들은 기존 정당이나 정권에 대항하여 이슬람적 요소를 강조하여 무슬림들의 지지를 얻고자 하였다.[340]

시리아 정부로부터 철저하게 탄압을 받은 시리아 무슬림형제단은 1970년에서 1982년에 걸쳐 전국 각지에서 반체제 테러활동을 보였다. 특히 1982년 초 제3의 대도시 하마(Hama)에서 일어난 폭

---

340) 이러한 사례는 터키의 이슬람부흥당, 예멘의 이슬람개혁당, 알제리의 이슬람구국전선 등이 있었다. 최재훈, *op. cit.,* p.90.

동에서는 2,000명 이상의 사상자가 발생했으며 도시 건물의 절반이 파괴될 정도로 과격한 양상을 보였다.

1981년 사다트 이집트 대통령의 암살도 급진주의 무슬림형제단원의 소행으로 확인되었다. 튀니지에서는 1983년 식량폭동 이후 대량 실업과 극심한 생활고를 배경으로 이슬람원리주의 단체인 나흐다(Nahdah)의 활동이 활발했으나 튀니지 정부의 단속과 통제가 강화되자 원리주의 운동은 침체되고 이들의 활동은 약화되었다.

한편 요르단과 알제리에서는 제도권 내의 정치행위가 눈길을 끌었다. 요르단에서는 1989년 4월 총선에서 무슬림형제단을 중심으로 한 원리주의자들이 80개의 의석 중 36석을 차지하여 주목을 끌었다. 알제리에서도 1992년 총선에서 이슬람원리주의 정당인 이슬람구국전선이 집권당인 민족해방전선을 누르고 대승하자 민족해방전선은 즉시 계엄령을 선포하고 구국전선을 해체시켜 극히 불안한 정국을 조성하였다.

수단에서는 1989년 6월, 오마르 알 바시르(Omar - Al - Bashir) 중장의 지휘 아래 쿠데타가 일어나 야당인 국민이슬람전선(National Islamic Front)과 연합하여 정권을 장악하였다. 이는 수니 무슬림 세계에서 최초의 원리주의 정권이 탄생한 것을 의미했다.

팔레스타인 해방 운동에도 이슬람원리주의자들의 세력과 활동은 영향을 주었다. 1987년 이후 팔레스타인에서는 인티파다(Intifada)운동이 일어났고 그 여파로 이슬람 저항운동단체인 하마스[341]가 등장하였다. 1992년 이스라엘 정부는 하마스 조직원 400명을 레바논으

---

341) 하마스(Hamas)는 아랍어 'Harakat al - Muqawamah al - Islamiyyah'(the Islamic Resistance Movement)의 머리글자 합성어이며, 합성어 'Hamas'는 열정의 뜻을 지니고 있다. 하마스는 1980년대 후반 팔레스타인에 있는 무슬림 형제단의 하부 투쟁단체로 출발했다.

로 추방했으나 국제사회의 압력으로 그 조치는 부분적으로 번복되었다. 1993년 9월 팔레스타인해방기구(PLO)가 이스라엘 정부와 타협하여 요르단 강 서안(West Bank)과 가자지구에 걸친 팔레스타인 자치정부수립안에 서명하자 하마스는 강력히 반발하였다.[342]

정치 이념적 급진사상은 이슬람원리주의 조직들이 정치세력화 과정에서 기존 정권과의 대립양상을 가져오는 이념적 기반으로 작용하였으며 일부 급진 이슬람원리주의조직을 탄생하게 하는 사상적 기반이 되었다. 일부 급진 이슬람원리주의자들은 지하드를 재해석하여 서구식 정치체제를 수용한 정권과 이슬람세계를 위협하는 외세에 대해 지하드를 선포하고 무장활동을 정당화하려 하였다. 1991년 걸프전 이후 이들의 무장활동은 빈번해지고 조직화되어 새로운 중동테러리즘 환경을 조성하게 되었다.

2. 중동테러리즘의 급진적 성향 변화

일부 급진주의 무장조직의 무장활동은 그들이 주장하는 정당성이 어떠하든 간에 그 대상과 방법에 있어 민간인에 대한 대량살상과 공포유발이라는 결과를 초래한 경우 명백한 테러리즘으로 규정된다. 무장세력의 무분별하고 과열된 활동은 이들이 재해석한 지하드의 의미를 퇴색하게 하였으며 지하드 본래의 의미와 이슬람의 본뜻까지도 오해하는 결과를 초래하였다. 이렇게 급진 이슬람원리

---

342) 김정위, "이슬람원리주의 사상과 이론", 「국제정치와 이슬람원리주의 운동」(서울: 민맥, 1994), p.110 - 111.

주의 운동은 중동테러리즘의 성격을 변화시키는 결정적인 단서로 작용하였다고 할 수 있다.

20세기 중후반에 이르러 테러리즘은 세계적인 위협이 되었고 이탈리아, 독일, 페루, 일본, 그리스, 이스라엘 - 팔레스타인, 이집트, 예멘, 이란, 터키, 이라크 등 세계 각국의 안보 위협의 변수가 되고 있다. 테러리스트들은 민족주의 집단이나 국가의 이름을 빌려 시민들을 향해 테러를 자행해 왔다. 일부 극단적인 조직들은 민족주의, 인종주의, 부족주의 등의 문제를 종교와 결부시켰고, 지역적 수준에서 폭력과 테러를 이용하였다. 보스니아의 세르비아인, 인도의 힌두교 민족주의자들, 스리랑카의 타밀 반군과 싱할리 반군, 그리고 북아일랜드와 바스크 분리주의자 등을 그 예로 들 수 있다. 그러나 가장 보편적인 종교 테러리즘의 사례는 이슬람세계에서 나타났다. 알카에다는 컴퓨터, 팩스, 인터넷, 휴대전화와 같은 현대 기술을 테러무기로 응용하는 지식을 가졌다는 측면에서 보면 현대화된 테러리즘의 신기원을 열었으며 테러리즘의 글로벌화를 탄생시켰다. 알카에다는 정체성과 조직원 충원 시스템에서 초국가적이라 할 수 있으며 이데올로기, 전략, 목표, 조직구성, 국제적 거래 시스템을 가졌다는 점에서 글로벌화된 조직이라 할 수 있다.

9·11이 일어나기 전에 미국 정부는 이슬람과 테러리즘을 구분하려는 입장을 표명했다. 그러나 9·11 테러 이후 일어난 반이슬람정서와 반테러법의 등장은 이슬람에 대한 편견과 무슬림들의 인권침해에 대한 가능성을 가중시키고 있다.[343] 이슬람에 대한 오해

---

343) John L. Esposito, *Unholy War - Terror in the Name of Islam*(Oxford: Oxford Univ. Press, 2002), pp.151 - 152.

와 지하드, 중동테러리즘은 왜곡된 개인 또는 종교 교리의 산물이 아니라 정치적, 경제적 상황의 결과로 보아야 한다.

9·11 테러가 발생한 직후 비극적인 테러 장면을 보며 거리에서 환호하는 일부 아랍인들의 모습이 방영된 바 있다. 이는 문명화된 사회와 테러리즘 사이에서 전쟁을 벌이고 있다는 선동적인 대응이었다. 이와 같은 언론의 대응은 강경론자의 논조에 힘을 실어 주었지만 깊은 중동지역의 현실적인 문제와 해묵은 문제의 핵심을 간과한 것이었다. 또한 압도적인 군사력으로 순식간에 아프간전쟁에서 승리한 것과 이라크에서의 민주주의 추구가 테러리스트들 혹은 잠재적인 테러리스트들에게 효과적인 메시지를 전달했다고 믿는 것은 현재와 미래의 또 다른 테러리즘 위협을 간과하고 있는 해석이다. 이른바 '테러리스트'들이 살고 있는 지역의 정치적, 경제적 문제가 존재하는 한 또 다른 빈 라덴이 언제라도 나올 수 있는 것이며 그들의 지하드를 위한 자원자들은 쉽게 충원될 수 있기 때문이다.

오사마 빈 라덴은 이라크의 사담 후세인이나 이란의 아야톨라 호메이니처럼 무슬림들 사이에 널리 퍼져 있는 자국 정부와 미국에 대한 불만의 기류를 정확하게 파악했다. 그는 급진 이슬람원리주의 조직과 마찬가지로 지하드 개념을 재해석하여 폭력, 테러를 정당화하는 데 이용하였다. 반미주의는 테러리스트들의 맹목적인 분노뿐 아니라 많은 아랍 무슬림 세계에 널리 퍼져 있는 미국의 일방주의 외교정책에 대한 반대로 점차 힘을 얻어 갔다. 과거와는 다르게 무슬림 세계는 더 이상 서방의 대중매체에 의존하지 않는다. 국제적인 아랍 무슬림 방송사들은 국제 뉴스를 직접 다루고 있다. 무슬림들은 알자지라의 뉴스를 보며 팔레스타인 – 이스라엘, 이라크, 체첸, 카시미르분쟁에 대한 자신들의 시각을 지니게 되었다. 그렇기 때문에 무슬림들은 미국의 외교적 독단과 동시에 민주화, 인권을 옹호하는 태도에 대한 모순을 느끼게 되었다.

글로벌 테러리즘에 대한 대테러 전쟁은 무슬림 국가의 법치 제도나 시민사회에 제한을 가해서는 안 될 것이다. 급진 이슬람원리주의 운동의 위험성을 악용해 모든 이슬람 운동들을 위협적인 요소라고 규정짓거나 무력수단을 동원한다면 이는 새로운 국가 테러리즘으로 규정될 수 있다.

미국과 서구국가들은 군사 작전과 대외정책, 국내 안보 문제와 대테러법 입안 등 모든 사안에 있어서 균형 잡힌 태도를 보여야 한다. 글로벌 테러리즘을 억제하기 위해서는 미 행정부의 일방주의 외교정책을 재 고찰하거나 수정해야 하고 무슬림국가들로 하여금 국제정치에 참여하도록 유도하여 힘의 균형을 이루려는 과정이 모색되어야 한다. 만일 미국의 대외정책이 효과적으로 수행되지 않는다면 반미주의의 확산을 심화시킬 수 있으며 극단적인 이슬람 운동을 증폭시키고 빈 라덴 같은 급진주의자들을 양성하는 결과를 초래하게 될 것이다.

냉전체제의 종식은 제2차 세계대전 이후 국제정치의 축을 형성해 왔던 양극체제의 붕괴를 의미했다. 향후 국제체제가 어떻게 변모할 것인가에 대한 논의가 있어 왔다. 1991년 걸프전쟁은 탈냉전 시기 이후의 실험적 성격을 지닌 전쟁으로 분석되고 있다.[344] 미·소 간의 대립적인 정치환경이 붕괴되고 테러리즘의 보호막으로 작용했던 동구권과 소련의 붕괴는 국제정치의 새로운 질서를 요구하

---

344) 홍순남, 「뉴욕에서 바그다드까지」(서울: 인간과 자연사, 2003), p.111.

였다. 신국제환경에서 미국은 소련이라는 주적이 사라지고 유일한 강대국으로서 국제정치체제를 이끌어 가는 일방주의 정치환경을 갖게 되었다. 신국제질서 수립을 위한 시행착오적인 정치실험이 중동지역에 나타났다. 1991년 걸프전쟁으로 미국의 일방주의 정책에 대한 무슬림의 반발이 시작되었고 이는 2001년 9·11 테러로 표출되었다. 국제정치체제를 이끌어 가려는 일방주의정책으로 중동에서 대규모 연합 군사작전을 실시한 미국은 이슬람세계를 자극하는 결과를 일으켰던 것이다.

2001년 9·11 테러의 배후로 지목된 오사마 빈 라덴과 알카에다 조직은 아랍인이며 무슬림들이었다. 알카에다 조직을 비호하는 아프가니스탄의 탈레반 정권은 이슬람원리주의 정권이었다. 따라서 9·11 테러 이후 시작된 미국의 대테러 전쟁은 이슬람과의 전쟁으로 비춰지고 있다.

국제사회는 이스라엘 건국 이후로 시작된 팔레스타인 민족의 저항을 중동테러리즘으로 이해하여 왔다. 급진 이슬람원리주의자들은 팔레스타인 민족투쟁에 사상적 기반을 제공하고 이들의 무장투쟁을 지원해 왔다. 이를 근거로 하여 국제사회는 아랍과 이슬람을 동일시하여 테러의 온상으로 보는 시각을 일부 갖게 되었다. 이란의 이슬람 혁명 이전까지 미국은 팔레비 정권을 지원해 왔다. 냉전체제하에서 소련의 남하를 견제하고자 했던 정책이었다. 1979년 이란의 이슬람 혁명으로 미국은 중동에서의 영향력이 감소됐으며 자국민이 인질로 억류되는 경험을 한 바 있다. 이란에서의 영향력 감소를 상쇄하기 위하여 사우디아라비아와의 군사안보조약, 이스라엘과의 공조정책을 취해 왔다.

무슬림들은 냉전 종식 이후 미국의 일방적인 정책과 친이스라엘 정책, 이슬람세계에서의 군사작전 및 사우디아라비아의 미군 주둔 등을 이슬람세계를 위협하는 외부로부터의 요소로 간주했다.

걸프전에서 미국과 연합군이 승리해 무슬림들과 아랍인들이 분노했던 것처럼, 9·11 테러로 미국인들은 아랍과 이슬람에 대해 증오감을 갖게 되었다. 미래의 국제체제를 문명 간의 충돌로 설명하려는 이른바 문명충돌론은 이 같은 상황을 더욱 악화시켰다. 미국은 테러와의 전쟁이 특정 민족과 종교를 대상으로 하는 것이 아니라고 밝혔으나 이슬람국가들은 이슬람세계가 미국의 대테러 전쟁의 표적이 되었다고 보았다.

중동테러리즘은 처음에는 크게 팔레스타인 문제와 급진 이슬람원리주의자들의 대정부 투쟁양상의 틀 안에서 진행되어 왔다. 그러나 걸프전 이후 외부의 위협으로부터 이슬람세계를 지키기 위한 지하드 사상이 급진 이슬람원리주의 조직들에 의해 새롭게 해석되어 대두되었다.

오사마 빈 라덴은 이슬람세계에 미군이 주둔한 사실을 굴욕으로 여겼으며, 기독교 십자군의 재현으로 보았기에 이슬람세계를 지키기 위해 미국에 대해 선전포고를 하였다. 1993년 소말리아 주둔 미군에 대한 공격, 1995년과 1996년 사우디아라비아에 위치한 미군시설물에 대한 폭탄테러사건, 1998년 케냐와 탄자니아의 미 대사관 동시 폭탄테러사건 그리고 2000년 예멘에서의 미군 함정 콜 호에 대한 고무보트 폭탄테러사건은 이슬람세계의 일부 급진 이슬람원리주의 조직들이 수행한 미국에 대한 전쟁행위였다. 급진 이슬람원리주의 조직들의 이와 같은 테러행위는 반미, 반서구 감정으로 기독교

문명에 대한 공격이었으며 이슬람의 적이 미국과 이스라엘로 정의된 것을 의미했다. 미국은 급진단체의 무장활동을 테러로 규정하고 9·11 테러 이후 본격적인 대테러 군사작전을 개시하였다. 미국은 테러집단의 지원국가에 대한 압박과 대량살상무기 보유를 테러리즘으로 규정하여 대량살상무기 보유국가에 대한 사찰을 추진하였다. 아프가니스탄에서의 군사작전과 이라크에서의 군사작전은 대테러전쟁의 일환으로 실시되었다. 미국은 미 국민의 분노를 달래기 위한 희생양이 필요했으며 대량살상무기의 확산 방지를 대테러 전쟁의 명분으로 하였다. 한편 이스라엘은 세계적인 반테러 체제를 이용하여 팔레스타인 무장세력을 테러단체로 규정하여 강력한 진압에 나섰고 2004년 3월과 4월, 하마스의 최고 지도자였던 아흐마드 야신과 압드 알 아지즈 알 란티시가 각각 암살당하게 된다.

3. 중동지역 테러활동 전망

중동지역의 테러활동에 대해 예측하기는 쉽지 않다. 중동지역 테러조직들의 행동 양태를 살펴볼 때 그 움직임이 매우 유동적이며, 느슨하고 때로는 모호하기까지 하기 때문이다. 그러나 중동지역 테러리즘의 향후 전략을 예측하는 일은 매우 중요하며 또한 시급히 필요하다. 빈 라덴이 미국에 대해 선전포고를 하고 테러리스트로 급부상할 때부터 지금까지 그의 전략을 분석해 보면 빈 라덴의 전략은 크게 두 가지로 볼 수 있다. 중동테러리즘의 확산과 테러리스트 단체의 통합이 바로 그것이다.

9·11 테러는 중동테러리즘에 일대 변혁을 가져다주었다. 중동의 이슬람은 미국에 대한 테러에 열광했으며 빈 라덴은 중동 테러리스트들에게 영웅이 되었다. 이들이 빈 라덴과 9·11에서 얻은 교훈은 더욱 과격한 테러만이 적을 물리칠 수 있다는 신념이었다. 그리고 9·11 테러는 미국에 대한 단순한 공격이라기보다는 중동 테러리즘의 확산이라는 측면에서 이해해야 한다. 또한 알카에다와 테러리스트 단체들 간의 연계는 테러리스트 단체의 통합이라는 전략적 측면에서 이해해야 할 것이다.

9·11 테러 사건과 이라크 전쟁을 통해 중동테러리즘의 확산이라는 큰 성과를 달성한 빈 라덴에게 남은 앞으로의 과제는 바로 중동 이슬람 테러리스트 단체의 재통합이다. 빈 라덴은 오래전부터 중동테러리즘 네트워크의 통합에 엄청난 노력을 기울여 왔으며 실제 1998년 2월의 '십자군과 유대인에 저항하는 국제 이슬람 전선(the World Islamic Front for Jihad Against Jews and Crusaders)' 파트와를 발표하여 이슬람 연합전선을 구축했다. 물론 현재까지 알카에다가 여러 이슬람 테러리스트와 협력하고 있다는 것 외에 1998년 2월의 파트와처럼 공식적인 움직임은 포착된 것이 없으며 재통합설을 증명할 별다른 증거가 있는 것은 아니다. 그러나 이는 미국의 대테러 전쟁으로 알카에다가 입은 피해가 생각보다 크고 미국의 끈질긴 추적 때문에 성급히 일을 추진하지 못하고 있을 뿐, 중동의 이슬람테러리스트 단체를 재통합하겠다는 목적이 사라진 것은 결코 아니다.

한편, 최근 들어 중동에서는 팔레스타인의 하마스와 레바논의 헤즈볼라, 이집트의 무슬림 형제단 같은 극단주의 세력이 선거에서

잇따라 승리를 거두었다. 시리아는 이스라엘과의 평화를 거부하고 있으며 사담 후세인이 제거된 이라크에서는 폭력 사태가 그치지 않고 있고 아랍 정부들의 개혁운동은 실패로 돌아갔다.

세부적으로는 중동지역 테러리즘의 활동 전망에 대해 테러 관련 사건의 통계를 중심으로 테러발생이 급증하는 현상, 테러의 지방화 현상, 테러행위의 네트워크가 복잡화하는 현상, 자살테러의 점진적인 증가 현상 등으로 분석하기도 한다.

첫째, 테러발생으로 인한 사상자의 수가 증가하는 현상이 당분간은 지속될 것이라는 전망이다. 2001년 빈 라덴의 알카에다에 의해 자행된 것으로 확인되고 있는 9·11 테러 이후 이슬람 영향권에 있는 중동 및 동남아시아에서 알카에다 조직을 모방하는 수많은 테러가 발생했다. 알카에다 혹은 그 추종 세력은 동시다발적으로 전 세계를 상대로 테러를 벌였다. 이런 현상에 대해 9·11 이후 현재까지 알카에다의 잔존 세력 또는 추종 세력들이 전개하는 테러의 추세를 글로벌적인 성격으로 규정지었다. 이런 추세에 대응하여 미국은 아프간에 대한 보복공격과 같은 직접적 군사개입 혹은 파키스탄과 같은 관련 국가들에 '테러와의 전쟁'이란 명목으로 군사원조가 제공되면서 알카에다의 리더십, 조직, 테러능력 등에 심각한 타격을 주었다. 이 때문에 아래 표에서 보는 바와 같이 2002년엔 이슬람 과격단체들의 테러활동이 소강상태를 보였지만 2003년에는 2배 가까이 늘었으며 2007년을 기점으로 약간 주춤하는 현상을 보이고 있다. 2009년 전반기까지의 테러사건의 발생빈도는 <표 7-1>에서 보여 주는 것과 같이 줄어들고 있으나 사상자나 부상자 발생 등을 나타내는 그 강도 면에서는 증가하였으며 향후에도 늘어날 것으로 판단된다.

<표 7 - 1> 9 · 11 이후 테러사건 발생현황[345]

구분	'01	'02	'03	'04	'05	'06	'07	'08	'09 전반
테러 관련 사상자	·	9,202	10,249	16,303	21,309	·	22,372	21,921	8,406
테러 관련 사망자	·	3,110	4,057	5,231	7,140	·	11,340	11,574	4,706
테러사건	743	498	809	988	1,877	2,863	3,430	3,217	1,294

둘째, 테러의 지역화 현상이 두드러질 것이라는 예측이다. 2006
년 미 국무부의 연례테러 동향과 2009년 한국 국가정보원 대테러
정보통합지원센터 자료에서도 지적했듯이 2003년 이후 테러사건의
발생수가 급격히 증가했다 하더라도 테러사건의 대부분은 중동지
역에 한정되어 발생했다. 또한 9 · 11 이래 미국은 다수의 알카에
다 지도자들을 사살하거나 고립시킴으로써 글로벌 테러행위에 대
한 알카에다의 리더십 역할을 상대적으로 축소시켰다.[346] 이런 결
과가 현재 중동지역에서 발생하고 있는 알카에다의 통제를 벗어난
소규모의 탈조직화된 테러리스트들의 부상으로 나타났다. 학자들은
이를 자생적 테러조직 또는 테러의 지방화라고 부른다. 결국 이것
은 시간이 흐를수록 실질적으로 대규모 테러를 모의하기보다는 추
정하기가 거의 불가능한 소규모 테러의 산발적 행위를 유발함을
의미한다.

지배적인 범죄조직이 몰락할 경우 지배적 범죄조직의 하부에 기

---

345) 위 (표 - 7)은 국가정보원 대테러정보통합지원센터 2009년 테러통계자료를 토대로 재작성
하였음.
346) 2005년 AP통신이 선정한 국제테러지도자 12명 중에서 5명이 미국이 주도하는 '테러와의 전
쟁'에서 사망하고 나머지 7명은 오지로 은신한 것으로 알려져 있다(연합뉴스: 2006/06/10).

생하는 소규모 범죄조직이 더욱 폭력적 경향을 보이듯이 지배적인 테러조직의 리더십이 존재하지 않는 경우 그 하부단체 혹은 지배적 테러조직의 목표를 추구하는 모방테러는 더욱 폭력적인 경향을 보일 것이다. 따라서 알카에다의 리더십이 약화되었다는 의미는 가까운 장래에 새로운 테러조직이 등장할 때까지 산발적 혹은 소규모 테러행위는 지속적으로 발생할 것이며 테러행위를 적발하기도 상대적으로 더욱 어려워지고, 테러행위 역시 대량살상무기가 아닌 전통적인 테러수단인 폭탄 등을 이용할 전망이다.[347]

셋째, 테러행위의 점증하는 복잡성이 강화될 것이라는 전망이다. 소규모 테러조직들은 전통적 게릴라 전술인 Hit & Run과 세계화와 정보혁명의 혜택을 결합시킬 것이다. 그런 형태가 인터넷을 통해 로컬 네트워크를 더욱 강화시키는 방향으로 전환되고 있다. 또한 독자적으로 활동하면서 국제 지하드의 이식을 인터넷을 통해 구현하고 있다. 소규모의 자치적인 테러조직들은 이를 통해 테러행위의 정체성, 구조, 동기, 전술, 재정, 정보 등을 선전하고 나아가 이를 기반으로 반미, 반제국주의, 반독재 등과 같은 선전효과의 극대화를 노리고 있다. 와이만(Gabriel Weimann)이 지적한 것처럼 테러리즘의 웹 지향 현상이 등장할 것으로 예상[348]되는데 이는 알카에다와 추종 세력 역시 정보수집, 분석, 그리고 역정보 등 다양한 방법을 구사하기 때문이다.

이런 추세라면 과격 이슬람 테러조직은 새로운 형태의 테러양상

---

347) Raphael, Perl, "Trends in Terrorism: 2006", *CRS Report for Congress*, July 21, 2006, p.5.
348) Gabriel Weimann, *Terror and Internet: The New Arena, the New Challenge* (United Institute for Peace, 2006), p.309.

을 전개할 것이다. 현재 이라크 중심의 국지적인 테러양상이 주류를 이루지만 앞으로는 지금의 중동이나 동남아 혹은 일부 서구의 선진국에 한정되는 것이 아니라 전 세계 지역으로까지 확산하여 발생할 것으로 예상된다.

넷째, 이라크와 미군이 점령한 지역에서 자살테러가 점진적으로 증가할 것이다. 2003년 4월 이전에는 이라크에서 자살테러가 발생하지 않았다. 4월 이후 2003년 동안 20건의 자살 테러 그리고 2004년에는 50건의 자살테러가 발생했다.[349] 2005년 전 세계 테러 사건의 1/3이 이라크에서 발생했으며 테러 관련 사망자의 수는 50%에 이른다. 그러나 이라크에서 보고된 테러행위에 대해 일부 분석가들은 미 점령군 혹은 이라크 정부에 대한 반란행위인지 혹은 범죄행위인지에 대한 구별이 모호한 경우가 많다고 지적한다. 중요한 사실은 자살테러의 발생 원인이다. 현재 자살테러가 발생하는 대부분의 지역에서는 자국의 영토로부터 외국군의 철수를 목표로 하고 있다. 이 때문에 자살테러리스트들은 종교적이라기보다는 주로 민족주의적 성향을 지닌다. 물론 2008년 들어선 미국의 오바마 행정부는 조속한 이라크에서의 미군 철수를 계획하고 있지만, 현재 이라크에서 발생하고 있는 미군에 대한 자살테러의 목표는 미군의 철수이다. 또한 자살테러리스트들의 개인적 수준인 이타적 동기가 자살테러의 중요한 요인이다. 자살테러는 테러리스트 자신의 생명을 버리는 것이기 때문에 타인에 대한 사랑이 없다면 불가능한 것이다.[350]

---

349) Robert A. Pape, *Dying to Win: The Strategic Logic of Suicide Terrorism*(Random House, 2005), p.246.
350) Pape, *op. cit.*, pp.21 - 23.

이라크에서 자살테러의 증가와 함께 최근 아프간의 탈레반이 자살 테러를 새로운 전술로 채택했다. 미국의 아프간 침공으로 탈레반 정권이 축출된 2001년 12월부터 2005년까지 아프간에서 자살테러는 5건에 불과했다. 그러나 2006년에는 81건의 자살테러로 약 700명 이상이 사망했다.[351] 이와 같이 이라크에서 미군이 철수하기 이전까지, 그리고 미군이 점령한 기타 지역(아프가니스탄 등)에서 향후 미군을 목표로 하는 자살테러는 더욱 많이 발생할 가능성이 높다.

다섯 번째, 국가지원테러 행위는 감소할 것이라는 전망이다. 이것은 반테러 국제협력의 증가와 상대적으로 밀접한 관계가 있다. 그러나 이런 현상은 과격 이슬람 정당의 영향력 확대를 초래했다.[352] 극단적으로 테러조직들이 합법적으로 정권을 장악하려는 시도인데 대표적인 사례가 팔레스타인의 하마스이다. 또한 RAND 연구소에서는 테러경향으로 시민대상의 테러 증가, 경제적 시설물에 대한 테러의 증가 등을 꼽았다.

마지막으로 경제적 측면에서 중동 산유국들의 부의 증가와 테러 비용 증가는 비례할 것이라는 관측이다. 즉, 1960년대 이후 강대국들의 중동지역 석유 의존도는 지속적으로 상승하고 있으며[353] 그에

---

351) 연합뉴스, 2006/10/22.
352) Raphael, Perl, "Trends in Terrorism: 2006", *CRS Report for Congress*, July 21, 2006, p.12.
353) 1차 석유위기 이후 석유달러가 물밀듯이 밀려들어오면서 아랍 지도자들은 엄청난 수출대금을 관리해야 하는 입장이 되었다. 현금계정이 차고 넘치자 많은 중동 국가 지도자들이 무장단체를 지원했다. 로레타 나폴레오니, 『모던지하드: 테러, 그 보이지 않는 경제』, 이종인 (역)(서울: 시대의창, 2004), pp.72 - 73. 참조. 그런데 1974년 석유 가격의 상승으로 제1차 석유위기가 발생했고 산유국들은 엄청난 현금을 만지게 되었다. 이 돈은 산유국의 당좌 계정에 들어가 국제수지를 흑자 쪽으로 크게 기울게 했다. 산유국들은 수지 균형을 맞추기 위해 자본의 해외 투자를 시행했다. 돈은 곧 미국과 유럽의 은행으로 흘러들어 갔고 그 은행들은 서방 국가들에 투자했다. 이 과정을 석유 달러의 리사이클링이라고 한다. 즉, 돈의 흐름이 당초 서방에서 시작됐고 산유국의 국제수지를 좋게 만든 다음에 서방 은행을 통해

따른 중동지역의 주요 산유국 GDP 성장률도 세계평균 상승률을
상회하는 수치를 낳고 있다.

<표 7-2> 강대국들의 중동산 석유 의존도[354]

구분	서유럽	미국
1967년	25%	0.7%
1976년	37%	5.0%

이러한 중동지역 산유국들의 부의 증가는 테러단체들에 든든한
자금줄 역할을 견실히 하고 있는 것으로 확인되고 있다.[355]

<표 7-3> 2008년 중동지역 주요 국가 GDP 성장률[356]

국가	세계평균	UAE	이집트	이란	이라크	리비아
성장률	3.7%	8.5%	7.2%	6.2%	5.9%	5.4%

중동지역 테러리즘 활동 전망에 있어서 가장 주목할 현상은
1950년대나 60년대의 사고로 되돌아갔다는 점이다. 이란을 포함한
중동 세계의 문제는 이스라엘, 미국, 서방에 의해 생겼으며 완전한
승리는 실용주의나 화해, 경제발전이 아닌 폭력적 수단에 의해서만
이뤄질 수 있다는 전통적 사고가 다시 부상하고 있다. 당시와 달라

다시 서방으로 흘러들었던 것이다.

354) Kenneth N. Waltz, "Structural Causes and Economic Effects", *Conflict After The Cold War*, ed. Richard K. Betts(New York: Macmillan Publishing Co., 1994), pp.221-231의 내용을 참조하여 작성한 것임.

355) 최진태, 『알카에다와 국제테러조직』(서울: 대영문화사, 2006), pp.35-41; 박준서, 『뉴테러리즘 개론』(서울: 백산출판사, 2006), pp.139-143; 로레타 나폴레오니, 『모던지하드: 테러, 그 보이지 않는 경제』, 이종인(역)(서울: 시대의창, 2004), pp.72-90.

356) IMF 2008년 세계경제전망 참조.

진 점이 있다면 범아랍민족주의가 아닌 이슬람원리주의가 주도하고 있다는 것이다. 이것은 앞으로도 중동지역은 세계의 화약고로서 끊이지 않는 테러의 중심으로 남게 될 가능성이 높다는 것을 암시하고 있다.

그러나 테러중심으로의 잔류는 가능성일 뿐이며 몇 가지 그동안 시도하려고 했던 정책적 제안들을 통해 중동지역에서의 평화를 실현하기 위한 방안을 제시하고자 한다.

첫 번째는 1946년 초 영미합동조사위원회 활동 중에 유대 측에서 주장한 내용으로 당시 헤브라이대학교 총장이었던 마그네스(Judan L. Magnes) 박사의 복합민족주의이다. 이는 하나의 국가체제 내에서 두 개 이상의 민족이 상존하는 체제로서 당시에는 커다란 호응을 받지 못하였으나 현재 중동지역에서의 변화조짐은 이러한 복합민족주의의 실험적 활용을 검토해 볼 만한 것으로 생각한다.

두 번째는 평화를 위한 국가연합체제의 구성이다. 이것의 전제조건은 현재 팔레스타인 자치구역이 국가로서의 성격을 갖출 수 있도록 이스라엘 측의 양보가 필요하며 상호 국가의 실체 인정과 신뢰구축이 무엇보다 중요하다고 하겠다.

세 번째는 1978년 켐프데이비드협정, 1991∼92년 마드리드와 워싱턴에서 있었던 아랍 - 이스라엘 평화회담, 1993년 오슬로회담, 1994년 요르단 - 이스라엘 평화조약, 1997년과 98년에 있었던 웨스트뱅크 양도 조약 등이 성실하게 이행될 수 있도록 강대국들의 역할을 주문하고자 한다. 특히 중동지역 테러단체의 자금 네트워크가 시간이 갈수록 거대해지면서 유럽, 아시아, 아프리카 등 전 세계적 네트워크로 확장되었다. 따라서 이러한 네트워크를 차단하여 테러단체들의 자금줄을 동결하는 것이 중동테러리즘의 확산을 방지하는 하나의 방편이 될 수 있다고 본다. 어찌 보면 현재의 중동문제에 대한 많은 부분의 책임이 영국, 미국, 프랑스, 러시아 등 강대국에 있음을 부인할 수 없다. 따라서 국제정치의 책임 있는 위치에 있는 국가로서 중동문제 해결에 적극적으로 나서주어야 할 것으로 판단한다.

Ⅷ. 결 론

중동지역 분쟁의 원인에 대한 연구는 그동안 종교적인 문제, 민족적인 문제, 국제체제 성격으로서의 문제를 개별적으로 연구하는 성과를 거두었다. 이러한 성과는 각각의 개별적인 측면에서 깊이 있는 연구가 이루어졌다고 할 수 있다. 그러나 주지하는 바와 같이 중동 문제는 그 시작이 개별적인 사안에서 출발하였다고 볼 수 있지만 현재 상태와 여건을 고려해 볼 때 어느 한 측면에서 바라보는 것보다는 종합적인 관점에서 분석하고 연구하는 것이 정확한 상황을 이해하는 데 도움이 된다고 판단한다.

이러한 관점에서 본 연구는 출발하였다. 먼저 중동지역 분쟁의 원인을 역사적 관점, 종교적 측면, 민족적인 문제, 국제체제 성격 면에서의 관점 등을 종합적으로 살펴보고 기존의 연구성과들과의 연계성을 확인하였다. 그리고 이러한 연구에 병행하여 현재 국제적으로 커다란 문제를 낳고 있는 테러리즘의 형성배경과 과정을 중동분쟁의 원인에서 찾고자 시도하였다. 이러한 연구는 중동문제를 단편적인 시각이 아닌 종합적인 시각으로 바라보게 해 주는 여건을 제공할 수 있다고 생각된다. 그간의 연구성과를 요약하면 다음 몇 가지로 설명할 수 있다.

첫째, 그동안 학문적으로 정립되지 않았던 중동과 관련된 용어의 명확한 개념을 정립하였다. ① 중동의 지역적 개념을 "지역적으로는 리비아로부터 북아프리카, 서부 파키스탄을 통해 국경에 이르는 지역, 그리고 터키로부터 흑해 남부, 수단에 이르는 지역으로 구분하되, 이 지역에 포함된 이슬람권과 비이슬람권을 지칭하는 용어"로 정의하고자 한다. ② 분쟁의 개념을 재정립하였다. "정치집단들이 서로 상충되는 목표를 달성하기 위해 상대방의 제도나 체제를 변경할 목적으로 투쟁하는 행위로 정의하되, 정의된 이 분쟁의 개념 속에 전쟁을 포함하는 혼합된 개념"으로 정의하였다. ③ 테러리즘의 정의를 정립하였다. "개인 및 국가, 준국가 단체가 정치, 사회, 종교 또는 민족적인 목적을 가지고 의도된 폭력을 사용 혹은 사용에 대한 위협으로 일반 비전투원들(대중)에게 공포 분위기를 조성하는 불법적 폭력행위"로 규정하였다. 그러면서 테러와 테러리즘이 혼용되어 사용됨으로써 상당한 혼란이 발생하고 있는 것이 사실이지만 테러라는 용어가 테러리즘과 동일한 의미로 받아들여지고 있다는 현실적 상황을 반영하여 테러는 개별 행위나 사건을 표현하는 의미로, 테러리즘은 테러를 통한 목적 달성이라는 노선이나 주의를 의미하는 용어로 사용하였다.

둘째, 중동지역 분쟁의 역사적 기원과 종교적 연계성을 규명하였다. 중동지역의 분쟁은 기원전 2천 년경 이스라엘·팔레스타인 분쟁이 시작된 이래 레바논 전쟁에 이르기까지 팔레스타인 지역 내에서 아랍민족과 유대민족은 그들 자신의 기득권을 상호 투쟁과 갈등 속에서 쟁취하면서 현재의 모습을 유지하고 있음을 확인했는데, 이러한 역사적인 관점은 나중에 검토했던 중동분쟁의 원인과도 연계성이 있음을 알 수 있었다. 즉 종교 원인은 유대교와 이슬람교의 성서 해석상의 문제와 종교적 본질 문제에 있어서의 차이점으로 인한 뿌리 깊은 갈등요인이다. 이러한 문제는 중동지역 자체에서 발생한 것이며 근본적인 해결이 어려운 난지임을 알 수 있었다. 결국 오늘날 중동지역의 오랜 역사적·종교적 혼란은 기원전 2천년 이후 아브라함을 둘러싼 역사 해석에서부터 각 종교 간 해결될 수 없는 심각한 갈등 상황으로 전개되었다. 각각의 종교 본래의 모습은 정치와 결합하면서 점차 변질되어 오늘날과 같은 심각한 문제가 발생한 것이다.

셋째, 중동테러리즘의 특성을 도출하고 정의를 정립하였다. 우선 중동테러리즘은 ① 급진성, ② 자체증식성, ③ 광역성과 같은 특성이 있음을 도출하였고, 이러한 특성을 통해 중동테러리즘을 "급진적인 성향을 가지고 중동지역에서 자생하거나 중동지역 이슬람원리주의 세력으로부터 영향을 받아 그들의 이념과 신조를 받아들인 개인, 국가, 준국가 단체 및 집단이 이슬람세계를 위협하는 행위를 하는 것으로 간주된 미국과 미국의 정책을 지지하는 국가, 준국가 단체 및 개인에게 위해를 가하는 일체의 폭력행위"로 규정하였다.

넷째, 중동분쟁이 중동테러리즘 형성에서의 역할을 식별하였다. ① 팔레스타인전쟁으로 이스라엘의 국경선이 최초로 확정되었고, 유대인들이 마침내 자신들의 조국을 가지게 되었다. 그러나 유대인들의 삶의 공간 확보는 팔레스타인 아랍인들의 희생을 강요하였다는 점이다. 특히 두 번째 사항은 중동테러리즘이 형성되는 시발점이 되었다는 것에 대해서는 의심의 여지가 없다. ② 수에즈분쟁을 통해 대이스라엘 투쟁 방법으로 테러를 선택하는 계기가 되었다. ③ 6일 전쟁의 결과 이스라엘의 대대적인 승리는 팔레스타인 테러집단의 결속과 과격성을 조장하는 요인으로 작용하였다. ④ 10월 전쟁 이후 PLO가 합법적인 승인을 받게 되고 이를 통해 팔레스타인 민족주의의 국제적인 정착이 이루어지게 되었다. ⑤ 레바논 전쟁은 이스라엘에 대항하는 테러조직의 근거를 소탕하고 그들의 세력을 와해시키기 위해 시작하였으나 기존의 PLO라는 테러조직을 레바논 지역에서 와해시키는 데 성공하였으나 그 지역을 대체하는 새로운 조직의 탄생을 가져왔으며, 새롭게 조직된 헤즈볼라라는 테러조직은 그들이 추구하는 조직의 목적과 행동 양상에 있어서 기존 테러조직과는 대별되는 양상을 보이기 시작하였다. ⑥ 1987년과 2001년 발생한 두 차례의 인티파다는 중동지역 분쟁에서 전 팔레스타인 주민의 거국적 봉기로서 그동안 일반주민들의 외면을 받아 왔던 테러집단들이 주민들에게 독립의 희망과 새로운 대이스라엘 투쟁의 구심점 역할을 하게 되는 계기가 되었다. ⑦ 2004년 아라파트의 사망은 어느 정도 중동분쟁 해결 문제에 있어서 평화적인 방법 모색에 어두운 그림자를 드리우는 신호가 되었다. 즉 팔레스타인 자치정부 집권세력들이 아라파트 사망 이후 구심점을 잃고 제대로 된 자치행정 구현을 하지 못함에 따라 헤즈볼라가 전면으로 등장하는 원인이 되었다. ⑧ 현재 이루어지고 있는 이스라엘과 헤즈볼라의 무력충돌은 제도권 내로 진입한 헤즈볼라가 팔레스타인 주민들의 전폭적인 지지를 받으면서 이루어지고 있는 충돌이기 때문에 중동테러리즘의 새로운 양상을 만들어 내는 역할을 하고 있다.

다섯째, 중동지역 테러활동 전망을 도출하였다. ① 테러발생의 수가 급증하는 현상이 당분간은 지속될 것이라는 전망이다. ② 테러의 지역화 현상이 나타날 것이라는 예측이다. ③ 테러행위의 점증하는 복잡성이 강화될 것이라는 전망이다. ④ 이라크에서 자살테러가 점진적으로 증가할 것이다. ⑤ 국가지원테러 행위는 감소할 것이라는 전망이다. ⑥ 중동 산유국들의 부의 증가와 테러 비용의 증가는 비례할 것이라는 관측이다. 이러한 전망 속에서 가장 주목할 현상은 1950년대나 60년대의 사고로 되돌아갔다는 점이다. 이란을 포함한 중동 세계의 문제는 이스라엘, 미국, 서방에 의해 생겼으며 완전한 승리는 실용주의나 화해, 경제발전이 아닌 폭력적 수단에 의해서만 이뤄질 수 있다는 전통적 사고가 다시 부상하고 있다. 당시와 달라진 점이 있다면 범아랍민족주의가 아닌 이슬람원리주의가 주도하고 있다는 것이다. 이것은 앞으로도 중동지역은 세계의 화약고로서 끊이지 않는 테러의 중심으로 남게 될 가능성이 높다는 것을 암시하고 있다.

이상 몇 가지의 연구결과는 기존의 연구에 추가적으로 활용함으로써 중동문제의 종합적인 이해 시각을 넓히는 데 기여할 것으로 기대한다. 그러나 앞으로 상기 연구결과에 자원문제를 포함하는 중동분쟁과 관련된 연구 분석서가 필요함을 절감하게 되었다. 이는 현재 일고 있는 국제적인 자원민족주의와 결부되어 중요한 분쟁의 변수로 떠오르고 있기 때문이다. 즉 자원과 전쟁 및 분쟁은 상관관계를 가지며, 이 관계는 상호작용에 있어 지속적인 유지를 부인할 수 없게 될 것이다. 그리고 경제적 측면에서 본 분쟁과 테러리즘의 상관관계에 대한 연구도 중동테러리즘을 이해하는 데 필수적인 연구 분야로 도출하였다. 향후에는 그와 같은 연구서를 보완하여 지금까지 미진했던 연구 분야를 보강해야 할 것으로 판단된다.

참고문헌

Ⅰ. 국내자료

1. 논문

김덕주(1998), "국제테러에 대한 법적 규제와 대응", 『주요 국제문제 분석』, 외교안보연구원.

김상길(2003), "중동지역의 평화협상과 테러리즘에 관한 고찰", 『법학연구』 제13집.

김수남(1999), "미국의 대중동정책과 한국안보와의 상관성 연구", 『교수논총』 제15집.

김영호(2008), "9·11 이후 다자적 대테러 협력의 형성과 향후 전망", 『대테러정책 연구논총』 제5호. 국가정보원.

김종일(2005), "중동의 수자원 분쟁연구: 터키와 시리아를 중심으로", 『중동연구』 제24권 제2호.

김태진(2004), "국제테러조직 동향과 대응책", 『대테러정책 연구논총』 제1호. 국가정보원.

김현진(2005), 테러리즘의 법적 규제에 관한 연구, 박사학위논문, 호남대학교.

남문희(2006), "레바논 전쟁과 북·미관계", 『시사저널』 통권 878호.

박기범·강민완·전용태(2006), "이슬람원리주의를 통해 본 중동지역 테러리즘의 이해”, 『경호경비연구』 통권 제12호.

박원탁(2006), “미국의 대테러정책변화와 우리의 대응방안”, 『대테러정책 연구논총』 제3호, 국가정보원.

박준석(2008), “뉴테러리즘 대응전략의 산·학·관·연 상호 협력방안”, 『대테러정책 연구논총』 제5호, 국가정보원.

서정민(2008), “중동테러리즘의 새 동향과 우리의 대책”, 『대테러정책 연구논총』 제5호, 국가정보원.

서재만(2004), “수에즈전쟁 연구”, 『중동연구』 제23권 제1호.

손주영(2004), “이슬람의 이데올로기화와 급진 이슬람원리주의”, 『대테러정책 연구논총』 제1호, 국가정보원.

손주영(2006), “급진주의 지하드관의 형성과 발전”, 『대테러정책 연구논총』 제3호, 국가정보원.

안경훈(1998), 해상테러리즘에 관한 연구, 박사학위논문, 경희대학교.

여영무(1987), 국제테러리즘의 억제와 처벌에 관한 연구, 박사학위논문, 고려대학교.

유공조(1988), 영국의 중동통치와 팔레스타인 문제: 팔레스타인 분쟁의 사적 분석, 박사학위논문, 중앙대학교.

유재익(1996), 미국의 걸프전 수행 정책과 전략에 관한 연구, 박사학위논문, 고려대학교.

이병재(2001), 중동전쟁과 항공력: 6일 전쟁과 10월 전쟁에서 본 항공력의 역할, 박사학위논문, 고려대학교.

이은득(2001), 전쟁성격의 변화에 관한 연구, 박사학위논문, 고려대학교.

이정희(2005), 아랍－이스라엘 분쟁에 관한 연구, 석사학위논문, 국방대학교.

이황우(2006), “주요 선진국의 대테러정책 조명”, 『대테러정책 연구논총』 제3호, 국가정보원.

이훈(1974), “중동전이 국제정치역학에 미치는 영향”, 『통일생활』 3월호.

임상곤·박기범(2005), “중동테러리즘의 동향 분석에 관한 연구”, 『예술·체육문화연구』 제11권.

장병옥(2002), “이란－이라크 분쟁”, 『중동연구』 제20권.

전경만(1996), “안보결정 측면에서 본 국가이익”, 『국방논집』 96(제33

호), 한국국방연구원.

전경만(2004), "이라크전쟁 처리의 한반도 안보시사", 『국방정책연구』
04(제64호), 한국국방연구원.

정상률(2002), "팔레스타인 분쟁", 『중동연구』 제20권.

정환승(2008), "동남아 이슬람 세력의 테러위협과 앞으로의 전망", 『대
테러정책 연구논총』 제5호, 국가정보원.

조상현(2008), "만지케르트 전투", 『세계전쟁사 디지털북』, 중동/아프리
카 지역, 대전: 육군본부.

조상현(2008), "앙카라 전투", 『세계전쟁사 디지털북』, 중동/아프리카 지
역, 대전: 육군본부.

조상현(2008), "이슬람 정복전쟁에 대한 소고", 『세계전쟁사 디지털북』,
중동/아프리카 지역, 대전: 육군본부.

조상현(2008), "중동의 지역적 개념과 중동전쟁의 역사적 기원", 『군사
연구』 125집, 대전: 육군본부.

조성권(2005), "테러방지를 위한 이슈와 논쟁: 정보와 인권을 중심으
로." 『한국국제정치학회 연례학술대회 발표논문』.

최기남(2005), 중동테러리즘에 대한 한국경호 안전도 극대화 방안, 박
사학위논문, 경기대학교.

최성권(1990), 중동 국제정치체제의 성격에 관한 연구, 박사학위논문,
전북대학교.

최영철(2003), "이라크 전쟁과 이－팔 평화 과정의 미래", 『중동연구』
제22권 제1호.

최윤수(1991), 국가지원 테러리즘에 관한 연구, 박사학위논문, 동국대학교.

최재훈(2006), 중동테러리즘과 급진 이슬람원리주의의 역학관계 연구,
박사학위논문, 한국외국어대학교.

최재훈(2002), "레바논 분쟁", 『중동연구』 제20권.

Frederich J. Hacker(1977), "우리시대의 테러리즘", 임희승(역), 『월간중
앙』 6월호 별책, 서울: 월간중앙.

홍순남(2004), "이라크전쟁과 중동테러리즘 동향 변화: 2004년을 중심
으로", 『대테러연구』, 서울: 경찰청.

홍순남(2004), "이슬람과 테러리즘", 『대테러정책 연구논총』 제1호. 국

가정보원.

홍순남(2005), "중동 정치와 이슬람원리주의 테러리즘", 『대테러연구』, 서울: 경찰청.

홍호남(1990), "소수민족 분권주의 운동과 국제테러리즘 전략", 『대테러연구』, 서울: 치안본부.

2. 단행본

강영숙 · 이민용(역)(2002), 『테러의 이해』, 서울: 백산출판사.

공일주(2006), 『이슬람 문명의 이해』, 서울: 예영커뮤니케이션.

구광모(1982), 『테러와 국제사회』, 서울: 고려원.

구상회(1999), 『테러학 개론』, 서울: 동문출판사.

국가정보원(2004), 『2003년 테러정세』.

국가정보원(2005), 『2004년 테러정세』.

국가정보원(2006), 『2005년 테러정세』.

국방군사연구소 역(1992), 『미국방부 의회최종보고서 걸프전쟁』, 서울: 군인공제회.

기다 히데도(2002), 『걸프전쟁』, 오정석 역, 서울: 연경문화사.

김두현(2004), 『현대테러리즘론』, 서울: 백산출판사.

김순규(1997), 『현대국제정치학』, 서울: 박영사.

김열수(2000), 『국제기구를 통한 분쟁관리: 국제연합의 평화유지활동』, 서울: 도서출판 오름.

김희상(1998), 『중동전쟁』, 서울: 전광.

김용선(1986), 『아랍 문화사』, 서울: 한국외국어대학교출판부.

김용선(2002), 『꾸란』, 서울: 명문당.

김용선(2002), 『이슬람의 역사와 문화』, 서울: 명문당.

김정위(1987), 『중동사』, 서울: 대한교과서주식회사.

김정위(2002), 『이슬람 문화사』, 서울: 탐구당.

김정위(2002), 『이슬람 사전』, 서울: 학문사.

김한식 외(1995), 『중동지역연구』, 서울: 국방대학원.

노먼 핀켈슈타인(2004), 『이스라엘 · 팔레스타인 분쟁의 이미지와 현실』, 김병화(역), 서울: 도서출판 돌베개.

노병천(2006), 『성경적 승리학』, 서울: 양서각.

로레타 나폴레오니(2004), 『모던지하드: 테러, 그 보이지 않는 경제』, 이종인(역), 서울: 시대의창.

마스다 다카유키(2004), 『한눈에 보는 세계분쟁지도』, 이상술(역), 경기: 해나무.

박준석(2006), 『뉴테러리즘개론』, 서울: 백산출판사.

버나드 루이스(1996), 『이슬람 문명사』, 김호동(역), 서울: 이론과 실천.

버나드 루이스(1998), 『중동의 역사』, 이희수(역), 서울: 까치.

여영무(1989), 『테러리즘과 저항권』, 서울: 나남.

여영무(2006), 『국제테러리즘 연구』, 서울: 한국해양전략연구소.

요하힘 그닐카(2005), 『성경과 꾸란 무엇이 같으며 무엇이 다른가』, 오희천(역), 서울: 중심.

유공조(1994), 『중동분쟁사』, 서울: 서원.

육군대학(2004), 『세계전쟁사』, 대전: 육군대학.

육군본부(1991), 『걸프전쟁』, 대전: 육군군사연구실.

육군본부(2002), 『20세기 전쟁양상』, 대전: 육군군사연구실.

육사전사학과(2005), 『세계전쟁사』, 서울: 황금알.

외국학 종합연구센터(편)(1997), 『세계인의 의식구조1』, 서울: 외대출판부.

윌리엄 엥달(2007), 『석유지정학이 파헤친 20세기 세계사의 진실 - 영국과 미국의 세계 지배체제와 그 메카니즘 - 』, 서미석(역), 서울: 도서출판 길.

이정록·구동회(2006), 『세계의 분쟁지역』, 서울: 푸른길.

이정록·이상석·김송미(1997), 『20세기 지구촌의 분쟁과 갈등』, 서울: 도서출판 푸른길.

이재영(2005), 『전쟁』, 서울: 대왕사.

이희수·이원삼 외(2001), 『이슬람』, 서울: 청아출판사.

에바타켄스케(2004), 『2015년 세계의 분쟁예측』, 김주환(역), 서울: 황금알.

전홍찬(2003), 『팔레스타인 분쟁의 어제와 오늘』, 부산: 부산대학교 출판부.

정형근(1992), 『국제테러의 법적 규제에 관한 연구』, 서울: 고려원.

존 메릴스(1998), 『국제분쟁의 해결방법』, 김재원(역), 서울: 교육과학사.

최용성(2006), 『젊은이를 위한 세계전쟁사』, 서울: 양서각

최종기(1990), 『국제관계의 이해』, 서울: 서울대학교 출판부.

최진태(1997), 『테러, 테러리스트&테러리즘』, 서울: 대영문화사.

최진태(2006), 『테러리즘의 이론과 실제』, 서울: 대영문화사.

토머스 F. 매든(2007), 『십자군』, 권영주(역), 서울: 루비박스.

합참(2003), 『이라크전쟁 종합분석』, 서울: 경희정보인쇄.

홍순남(2003), 『뉴욕에서 바그다드까지』, 서울: 인간과 자연사.

Rashid ad−Din(2005), 『집사 3』(칸의 후예들), 김호동(역주), 서울: 사계절.

R. J. Banate(1981), 『미국의 대외정책과 제3세계』, 홍성우(역), 서울: 형성사.

Ⅱ. 외국자료

1. Articles

Alvin Z. Rubinstein(1972), "The Soviet Union in the Middle East", *Current History.*

Andrew S. Furber(2003), "Don't Drink the Water." *British Medical Journal.* 326. 22 March.

Avraham Sela(ed)(2002), "Arab−Israeli Conflict", *The Continuum Political Encyclopedia of the Middle East.* New York: Continuum.

Ashton Carter, John Deutch, and Philip Zelikow(1998), "Catastrophic Terrorism." *Foreign Affairs.* 77. November/December.

B. Dugdale(1939), "Arthur James Balfour", Vol. Ⅰ.

Chris Quillen(2002), "A Historica Analysis of Mass Casualty Bombers." *Studies in Conflict and Terrorism* 25. September/October.

David C. Rapoport(2001), "The Fouth Wave: September 11 and the History of Terrorism." *Current History.* December.

David C. Rapoport(1984), "Fear and Trembling: Terrorism in Three Religious Traditions." *American Political Science Review*78. September.

Frank Smyth(1998), "Culture Clash, Bin Laden, Khartoum and the War Against the West", *Jane's Intelligence Review.* October.

Hannes Adomeit(1975), "Soviet Policy in the Middle East; Problems of analisis", *Soviet Studies* Vol. 27. No. 2. April.

Ivo H. Daalder(2002), "The United States, Europe and the Balkans", *Problems of Post — Communism.* Vol.49. No.1. The George Washington University.

James D. Wolfenson(2002), "Making the World a Better and Safer Place: The Time for Action is Now." *Politics.* 22 May.

Jan Nederveen Pieterse(2002), "Global Inequality: Bringing Politics Back In", *Third World Quarterly.* 23 December.

John Arquilla, David Ronfeldt, and Michele Zanini(1999), "Networks, Netwars, and Information — Age Terrorism", in Countering the New Terrorism. ed. Ian O. Lesser et al. MR — 989 — AF. Santa Monica, Calif.: RAND.

Karin von Hippel(2002), "The Roots of Terrorism: Probing the Myths", *Political Quarterly.* 73 August.

Lawrence Freedman(2001). "The Third World War?", *Survival.* 43 Winter.

Mark Juergensmeyer(1997), "Terror Mandated by God", *Terrorism and Political Violence.* 9 Summer.

Michael Mousseau(2003), "Market Civilization and Its Clash with Terror", *International Security.* 27 Winter.

Nadav Safran(1985), "Dimensions of the Middle East Problem", *Foreign Policy in World Politics.* N.J.: Prentice — Hall INC.

Paul Smith(2002), "Transnational Terrorism and the Al Qaeda Model: Confronting New Realities." *Parameters.* 32 Summer.

Paul Pillar(2001), "Terrorism Goes Golbal: Extremist Groups Extend their Reach Worldwide", *The Brookings Review* 19. Fall.

Robert B. Oakley(1985), "Terrorism: Overview and Development", *US Department of State Bulletin.* Vol. 85. No. 2104. November.

Steven Simon and Daniel Benjamin(2001), "The Terror", Survival. 43 Winter.

Walter Laquer(1998), "Terror's New Face", *Harvard International Review.*

20 Fall.

Wilfred Knapp(1980), "The United States and the Middle East: How many special relationship?" Haim Shaked and Itamar Rabinovich(ed), *The Middle East and the United States; Perceptions and Policies*. New Brunswick: Transcation Books.

2. Books

Adams, J(1994), *The New Spies*. London: Hutchinson.

Alan R. Taylor(1970), *Prelude to Israel, An Analysis of Zionist Diplomacy 1897 – 1947*. Beirut: The Institute for Palestine Studies.

Albert Hourani(1981), *The Emergence of the Modern Middle East*. London: The McMillan Press.

Alfred Guillaume(1981), *Islam, Harmondsworth*. London: Penguin Books.

Amir Taheri(1987), *Holy Terror: The Inside Story of Islamic Terrorism*. London: Hutchinson.

Anton Mohr(1926), *The Oil War*. New York: Harcourt Brace.

Arab – Jewish Unity(1974), *Testimony before the Angle – American Inquiry Commission by the Inhud Association by Judah Magnes and Martin Buber*. Connecticutt: Hyperion Press.

Arieh L. Avneri(1984), *The Claim of Dispossession: Jewish Land Settlement and the Arabs 1878 – 1948*. Transaction Publishers.

Arnold Blumberg(1985), *Zion before Zionism 1838 – 1880*. Syracuse: Syracuse University Press.

Arthur Goldschmidt, Jr., Davidson, Lawrence(2005), *A Concise History of the Middle East*. Florida: Perseus Books.

Balfour Declaration(2007), In Encyclopædia Britannica. Retrieved August 12, 2007. from Encyclopædia Britannica.

Bassam Tibi(1981), *Arab Nationalism, A Critical Enquiry*. London: The Macmillan press.

Benjamin Rivlin and Joseph S. Szyliowcz(1965), ed, *The Contemporary Middle East; Tradition and Innovation*. New York: Randon House.

Bernard Lewis(1964), *The Middle East and the West*. New York: Harper & Row.

Biger, Gideon(2004), *The Boundaries of Modern Palestine 1840 − 1947*. London: Routledge.

Brad Roberts(1997), ed. *Terrorism with Chemical and Biological Weapons: Calibrating Risks and Responses*. Alexandria, Va.: Chemical and Biological Arms Control Institute.

Braian M. Jenkins(1985), *The Likelihood of Nuclear Terrorism, P − 7119*. Santa Monica Calif.: RAND.

Bregman, Ahron(2002), *Israel's Wars: A History Since 1947*. London: Routledge.

Brown, L. C.(1984), *International Politics and The Middle East*. Princeton: Princeton Univ. Press.

Bruce Hoffman(1998), *Inside Terrorism*. New York: Columbia Univ. Press.

Brzoska M. & Pearson F. S.(1994), *Arms and Warfare: Escalation, De − Escalation, and Negotiation*. South Carolina Univ. Press.

Burton, J. W.(1990), *Conflict Resolution and Rrevention*. Vol. 1. London: Macmillan.

C. H. Dodd & M. E. Sales(1970), *Israel and the Arab World*. London: Routledge & Kegan Paul.

Campbell(1958), *Defense of the Middle East*. New York.

Carl Brockelmann(1982), *History of the Islamic Peoples*. Joel Carmichael and Moshe Perlmann(역), London: Routledge & Kegan Paul.

Charles D. Smith(2006), *Palestine and the Arab −Israeli Conflict*. New York: Bedford.

Charles Tripp Roger Owen(ed)(1989), *Egypt Under Mubarak*. London: Routledge.

Christopher Sykes(1965), *Cross Roads to Israel*. Collins.

Chomsky N.(1999), *Fateful Triangle: The United States, Israel and the Palestinians*. London: Pluto Press.

Choueiri, Youssef M.(2000), *Arab Nationalism: A History*. Blackwell Publishers.

Cleveland, William L.(2004), *A History of the Modern Middle East*. Westview Press.

Cobban H.(1984), *The Palestinian Liberation Organization: People, Power and Politics*. Cambridge: Cambridge Univ. Press.

D. Acheson(1970), *Present at the Creation*. London.

D. W. Brackett(1996), *Holy Terror: Armageddon in Tokyo*. New York: Weatherhill.

Daniel Benjamin and Steven Simon(2002), *The Age of Sacred Terror*. New York: Random House.

David Kaplan and Andrew Marshall(1996), *The Cult at the End of the World*. New York: Crown Publishers.

Don Peretz(1978), *The Middle East Today*. New York: Rinehart and Winston.

Elie Kedourie and Sylvia G. Haim(1982), *Zionism and Arabism in palestine and Israel*. Frank cass.

Eric Morris and Hoe (ed)(1987), *Terrorism: Threat and Response*. London: The MaCmillan Press.

Ernest Renan, Hans Kohn(1955), *Nationalism: Its Meaning and History*. Princeton, NJ: Van Nostrand.

EUROPA(1991), *The Middle East and North Africa 1991*. 37th ed. London: Europa Publications Ltd.

Federal Research Division(2004), *Syria: A Country Study*. Kessinger Publishing.

Fischbach, Michael R.(2003), *Records of Dispossession: Palestinian Refugee Property and the Arab − Israeli Conflict*. Columbia University Press.

Fraser, T. G. The Middle East 1914 − 1979(Edwad Arnold, 1980).

Frederick Samuel Nothedge & Michael D. Donelan(1971), *International Dispute: The Political Aspects*. London: Europa Publications.

Fred McGraw Donner(1981), *The Early Islamic Conquests*. New Jersey: Princeton University Press.

Fred J. Khouri(1976), *The Arab − Israeli Dilemma*. Syracuse Univ. Press.

Friedman, Isaiah(2000), *Palestine, A Twice − Promised Land*. Transaction

Publishers.

G. P. Gooch(1960), *A History of Our Times*. Oxford: Oxford University press.

Gavin Cameron(1999), *Nuclear Terrorism*. Basingstoke, Eng.: Macmillan.

Gelber, Yoav(1997), *Jewish −Transjordanian Relations: Alliance of Bars Sinister*. London: Routledge.

George Antonius(1938), *The Arab Awakening, The Story of the Arab National Movement*. London: Hamish Hamilton.

George Lenczowski(1980), *The Middle East in World Affairs*. Itaca and London: Cornel Univ. Press.

George Kirk(1954), *The Middle East in the war*. London: Oxford Univ. Press.

Gilbert M.(1998), *Israel: A History*. London: Black Swan.

Harkabi Y(1989), *Israel's Fateful Hour*. New York: Harper&Row.

Helena Cobban(1984), *The Palestinian Liberation Organization*. London: Cambridge Univ. Press.

Helena Cobban(1991), *The PLO and the Intifada*. Miami: Florida International Univ. Press.

Henry Cattan(1970), *Palestine, The Arabs and Israel, The Search for Justice*. London: Longman.

Henry Cattan(1976), *Palestine and International Law, The Legal Aspects of the Arab −Israeli Conflict*. London: Longman.

Hughes, Matthew(1999), *Allenby and British Strategy in the Middle East, 1917 −1919*. London: Routledge.

Huneidi, Sahar(2000), *A Broken Trust: Herbert Samuel, Zionism and the Palestinians, 1920 −1925*. IB Tauris.

Ian J. Bickerton & Carla L. Klausner(1991), *A Concise History of The Arab −Israeli Conflict*. New Jersey: Rrentice Hall.

Janowsky, O. I.(1959), *Foundations of Israel, Emergence of a Welfare State*. New York: Van Nostrand Company, INC.

J. C. Hurewitz(1953), *Middle East Dilemmas*. New York.

J. C. Hurewitz(1956), *Diplomacy in the Middle East.* Vol. Ⅰ Princeton: D. Van Nostrand Co.

J. C. Hurewitz(1979), *The Middle East and North Africa in World Politics 1914 – 1945.* Vol. Ⅱ New Haven: Yale Unie. Press.

Jenkins Brian M(1975), *International Terrorism: New Mode of Conflict.* London: Croom Helm.

Jessica Stern(1999), *The Ultimate Terrorists.* Cambridge, Mass.: Havard Univ. Press.

Jessica Stern(2003), *Terror in the Name of God: Why Religious Militants Kill.* New York: Harper Collins.

John Darwin, Britain(1981), *Egypt and the Middle East: Imperial Policy in the aftermath of war 1918 – 1922.* London: The Macmillan Press.

John Norton Moore(1974), *The Arab – Israeli Conflict.* Vol. Ⅲ. Documents. New Jersey: Prinston Univ. Press.

John Norton Moore(ed.)(1977), *The Arab – Israeli Conflict.* New Jersey: Princeton Univ. Press.

John von Neumann(1995), *The Neumann Compendium.* World Scientific Pub Co Inc.

Joseph Jermiah Zasloff(1976), *Great Britain and Palestine, A Study of the Problem before the United Nations.* Connecticut West point: Hyperion Press.

Joseph Schact and C. E. Bosworth(1979), *The Legacy of Islam.* Oxford: Oxford University Press.

Joseph S. Nye, Jr.(2007), *Understanding International Conflicts: An Intriduction to Theory and History.* 6th ed. New York: Longman.

Kalevi J. Holsti(1988), *International Politics: A Framework For Analysis.* Englewood Cliffs, New Jersey: Prentice – Hall International Inc.

Kedourie, Elie(2000), *In the Anglo – Arab Labyrinth: The McMahon – Husayn Correspondence and Its Interpretations 1914 – 1939.* London: Routledge.

Kenneth E. Boulding(1963), *Conflict and Defense: A General Theory.* New

York: Harper & Brothers Publishers.

Khalaf, Issa(1991), *Politics in Palestine: Arab Factionalism and Social Disintegration.* SUNY University Press.

Kushner, H. W.(ed)(1998), *The Future of Terrorism: Violence in the New Millennium.* Thousan Oaks, Calif.,:Sage Publications.

Lifton, R. J.(1999), *Destroying the World to Save It: Aum Shinrikyo, Apocalyptic Violence, and the New Global Terrorism.* New York: Metropolitan Books.

Louis, Wm. Roger(1986), *The British Empire in the Middle East: Arab Nationalism, the United States, and Postwar Imperialism.* Oxford University Press.

Malik, S. K.(1979), *The Quranic Concept of War.* Lahore, India: Wajidalis.

Mansfield, Peter(1992), *The Arabs.* London: Penguin Books.

Mansfield, Peter(2004), *A History of the Middle East.* London: Penguin.

Mark Juergensmeyer(2000), *Terror in the Mind of God: The Global Rise of Religious Violence.* Berkeley: Calif. Univ. Press.

Martin Gilbert(1992), *Jewish History Atlas.* London: Weidenfeld and Nicolson.

Maxime Rodinson(1973), *Mahammed, Harmondsworth.* London: Penguin Books.

Milton – Edwards, Beverley(2006), *Contemporary Politics in the Middle East.* Blackwell Publishing.

Moses Hess(1958), *Rome and Jerusalem*, Rabbi Maurice J.(역), New York: Bloom.

Nadine Gurr and Benjamin Cole(2002), *The New Face of Terrorism: Threats from Weapons of Mass Destruction.* New York: I. B. Tauris.

National Commission on Terrorism(2000), *Countering the Changing Threat of International Terrorism: Report of the National Commission on Terrorism.* Washington: GPO.

Paris, Timothy J.(2003), *Britain, the Hashemites and Arab Rule, 1920 – 1925: The Sherifian Solution.* London: Routledge.

Paul Wilkinson(1987), *Terrorism and the Liberal State.* 2nd edition. London: Macmillan Press, Ltd.

Paul Wilkinson(1990), *Terrorist Tagets and Tactics: New Risks to World Order, Conflict Study* 236. Washington: Research Institute for the Study of Conflict and Terrorism, December.

Philip B. Heymann(1998), *Terrorism and America: A Commonsense Strategy for a Democratic Society.* Cambridge, Mass: MIT Press.

Philip Babcock Gove(ed.)(1971), *Webster's Third International Dictionary of the English Language: Unabridged.* Springfield, Massachusetts: G. & C. Merriam Company.

Philip B. Heymann(1998), *Terrorism and America: A Commonsense Strategy for a Democratic Society.* Cambridge, Mass.: MIT Press.

Porath, Y.(1974), *The Emergence of the Palestinian Arab National Movement 1918 − 1929.* London: Frank Cass.

Polk, W. P.(1965), *The United State and the Arab World.* Havard.

Quigley, Carroll(1981), *The Anglo − American Establishment.* New York: Books in Focus.

Rabinovich Itamar(1985), *The War for Lebanon 1970 − 1985.* Cornel Univ. Press.

Richard A. Falkenrath, Robert D. Newman, and Bradley A. Thayer (1998), *America's Achiles Heel: Nuclear, Biological, and Chemical Terrorism and Covert Attack.* Cambridge, Mass: MIT Press.

Ritchie Ovendale(1984), *The Origins of the Arab − Israeli Wars.* London: Longman.

Robert John and Sami Hadawi(1970), *The Palestine Diary* Vol. I. 1914 − 1945. New York: New World Press.

Royal Institute of International Affairs(1976), *Great Britain and Palestine, 1915 − 1945.* Connecticut: Hyperion Press.

Sayigh, Y(1999), *Armed Struggle and the Search for State: The Palestinian National Movement 1949 − 1993.* Oxford: Oxford Univ. Press.

Schiff Z. & Ya'ari E.(1984), *Israel's Lebanon War.* New York: Simon &

Schuster.

Schmid Alex P. & Albert J. Jongman(1988), *Political Terrorism: A New Guide to Actors, Authors, Concepts, Data Bases, Theories, and Literature.* Amsterdam: SWIDOC.

Sharabi, H. B.(1962), *Goverment and Politics of the Middle East in the Twentieth Century.* London: D. Van Nostrand Co. Inc.

Sicker, Martin(1999), *Reshaping Palestine: From Muhammad Ali to the British Mandate, 1831 − 1922.* Praeger/Greenwood.

T.G. Faser(1980), *The Middle East 1914 − 1979.* Edward Arnold.

The Jerusalem Post Magazine(1988), 20 April.

Theodore Huebener and Carl Hermann Voss(1956), *This is Israel, Palestine; Yesterday, Today and Tomorrow.* New York: Philosophical Library.

Uri Dan(1988), *To the Promised Land, the Birth of Israel, Doubleday.* New York.

US Department of State(2002), *Patterns of Global Terrorism 2001.* Washington: GPO.

Walter Laquer(1977), *Terrorism.* Boston: Little Brown.

Walter Laquer(1987), *The Age of Terrorism.* London: Weidenfeild and Nicolson.

Walter Laquer(1999), *The New Terrorism: Fanaticism and the Arms of Mass Destruction.* Oxford: Oxford University Press

Walter Laquer(2001), *The New Terrorism.* London: Phoenix Press.

Walter Laqueur(2001), *A History of Zionism.* New York: Schochen Books.

Walter Laqueur and Barry Rubin(2001), *The Israel − Arab Reader, A Documentary History of the Middle East Conflict.* New York: Facts on File Pubication.

Walter Laqueur(2003), *No End to War: Terrorism in the Twenty − First Century.* New York: Continuum.

White House(1998), *A National Security Strategy of Engagement and Enlargement.*

Wilkinson Paul(1987), *Terrorism and Liberal State*. London: Macmillan.

William R. Polk, David M. Stamler, and Edmund Asfour(1957), *Backdrop to Tragedy, The Struggle for Palestine*. Boston: Beacon Press.

William B. Quandt et als.(1973), *The Politics of Palestinian Nationalism*. Berkeley: California Univ. Press.

William Yale(1958), *The Near East, A Modern History*. Michigan: Michigan Univ. Press.

조상현 曺相鉉 ————————————————————————————————

▌약 력

　강원대학교 사학과 졸업
　조선대학교 국방정책학석사
　서울벤처정보대학원대학교 정책학박사
　현재 육군 군사연구소 지역분쟁연구관

▌주요 논문 및 저서

　'미래전쟁양상과 무기체계 발전', 2000.
　'현대전쟁에 있어서 제한전 연구 - 코소보전쟁을 중심으로 - ', 2006.
　'이슬람 정복전쟁에 대한 소고', 2007.
　'국제정치에서 주요전쟁의 가능성에 대한 연구', 2007.
　'중동의 지역적 개념과 중동전쟁의 역사적 기원', 2008.
　'중동지역 분쟁의 원인과 중동테러리즘 형성 배경에 관한 연구', 2008.
　『지역분쟁사 연구』, 2009.
　『세계의 지역분쟁 사례집 1』, 2009.

중동지역 분쟁과
중동테러리즘

초판인쇄 | 2010년 1월 10일
초판발행 | 2010년 1월 10일

편저자 | 조상현
펴낸이 | 채종준
펴낸곳 | 한국학술정보㈜
주　소 | 경기도 파주시 교하읍 문발리 파주출판문화정보산업단지 513-5
전　화 | 031) 908-3181(대표)
팩　스 | 031) 908-3189
홈페이지 | http://www.kstudy.com
E-mail | 출판사업부　publish@kstudy.com
등　록 | 제일산-115호(2000. 6. 19)

ISBN　978-89-268-0666-1 93340 (Paper Book)
　　　　978-89-268-0667-8 98340 (e-Book)

내일을여는지식 ▅ 은 시대와 시대의 지식을 이어 갑니다.

이 책은 한국학술정보(주)와 저작자의 지적 재산으로서 무단 전재와 복제를 금합니다.
책에 대한 더 나은 생각, 끊임없는 고민, 독자를 생각하는 마음으로 보다 좋은 책을 만들어갑니다.